2021年度国家出版基金资助项目
"十三五"国家重点图书出版规划项目
四川省2020年度省重点出版项目专项补助资金资助项目
四川省2020—2021年度重点出版规划项目

国家出版基金项目
NATIONAL PUBLICATION FOUNDATION

中国乡村振兴发展研究报告丛书

中国乡村振兴发展指数研究报告

（2019）

贾 晋　李雪峰　申 云　尹业兴　○ 著
高远卓　杨 涵　刘嘉琪　温 虎

西南财经大学出版社
Southwestern University of Finance & Economics Press
中国·成都

图书在版编目(CIP)数据

中国乡村振兴发展指数研究报告.2019/贾晋等著.—成都:西南财经大学出版社,2020.12(2021.11重印)

ISBN 978-7-5504-4513-0

Ⅰ.①中⋯ Ⅱ.①贾⋯ Ⅲ.①农村—社会主义建设—研究报告—中国—2019 Ⅳ.①F320.3

中国版本图书馆 CIP 数据核字(2020)第 161712 号

中国乡村振兴发展指数研究报告(2019)

贾　晋　李雪峰　申　云　尹业兴
高远卓　杨　涵　刘嘉琪　温　虎　　著

策划编辑:李晓嵩　李特军
责任编辑:李晓嵩
责任校对:杜显钰
封面设计:何东琳设计工作室
责任印制:朱曼丽

出版发行	西南财经大学出版社(四川省成都市光华村街55号)
网　址	http://cbs.swufe.edu.cn
电子邮件	bookcj@swufe.edu.cn
邮政编码	610074
电　话	028-87353785
照　排	四川胜翔数码印务设计有限公司
印　刷	四川五洲彩印有限责任公司
成品尺寸	170mm×240mm
印　张	14.75
字　数	250千字
版　次	2020年12月第1版
印　次	2021年11月第2次印刷
书　号	ISBN 978-7-5504-4513-0
定　价	78.00元

乡村发展的历史转型

在中华五千年历史的时光长河中，一年甚至十年不过是沧海一粟。许多影响深远的变革和转型都不是一朝一夕发生的，思想的累积和实践的推进都需要经历岁月的打磨。但历史的发展却不完全是线性的，关键的变革和转型犹如酝酿多年的火山一样，往往在某一段或者某一个时间点突然爆发。长时间积累的变革力量在短时间爆发，又往往决定着很长时间的历史走向。

2020年是全球发展历史进程中极不容易的一年。新型冠状病毒肺炎疫情"黑天鹅"事件触发全球政治经济局势剧烈震荡，全球经济陷入整体性衰退，未来发展具有很强的不确定性。其影响远超2008年美国次贷危机引发的全球经济衰退。更为重要的是，国际政治博弈日益显化为一股"逆全球化"浪潮。当今世界正面临百年未有之大变局，全球经济面临发展秩序的重塑和发展范式的转型。

2020年又是中国发展历史进程中极不平凡的一年。发展的成就进一步凸显出中国共产党的领导和中国特色社会主义的制度优势。脱贫攻坚战圆满收官，在全球减贫史上谱写出辉煌篇章。小康社会建设目标全面完成，我国综合国力和国际竞争力显著增强。生态污染防控取得显著成效，"绿水青山就是金山银山"的发展理念深入人心。公共服务和社会保障全面提高，人民群众生活水平明显提升。抗击新型冠状病毒肺炎疫情取得重要战略成果。面对中华民族伟大复兴的大局，中国经济也面临着发展格局的重构和发展模式的转型。

2020 年必将是继往开来的关键之年。中国全面开启建设社会主义现代化强国的历史征程，进入"十四五"规划、2035 年远景目标谋划未来发展的历史方位。在纷繁复杂的国际政治形势下，保持发展定力，坚定发展信心，唯有坚持全面深化改革，通过改革来激发国内经济大循环新的发展动能。

中国的改革开放肇始于乡村，农村改革为城市的改革和发展提供了原始的驱动力，开启了中国的城镇化进程。但长期以来，城市的发展和乡村的衰败却构成了中国城乡二元结构的发展鸿沟。21 世纪以来，中央连续数年的"一号文件"持续聚焦"三农"问题，将城乡关系调适作为政策调适主线。2017 年，我国又开启了乡村振兴战略的伟大征程。在完成脱贫攻坚任务，全面转向实施乡村振兴战略的历史关口，让我们进一步思考：乡村振兴之路应该如何走？未来的乡村将走向何方？

黄宗智在《中国的隐性农业革命》一书中提出，随着城市收入水平的提升和食物消费结构的改变，中国的农业结构正在发生显著的转型。之所以称之为"隐性"的农业革命，其原因在于这种转型主要来自消费结构变迁的市场力量驱动，并且驱动力量的来源主要是城市。如果深入思考城市对乡村的需求变化，除了食物消费结构变迁对农业结构的影响外，基于对乡村自然生态环境和人文历史文化的价值回归诉求也日益显化。除了传统农产品外，生态产品和文化产品逐渐成为城市居民需求的重点。外部驱动力量的变化对乡村人口、经济、社会的影响无疑是巨大的，不仅是农业革命的问题，更是乡村发展的转型。从驱动力量的来源看，乡村转型的动能主要来自乡村外部，来自城市，甚至来自其他区域的城市以及国外。

从国际乡村转型和重构的规律看，乡村往往经历了从生产性乡村，到消费性乡村，再到功能性乡村的转型和发展。功能性乡村意味着乡村必然依据不同的功能导向出现分化。部分乡村主要提供生产产品，部分乡村主要提供文化产品，部分乡村主要是人群的特殊居住和消费场所，部分乡村又主要承担农产品的生产职责，部分乡村成为某一个特色产业的发展集聚地。从一般概念来讲，城市和乡村的体制机制界限已经并不明显，甚至可以说是模糊的，仅仅能够从人口分布的密度来区分。

我国地域辽阔，自然资源禀赋和经济社会发展的双重差异叠加，使得乡村发展水平差异巨大。面临乡村振兴的历史重任，乡村未来发展肯定会呈现多元化的特点，转型和发展的范式必然也是多元的。近年来，在一系列强农惠农政策下，公共财政投入乡村的力度加大，乡村基础设施和公共服务水平明显提升。这不仅为返乡下乡人口提供了居住和发展的公共资源基础，也为生态资源的价值转化和乡村文化的历史传承提供了资本沉淀形成的转化平台。基础设施的改善为乡村多元化转型提供了重要的基础条件。同时，人口在城乡之间的流动和迁徙也出现了许多新的特点，部分都市圈区域的乡村出现逆城镇化的现象，部分特色资源禀赋乡村出现城乡人口的"候鸟式"流动，部分乡村出现返乡下乡人口的聚集，部分乡村由于村镇的合并重组形成区域内部人口的流动。这些变化趋势和城镇化进程引发的人口流动趋势相互叠加，使得未来城乡间及乡村内部人口流动的复杂性明显增强。不同的人口迁徙趋势形成的资源要素结构为多元化乡村转型提供了不同的思路。更为重要的是，总量超过约 2.4 亿的户籍和工作生活地分离的农民工何去何从，依然具有很大的不确定性。这也极大地影响了乡村的转型发展。

我国《乡村振兴战略规划（2018—2022 年）》中将村庄划分为集聚提升类、城郊融合类、特色保护类和搬迁撤并类，这为我国未来乡村发展转型提供了有益的指向。从系统工程的角度讲，乡村系统"要素-结构-功能"的系统性变革和转型可能沿着这样几个方向展开：一是城乡融合转型。城市郊区的乡村受城市发展的辐射带动，基础设施和公共服务达到城市水平，部分乡村融入城市，成为城市的一部分。部分乡村保留乡村的生产、生活、生态特点，但主要承担服务城市经济社会发展的功能。二是聚集发展转型。一些重点镇、村随着人口的聚集，基础设施和公共服务投入力度加大，成为乡村的区域中心，这部分乡村主要承担辐射和服务周边乡村居民的功能。三是特色发展转型。一些乡村由于特色文化和旅游资源丰富，作为休闲旅游和消费目的地吸引大量短期旅游、观光人口，主要承担旅游和文化消费目的地的功能。四是生态保护转型。部分处于生态脆弱或自然保护区域的乡村，主要承担生态涵养功能。五是供给保障转型。部分粮食和主要农产品主产区通过生产性基础设施水平的提升和新型经营主体的培育，主要承担粮食及其他主要农产品供给保障功能。

多元化的乡村转型方向昭示着乡村振兴路径的多元化。2020 年，随着脱贫攻坚任务的完成，我国的"三农"政策将全面转向乡村振兴。如果说脱贫攻坚主要解决"底线保障"问题，那么乡村振兴就要解决"高线发展"问题。乡村发展的转型在 2020 年这个特殊的历史时期拉开了序幕，可以预见的是，在政府和市场双重作用下，一场乡村发展的伟大变革即将发生在神州大地上。如果说因为年龄的原因，我们没能亲身经历 40 多年前那场农村改革引发的乡村巨变，只能在理论的梳理中体会变革力量的话，现在我们有幸能够处在这个关键的历史时间点去总结规律，研判趋势，用理论和实践的双重视角去感受与触摸这场时代转型和变革。

一代人有一代人的使命，一代人有一代人的收获。身处中华民族伟大复兴大局之中，于大局中寻找发展之路，我们任重道远。

贾晋

2020 年 10 月于成都

前言

党的十九大提出乡村振兴战略，将乡村振兴作为"三农"工作的总抓手，在神州大地上吹响了乡村振兴的号角，中国农业农村发展进入了新的历史阶段。如何针对农业农村发展实际，统筹好资金、土地、人才三大要素的供给，突破要素瓶颈，优化资源配置，是加快乡村振兴发展的关键。本书立足四川、放眼全国，通过科学地厘清乡村振兴的目标，深刻领会中央乡村振兴战略部署的内涵与实质，在解构-评估-献策的分析框架下，通过构建中国乡村振兴发展指数及专项发展指数，试图回答如何能够科学地评价一个区域的乡村振兴发展水平，找出发展的优势和短板，为下一步的工作提供参考的问题。

乡村振兴发展指数研究是建立在写作团队前期大量工作基础之上的。2018年6月，在西南财经大学召开的乡村振兴指数发布会上，我们发布了全国首个乡村振兴发展指数，被多家新闻媒体做了深度报道。参会领导及专家对乡村振兴指数研究提出了宝贵的意见，为我们进一步完善研究报告提供了智力支撑。本书是《中国乡村振兴发展指数研究报告（2018）》的内容的延续和扩展。经过一年多时间的专项研究，我们对乡村振兴发展指数的理论框架和指标体系进行了再优化，并在此基础上发展出了多个专项发展指数，为更加全面地衡量中国乡村振兴发展水平提供了丰富的实证材料。本书主要具有以下特点：

第一，完善乡村振兴发展的理论框架。理论框架是指标选择的依据，指导如何将这些指标组合成一个综合指标。要构建理论框架，首先需要明确要测量的对象并对其特征进行解构。本书通过梳理乡村振兴战略的脉络线索，对"五位一体"任务目标进行了理论解构，构建了"六化四率三风三治三维"的理论框架，用于指导构建乡村振兴发展指数及各专项发展指数。该框架具有较强的普适价值，渐进式地为读者展现了乡村振兴的全貌与重点。

第二，丰富乡村振兴发展的指数研究。对乡村振兴发展现状开展评估，是总结当期发展成效与短板的重要途径。本书基于"六化四率三风三治三维"的理论框架，结合评测对象及内容的个性特征，分别构建了适宜的指标体系。本书通过开展对省、市、县不同行政层级的乡村振兴发展指数研究，结合评测结果对发展现状、成效和问题进行了系统分析，覆盖了乡村振兴的各项任务目标。本书既包括了整体发展研究，也包括了专项发展研究，为读者全面了解我国乡村振兴发展现状提供了丰富的实证材料。

本书由贾晋撰写和审定大纲及进行全书统稿，李雪峰负责协助进行全书统稿与全书审校。各章节撰写人员均来自农林经济管理研究一线。第一、六、八、九章由贾晋、李雪峰、杨涵、刘嘉琪、温虎撰写，第二、三章由贾晋、尹业兴撰写，第四、五章由申云撰写，第七章由贾晋、高远卓撰写。本书的完成，得益于多位专家的帮助，在此一并致谢。由于水平和能力有限，本书难免还存在疏漏和不足，诚望各位读者不吝指正。

贾晋

2020 年 12 月于成都

目录

第一章　中国乡村振兴发展指数的测算及分析

第一节　把握乡村振兴战略的脉络线索

一、延续调适城乡关系的政策主线，但调适格局、主体和目标都有所调整

改革开放以来，中国在经历多年经济高速增长之后，出现了一些结构性问题，最突出的表现是城乡区域之间和产业之间的发展不平衡，由此造成了城乡居民社会福利分配的群体性失衡。21 世纪以来，这种失衡引发了"农村真穷、农民真苦、农业真危险"的历史警示，受到了党中央的高度重视。中央先后出台了一系列围绕城乡关系调适的政策性文件。2002 年，党的十六大报告提出全面建设小康社会，明确将城乡统筹发展作为重要任务。2005 年，党的十六届五中全会提出社会主义新农村建设目标。2007 年，党的十七大报告提出形成城乡经济社会发展一体化新格局。2012 年，党的十八大报告提出推动城乡发展一体化，并做出经济社会发展进入"两个反哺"新阶段的判断。2017 年，党的十九大报告提出乡村振兴战略，并做出建立健全城乡融合发展体制机制和政策体系的安排。可以看出，中央政策脉络沿着"统筹城乡—城乡一体化—城乡融合"这个主线，始终将调适城乡关系作为整个政策体系的重点。当然，乡村振兴战略虽然延续着 21 世纪以来城乡关系调适的政策主线，但整个政策调适的格局、主体和目标均有所调整。

就政策调适的格局而言，补齐短板变为构筑增长极核。乡村振兴战略在党的十九大报告中作为全面建设小康社会七大发展战略之一，也是建设现代化经济体

系的六大任务之一。同时，按照乡村振兴战略的时间表，乡村全面振兴的时间跨度持续到 2050 年，跨越精准脱贫、全面建成小康社会和建设社会主义现代化强国等几个重要的历史节点，相较于过去的城乡关系调适政策，乡村振兴战略是管长远的战略部署。上述政策立意表明"农业农村的优先发展"不再局限于农民增收、农业现代化等单项目标，而是聚焦于补齐农业现代化的短板，并赋予其为高质量经济发展贡献力量的历史新任务。

就政策调适的主体而言，党政单元统筹变为社会多元共建。乡村振兴战略不再是各级党政部门单方面的工作，而是将突破城市带动乡村、工业带动农业的发展思路，同等看待城市和乡村的发展地位，重点培育乡村发展的内生动力，变"输血式"发展模式为"造血式"发展模式。在此过程中，各级党政部门的作用更多地体现在通过体制机制设计，让包括乡村居民在内的社会各界积极参与进来，充分发挥他们的主观能动性以振兴乡村，规避过去在新农村建设以及脱贫攻坚工作中出现的农民"被上楼""被增收"等现象。

就政策调适的目标而言，"千村一面"变为"千村千面"。从乡村发展的国际经验看，无论是日本"乡村重建计划"、韩国"新村运动"，还是德国"村庄更新"等特色化的乡村发展路径，都与该国历史、自然禀赋以及当时的政治经济环境密切相关。在城乡生产要素双向自然流动的体制机制下，城乡既在现代化水平上融为一体，又在发展模式、资源配置方式上各具特色。乡村将遵循其自身发展规律，探索差异化发展路径，而不是简单复制城市的形态。乡村振兴的目标体系也必然是一个多维度的、多层次的非线性目标体系结构。

二、延续农业农村改革的基本脉络，但政策的内涵、深度和指向都进入新阶段

20 世纪 80 年代开始，以包产到户、撤社建乡改革为标志的农业农村改革拉开了中国改革开放的序幕，并通过不断的改革实践形成了农业农村基本的体制框架。具体而言，基本经营制度方面形成了以家庭经营为基础，统分结合的双层经营体制；农村土地制度方面形成了所有权、承包权、使用权三权分置的土地产权制度体系；乡村治理制度方面形成了以支部为核心，以村民委员会为单元的自治制度和以集体产权制度为核心的经济制度；农业支持制度方面形成了公共财政覆盖农业农村的基本政策框架。

回顾我国农业农村改革历史脉络，中华人民共和国成立初期的第一轮改革是围绕"地"的产权属性展开的。中华人民共和国成立前后开展的农村土地改革，通过平均地权的方式调整"人—地"关系，巩固了中国共产党的执政基础。人民公社化改革改变了农地私有产权状况，实现了农村土地的集体所有制，并构建了建立在农地集体产权基础上的政社合一的人民公社体制。人民公社体制下"三级所有，队为基础"的制度设计也奠定了中国农村产权制度的基础，其影响一直延续到现在。

改革开放初期的第二轮改革是围绕"人"的流动方向展开的。"包产到户"改革通过制度调整激发农业劳动力的生产积极性，促进粮食产量增加的同时，将农村中的剩余劳动力解放出来。农村劳动力开始逐渐走出农业，从开展多种经营，到从事农产品加工、兴办乡镇企业，农村经济呈现出前所未有的活力。同时，大量剩余劳动力开始走出农村，走向城市，为中国工业化和城镇化进程贡献了大量优质廉价的劳动力。

21世纪以来的第三轮改革是围绕"钱"的流动方向展开的。农村税费体制改革一方面通过减轻农民税费负担，减少直至断绝了"国家—农民"的税费资金流动；另一方面又通过加大农业补贴力度，增加了"国家—农民"的财政补贴资金流动。同时，优化基层政府财权和事权的配置，有效调整了中央、基层和农民之间的关系。改革以实际措施有效地支撑了"两个反哺"的政策框架，随着财政资金大量进入农业农村，农业农村基础设施建设条件日益改善，金融资本和工商资本也逐渐进入农业农村。

乡村振兴战略开启了第四轮农业农村改革，涉及的改革范围更广，包括"人"（农村人群、农民工和城市下乡人群）、"地"（宅基地、集体经营性建设用地和农村土地）、"钱"（财政资金、金融资本和工商资本）三方面的综合改革。涉及的改革深度更深，通过体制机制变革，促使生产要素的流动从单向、非线性的平行式流动转化为双向、共线性的融合式流动。此外，涉及的改革目标指向也更明确，通过外生要素的双向流动培育和激发农业农村内生动力，全面提升农业全要素生产率、农村社会治理水平和农民社会保障水平。

三、延续新农村建设战略的主体内容，但政策目标体系和建设内容均出现升级

根据《中共中央 国务院关于实施乡村振兴战略的意见》的要求，实施乡村

振兴战略的目标任务分为"三步走"：到 2020 年，乡村振兴取得重要进展，制度框架和政策体系基本形成；到 2035 年，乡村振兴取得决定性进展，农业农村现代化基本实现；到 2050 年，乡村全面振兴，农业强、农村美、农民富全面实现。在具体的建设目标和任务方面，乡村振兴战略和 2005 年党的十六届五中全会提出的社会主义新农村建设战略一样，都用"五句话、二十个字"进行概括，即产业兴旺、生态宜居、乡风文明、治理有效和生活富裕。总体来说，乡村振兴战略依然延续着社会主义新农村建设战略的主体内容，但除乡风文明在表述上保持不变外，其余"四句话"均有所调整。可以看出，其政策内涵、范围和目标都有更高层次的要求。

从生产发展到产业兴旺。生产发展着眼于现代农业发展，通过农业基础设施建设、农业科技创新推广、农业产业链条延伸等重要途径，促使中国农业生产水平实现质的飞跃。经过多年的努力，农业生产力实现大幅提升，农业的主要矛盾已经由总量不足转变为结构性矛盾，表现为阶段性的供过于求和供不应求并存的矛盾。产业兴旺延续了生产发展的农业现代化发展思路，但突破了补齐现代化短板的既定目标，以农业供给侧结构性改革为主线，释放农业农村的内生发展动力，支撑农村成为与城市同等重要的增长点。

从村容整洁到生态宜居。村容整洁着眼于村容村貌整治，通过改善人居环境让乡村成为既能乐业又能安居的家园。生态宜居在此基础上将生态文明理念融入乡村生产生活，突出了"绿水青山就是金山银山"的发展理念，也提出了人与自然和谐共生的新要求。这意味着乡村整治需要转变发展思路，从改善人居环境的单一目标转变为追求人居环境与生态环境并重的复合目标，并要求农村居民转变传统的生产生活理念，组成乡村生态细胞单元，共同助力乡村生态文明建设。

乡风文明是"二十字"方针中唯一未在表述上做调整的要求，表明该表述仍符合当前乡村社会经济发展现状，将更多地延续新农村建设战略的主体内容。然而，乡村文化建设并未实现与社会经济的同步快速发展，并且在城市现代文化的持续冲击下，甚至陷入发展停滞的现实困境，已无法满足农村居民日益增长的精神文化需求。为实现乡村振兴的同步发展，当前的乡风文明无疑将面临更加紧迫的发展要求。

从管理民主到治理有效。管理民主着眼于让广大农民积极主动地参与到乡村自治过程中，行使更多的民主权利、自主决策和管理乡村内部事务。截至 2016

年年底，中国基层群众自治组织共计 66.2 万个，基层民主自治组织建设实现了快速发展，村民自治水平取得了稳步提升、民主自治意识也得到了增强。治理有效在延续"自治"内容的基础上，以提高乡村治理效率为导向，变"管理"为"治理"，一方面突出了乡村治理去行政化的决心，另一方面突破了民主自治的形式约束，明确了乡村治理的多元化格局。

从生活宽裕到生活富裕。生活宽裕着眼于物质生活水平的提高，让农民过上衣食无忧的生活。通过加快农村劳动力转移，工资性收入成为促农增收的主要途径，农村居民的人均可支配收入由 2004 年的 2 936 元提升至 2017 年的 13 432 元，基本实现了预期目标。生活富裕在此基础上，为应对城乡收入差距拉大、工资性收入增长乏力等问题，将进一步要求增强促农增收的持续动力，丰富农村居民的收入来源。同时，生活富裕目标把物质宽裕的单一目标转变为追求物质富裕与精神富裕并重的复合目标，逐步缩减城乡居民生活差距，确保农民在乡村振兴过程中有更多获得感。

第二节　乡村振兴战略理论框架解构

乡村振兴战略"二十字"方针体现的五大目标任务构成了一个不可分割的有机整体，既要突出各自重点，又不能相互矛盾。本书通过构建基础层、系统层和应用层三位一体的乡村振兴战略理论框架，详细刻画了乡村振兴发展的理论基础、目标任务和指标体系应用。在对乡村振兴战略理论框架解构的过程中，本书不仅从字面内容对各目标任务进行单独解构，而且将各目标任务本身的理论基础和内在逻辑纳入统一的分析框架中进行系统分析。

一、"三大理论"和"五大规律"是理解乡村振兴的核心基础

随着城市化发展战略的深入推进，传统的城乡二元结构带来城乡发展不平衡、不充分的矛盾成为长期困扰中国经济高质量发展的重要障碍，因此乡村振兴发展战略应运而生，成为破解城乡二元结构的重要行动指南。为了理解城市化发展战略和乡村振兴战略两者的有机统一，我们需要利用"三大理论"和"五大规律"来把握乡村振兴发展的理论基础与基本内涵。

根据乡村经济地理学的相关理论，乡村振兴的核心在于将乡村地区的经济、社会、人口、聚落、文化、资源利用以及环境等问题在空间上的集聚和优化布局，把"城—乡"作为一个整体来反映城乡土地利用结构、劳动力结构、产业结构、收入结构、乡村治理结构等变迁路径。其本质体现了中央一直采取"城乡统筹—城乡一体化—城乡融合"政策主线，始终将调适城乡关系作为整个政策体系的核心重点，也体现了城乡融合发展理论的内涵。

实施乡村振兴战略是遵循农业农村发展的基本规律和习近平新时代中国特色社会主义思想，建立健全城乡融合发展的体制机制和政策体系，加快推进农业农村现代化的重要体现，也是新农村建设战略的升级版、宏观版。乡村振兴不仅仅是实现农业的现代化，也是实现整个农业农村的现代化，需要不断缩小工农差别和城乡差距，实现工农互促、城乡共荣、一体化发展，实现乡村"五位一体"全面振兴。推进乡村振兴战略是重塑城乡关系、巩固和完善农村基本经营制度、深化农业供给侧结构性改革、坚持人与自然和谐共生、传承农耕文明、创新乡村治理体系、打好精准脱贫攻坚战的重要目标路径和发展方向，体现出新时代"三农"理论的基本要求。

刘易斯的城乡二元经济结构理论思想的核心体现了城乡要素流动的内涵，即体现了人、地、钱对应的劳动力、土地和资本要素之间的关系。大多数发展中国家向发达国家跨越的发展事实表明，劳动力从农业部门向非农部门的流动将带来资本要素从农业部门向非农部门的转移，城市的扩张发展也将带来土地要素在城乡空间上的动态调整，这种要素的流动变迁为乡村振兴发展提供了重要的理论基础，体现了城乡要素流动理论的核心内涵。

由于乡村振兴发展是一个系统性工程，也是一个全面科学的理论体系，在落实乡村振兴发展战略过程中，不仅要遵循经济发展的外在规律，同时也要尽量满足乡村振兴发展的内在规律。其具体表现为乡村产业发展、城乡空间演进、乡村文化发展、乡村治理发展、城乡人口流动五大发展规律，分别对应产业兴旺、生态宜居、乡风文明、治理有效和生活富裕"五位一体"的总体布局思路。

首先，乡村产业发展规律是落实乡村振兴发展的核心关键。例如，粮食和其他主要农产品供给仍然是乡村产业的重要保障功能，劳动密集型产业仍然是乡村产业的重要类型，乡村产业发展要走内涵式发展道路，科技创新和人力资本升级是乡村产业升级的根本动力，农产品加工业是乡村产业升级的重要抓手，这些发展趋势成为乡村产业发展规律的重要体现。其次，城乡空间演进规律是理解乡村振兴发展战略趋势的重要内涵。乡村振兴并非针对所有乡村的全面振兴，部分乡村可能衰败甚至消亡，城乡之间的空间边界逐渐模糊，乡村空间的生活和生态功能日益凸显，空间聚集形态逐步向"点—带—面—网"转变。再次，乡村文化发展规律体现了农耕文明、农民文化素养和中华民族几千年的优良传统。乡村治理发展规律是理解德治、法治和自治"三治"的乡村治理体系，推动基层组织建设和社会稳定有序发展的重要保障。这具体表现为社会结构中的治理对象和主体开始发生变化，乡村社会由基于亲缘的熟人社会向基于制度的契约社会转变，乡村社会价值观由单一化向多元化转变，乡村事务内涵和外延发生变化以及乡村治理制度变迁等趋势。最后，城乡人口流动规律是实现城乡均衡发展和化解城乡发展不平衡不充分的重要动力。这具体表现为城乡人口交互流动，出现逆城镇化或郊区城镇化，使得城乡融合越来越深入，城乡人口流动中的非经济因素开始成为人们流动的重要依据，传统"候鸟式人群"逐渐向"新候鸟式人群"转变。

二、乡村振兴"五位一体"的目标任务是有机整体的系统性工程

（一）产业兴旺是乡村振兴的经济基础

产业兴旺是乡村振兴的首要内容，也是推动乡村振兴发展的核心动能。乡村振兴发展的首要前提就是有足够的资源要素投入，主要表现在人、地、钱三个方面。但是，各类资源要素的流动是基于市场交易原则进行的，乡村振兴必须要以产业发展作为经济基础，才能更好地吸引各类优质资源要素。否则，不但无法吸引外来优质资源进入，还会发生当地资源要素的急剧外流。当然，各类资源要素可以在优惠政策的引导下实现向乡村集聚，但中国乡村面积辽阔，仅靠各级政府对多数乡村实施"输血式"帮扶，难以全面实现中国乡村的持续振兴。因此，要让各类资源要素自发地流入乡村，推进乡村振兴战略五大目标任务的同步落实，必须把促进乡村产业兴旺作为第一要务。

（二）生态宜居是乡村振兴的硬指标

生态宜居是乡村振兴的硬性要求，是守住乡村劳动力、实现可持续发展的基本前提。乡村作为农民生产、生活的基本载体，建设生态宜居的家园是广大农民最现实、最迫切的希望。国家既要通过产业兴旺吸引各类资源要素进入乡村，也要通过生态宜居确保乡村能够留住以优质劳动力为代表的各类资源要素，让乡村

真正成为引得进人才、留得住人才的美好家园。特别地，乡村振兴战略具有长期性特征，要确保乡村社会经济的可持续发展，在农民生产生活、农村产业发展等各个方面，都需要以生态宜居为基本前提，拒绝以破坏生态平衡换取产业兴旺、生活富裕的发展路径。

（三）乡风文明是乡村振兴的软环境

乡风文明是乡村社会进步的直接表现，也是促进乡村振兴发展的重要推力。在乡村振兴战略的五大目标任务中，乡风文明是乡村区别于城市发展的重要特征和优势，虽然可能无法发挥"雪中送炭"的功能，但是足以充当"锦上添花"的角色。作为社会文明进化的最终呈现形式，良好的乡村风气和乡村习俗会影响家庭与邻里的文明进化，既为乡村产业发展提供了更加丰富的文化载体，也营造了和谐的乡村社会环境，为促进乡村振兴提供了良好的发展环境，确保了各项目标任务的有序推进。

（四）治理有效是乡村振兴的发展保障

治理有效作为乡村振兴的固本之策，其为推进乡村振兴各项目标任务的实现提供了基础保障。营造稳定的乡村社会环境是保障乡村生态宜居的首要前提，也是推进乡村产业兴旺的重要基础。不难解释，乡村受限于区域治理问题，即使具有优越的自然禀赋优势，也会增加当地农民的生产成本和外来资本进入乡村的交易成本，阻碍乡村产业的发展进程。因此，治理有效与"三农"事业发展息息相关，治理有效的程度、水平与质量，直接决定乡村振兴发展的进展与成效。

（五）生活富裕是乡村振兴的根本目标

生活富裕是农村居民最关心的利益问题，是"以人为本"的乡村振兴战略的最终评价标准。乡村振兴的立足点和出发点，就是要通过振兴乡村社会经济发展，让农民过上生活富裕的好日子，是对人民美好生活需要的主动回应。正如古人所说："仓廪实而知礼节，衣食足而知荣辱。"农民只有在基本满足衣食无忧的生理需求后，才有足够的闲暇去继承和发展乡村优秀传统文化，协助实现乡村治理有效。同时，生活富裕也要求农民能够参与到农村社会经济发展的过程中，确保农民分享发展红利的权利，让农民成为乡村振兴的直接受益者。

总体而言，乡村振兴"五位一体"的目标任务是一个内在的有机整体，需要用系统性的思维来进行统筹考虑，但各分项目标任务之间却各有侧重，既兼具了整体性的逻辑主线又体现了独立性的特色内容。因此，对于乡村振兴体系，我们需要采用系统性的视角来进行整体的思考和分析，产业兴旺和生活富裕是乡村振兴的"硬基础"，而生态宜居、乡风文明和治理有效则是乡村振兴的"软环境"，只有实现五者的有效统一协调，才能真正达到振兴乡村的目的。

乡村振兴指标体系的理论框架如图1-1所示。

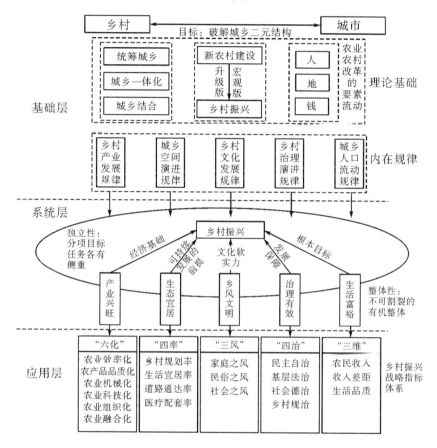

图1-1 乡村振兴指标体系的理论框架

三、"六化四率三风四治三维"是乡村振兴指标体系的具体应用

产业兴旺植根于农村，但产业选择不局限于农业本身的发展；依托于小农（个体农民），但参与主体不受农村内部成员的限制。国家在充分保障粮食安全的基础上，为了让农村产业真正成为健康可持续的产业，需要以乡村居民的消费

需求变化为重点，注重提高农业创新力、竞争力和全要素生产率，并且突破单纯的以农业为主导的产业发展定式，大力开发农业多种功能，培育壮大农村新产业新业态，促进农村三次产业的融合发展。这具体表现为产业兴旺的"六化"统一，即推动农业效率化、农产品品质化、农业机械化、农业科技化，确保农业本身的兴旺发展，夯实农村产业基础；突出农业组织化，加快发展多种农业生产经营组织形式；落实农业融合化，推动农业发展的"接二连三"，深挖农村产业的"价值洼地"。

生态环境和人居条件既是从外部看乡村的"面子"，凸显生态环境的整洁度，也是衡量乡村生产生活质量的"里子"，凸显生活宜居品质的舒适度。生态宜居要避免大拆大建、加重农民负担，以"村容整洁"作为生态宜居的前提，需要在现有资源环境承载力和绿色发展的基础上，变"绿水青山"为"金山银山"，促进乡村产业兴旺和村民生活富裕的实现。具体表现为生态宜居的"四率"提升，其中乡村规划率和生活宜居率反映了村容整洁的重要内涵，也是新农村建设时期的内容的重要延续；道路通达率高是提升农村人居环境的重要基础条件；医疗配套率高是人们生活宜居品质的重要保障，是城市生态宜居的重要外延体现。

乡风文明延续了几千年的中国农耕文明，强调对乡村优秀传统文化的保护继承，并且融入了工业化、信息化带来的现代文明，赋予乡村优秀传统文化更丰富的时代内涵。根据费孝通在《乡土中国》中关于文化传统与城乡发展模式的理论阐述，乡风文明需要深入挖掘优良传统文化底蕴，使家庭、民俗和社会三大风气有效联结和传递。这具体表现为乡风文明"三风"的统一，构建以家庭之风、民俗之风和社会之风为核心的现代乡村文明体系，抵制传统乡村中的文化陋习和人情支出负担，提高乡村文明质量，改善乡村营商环境，实现乡村软环境竞争力的提升。

乡村治理必须在坚持党的核心领导地位的基础上，以提高治理效率为导向，有效地利用乡村的正式制度和非正式制度，加快构建自治、法治、德治相统一的乡村治理新体系，变党政部门单元化行政管理为多元化综合治理。广大乡村既要实现对乡村治理事务的全覆盖，也要确保治理的低成本化和可持续化；同时，加快编制乡村发展规划，合理布局发展空间，提前谋划各项事业发展路径，确保乡村实现发展。这具体表现为治理有效的民主自治、基层法治、社会德治、乡村规治"四治"合一，其中法治属于正式制度与他治有效结合的制度安排；德治属于非正式制度与自治相结合的制度安排；自治以民主管理和村民参与为基本前提，是治理有效的制度基础。

生活富裕既是对农民生活质量的静态考量，也是动态考量。可支配收入作为重要的衡量标识，要实现生活富裕，不仅要农村居民在收入总量上实现达标，而且要能够长期保持增收的状态。同时，生活富裕既是一个绝对的概念，可通过对现有物质需求的满足情况进行衡量，也是一个相对的概念，需要在一定区域内不落后于其他居民生活质量的平均水平。这具体表现为生活富裕的农民收入、收入差距、生活品质"三维"统一，其中农民收入将同时反映农民可支配收入的静态水平和动态水平，是考量生活富裕的首要因素；收入差距主要反映城乡居民的相对差异，重点突出可能存在的发展不平衡问题；生活品质更为直观地反映农民生活质量，是生活富裕的直接体现。

第三节　乡村振兴战略指标体系构建

一、基本原则

第一，指标体系遵循科学性与普适性。区别于部分政府部门构建指标体系的实践逻辑，本书首先需要对乡村振兴战略做理论层面的目标解构，以此确保指标体系既能全面地体现乡村振兴战略的"二十字"方针，又能有针对性地突出产业兴旺、生态宜居、乡风文明、治理有效和生活富裕的重点任务内容。同时，本书构建的指标体系要确保所有省份在"三农"事业发展中的优点和缺点都不被过分放大，既能够适用于在全国范围内进行横向比较，也能够适用于对某一省份进行不同年度的纵向比较，从不同视角反映每个省份乡村振兴发展的实际水平。

第二，指标内容具有延续性与综合性。在制定乡村振兴战略的评价指标体系时，本书既参考了李立清和李明贤（2007）、张磊（2008）等学者建立的新农村建设战略的评价指标体系，也参考了山东、河南、浙江等省份的乡村振兴区域指标体系内容以及贾晋等（2018）、张挺等（2018）、闫周府和吴方卫（2019）编制的乡村振兴发展评价指标体系。同时，为发挥乡村中的先进示范效应，国家出台了一系列示范单位的创建标准，并以此评比出了一大批国家级示范单位，如"全国文明村""全国民主法治示范村""国家农民合作社示范社"等。本书将充分借鉴已有的创建标准，并把部分评选结果作为乡村振兴战略的评价元素纳入考核范围。

第三，指标选择注重可比性与可操作性。构建指标体系的目标在于对各省份的乡村振兴发展水平进行横向比较，需考虑指标在一定时期内的相对稳定性，并确保指标体系口径一致、核算和综合方法统一，特别是考虑到省份之间的发展规模存在显著差异，需要针对每个指标的经济含义做标准化处理，确保指标体系的可比性。同时，构建指标体系的目的在于指导实际评价，要尽可能利用现有统计数据，对不可获取数据采取相似替代的方法，既要保证指标的经济含义明确，也要避免理论可行却无法用于实践，确保指标评价结果的可操作性。

二、指标体系

根据对乡村振兴战略五大目标任务的解构，本书构建了"六化四率三风三治三维"的指标体系，共 34 个细分指标。其中，数据主要来源于《中国统计年鉴》《中国农村统计年鉴》《中国民政统计年鉴》《中国社会统计年鉴》《中国文化文物统计年鉴》、浙江大学《中国农产品区域公用品牌价值评估报告》以及农业农村部、司法部的相关评选公告。具体指标选择如下：

第一，产业兴旺的"六化"。一是农业效率化，主要通过人均农林牧渔业产值来反映；二是农产品品质化，主要通过农产品区域公用品牌数量来反映；三是农业机械化，主要通过亩均农业机械动力来反映；四是农业科技化，主要通过研发经费投入占地区生产总值的比重来反映；五是农民组织化，主要通过国家农民专业示范合作社数量和农业产业化国家重点龙头企业数量来反映；六是农业融合化，主要通过农产品加工业规模以上企业主营业务收入、中国最美休闲乡村数量来反映。

第二，生态宜居的"四率"。一是绿色生产率，主要通过化肥施用密度、农药使用密度、节水灌溉率来反映；二是绿色生活率，主要通过农村污水处理率、农村生活垃圾处理率、农村卫生厕所普及率来反映；三是生活宜居率，反映了乡村生活的重要内涵，也是新农村建设时期的内容的重要延续，主要通过人均村庄道路面积、农村自来水供给普及率来反映人居环境，主要通过农村绿化率来反映生态环境；四是医疗配套率，是农村居民宜居保障和美好生活向往的重要内涵，主要通过每万人乡村卫生技术人员数和每万户养老机构数量来反映。

第三，乡风文明的"三风"。一是家庭之风，主要通过农村居民平均受教育年限和每万人文化技术培训教学点数量来反映；二是民俗之风，主要通过全国文明村占行政村的比重来反映（是凸显社会主义农村文明进步的重要内容）；三是社会之风，主要通过农村居民人均教育文化娱乐消费支出和每万人乡镇文化站数量来反映。

第四，治理有效的"三治"①。一是民主自治，主要通过村委会成员获专科及以上文凭的比例和村党支部书记、村委会主任"一肩挑"比例来反映；二是基层法治，主要通过全国民主法治示范村占行政村的比例来反映（体现乡村治理过程中乡村社会稳定的内涵）；三是乡村规治，属于正式制度与自治相结合的制度安排，也是保障农村社会美好生活的重要体现，主要通过已编制村庄规划的行政村占比来反映。

第五，生活富裕的"三维"。一是农民收入，主要通过农村居民人均可支配收入和农村人均收入增长率来反映（分别体现农民物质生活水平的静态和动态变化情况）；二是收入差距，主要通过城乡居民收入差距比和恩格尔系数来反映（分别体现城乡居民内部和外部之间的贫富差距状况，凸显区域发展不平衡问题）；三是生活品质，主要通过每百户汽车拥有量和人均年食品消费蛋白质含量来反映。

乡村振兴评价指标体系如表1-1所示。

表1-1　乡村振兴评价指标体系

一级指标	二级指标	三级指标	单位	权重
产业兴旺	农业效率化	人均农林牧渔业产值	元/人	0.059
	农产品品质化	农产品区域公用品牌数量	个	0.034
	农业机械化	亩均农业机械动力	万千瓦/亩②	0.031
	农业科技化	研发经费投入/地区生产总值	—	0.036
	农民组织化	国家农民专业示范合作社数量	个/万人	0.036
		农业产业化国家重点龙头企业数量	个/万人	0.028
	农业融合化	农产品加工业规模以上企业主营业务收入	亿元	0.045
		中国最美休闲乡村数量	个	0.029

① 治理有效中的社会德治难以进行量化处理，未纳入指标体系。
② 1亩约等于666.67平方米，下同。

表1-1（续）

一级指标	二级指标	三级指标	单位	权重
生态宜居	绿色生产率	化肥施用密度	吨/公顷①	0.030
		农药使用密度	吨/公顷	0.026
		节水灌溉率	%	0.021
	绿色生活率	农村污水处理率	%	0.028
		农村生活垃圾处理率	%	0.028
		农村卫生厕所普及率	%	0.033
	生活宜居率	人均村庄道路面积	人/平方米	0.013
		农村自来水供给普及率	%	0.033
		农村绿化率	%	0.013
	医疗配套率	每万人乡村卫生技术人员数	人/万人	0.034
		每万人养老机构数量	个/万人	0.027
乡风文明	家庭之风	农村居民平均受教育年限	年	0.042
		每万人文化技术培训教学点数量	个/万人	0.022
	民俗之风	全国文明村占行政村的比重	%	0.026
	社会之风	农村居民人均教育文化娱乐消费支出	元	0.022
		每万人乡镇文化站数量	个/万人	0.021
治理有效	民主自治	村委会成员获专科及以上文凭的比例	%	0.048
		村党支部书记、村委会主任"一肩挑"比例	%	0.028
	基层法治	全国民主法治示范村占行政村的比例	%	0.023
	乡村规治	已编制村庄规划的行政村占比	%	0.020

---

① 1吨等于1 000千克，1公顷等于10 000平方米，下同。

表 1-1（续）

一级指标	二级指标	三级指标	单位	权重
生活富裕	农民收入	农村居民人均可支配收入	元	0.035
		农村人均收入增长率	%	0.031
	收入差距	城乡居民收入差距比	—	0.035
		恩格尔系数	—	0.028
	生活品质	每百户汽车拥有量	辆/百户	0.011
		人均年食品消费蛋白质含量	千克	0.024

说明：由于缺乏农业研发投入经费的相关数据，故使用地区研发投入经费对其进行替代；人均年食品消费蛋白质含量根据各类食品的单位蛋白质含量，将农村居民主要食品消费量进行总量换算得到。

三、测算方法

鉴于数据的可获取性，本书选择 2017 年为评价年度，基于"六化四率三风三治三维"的指标体系，对 31 个省份①的乡村振兴发展指数得分进行了定量评价。在具体的评价方法选择上，本书采用主观与客观综合判定指标权重的方法。熵权法作为一种客观的综合赋权方法，根据各指标传递给决策者的信息量大小来确定权重，具有计算精度高、使用范围广等优点，因此受到了国内外学者的广泛使用。熵权法的主要计算步骤如下：

第一，构建评价矩阵。本书的被评价对象有 31 个省份，每个被评价对象的评价指标有 34 个，故构建评价矩阵 $\mathbf{X} = (x_{ij})_{31 \times 34}$。

第二，无量纲化处理。由于本书选取的评价指标存在不同的量纲，因此不适于进行综合评价。本书将采用极差变换法对选取的原始指标进行无量纲化处理，即通过下式将指标 x_{ij} 转换为指标 z_{ij}，以此形成规范评价矩阵 $Z = (z_{ij})_{31 \times 34}$。

当 x_{ij} 是正向指标时，$z_{ij} = \dfrac{x_{ij} - \min x_{ij}}{\max x_{ij} - \min x_{ij}}$

当 x_{ij} 是负向指标时，$z_{ij} = \dfrac{\max x_{ij} - x_{ij}}{\max x_{ij} - \min x_{ij}}$

---

① 我国台湾地区、香港特别行政区和澳门特别行政区存在部分数据缺失问题，未纳入评价范围，下同。

第三，确定指标权重。在规范评价矩阵 **Z** 的基础上，计算第 j 个评价指标 x_j 的熵值 $E_j = -\dfrac{1}{\ln 31}\sum\limits_{i=1}^{31} f_{ij} \ln f_{ij}$，其中 $f_{ij} = \dfrac{z_{ij}}{\sum\limits_{i=1}^{31} z_{ij}}$。需强调的是，如果 $f_{ij}=0$，则令 $f_{ij}\ln f_{ij}=0$，也可以表明该指标向决策者提供有用信息。随后，本书通过式 $Q_j = \dfrac{1-E_j}{\sum\limits_{j=1}^{34}(1-E_j)}$ 计算第 j 个评价指标 x_j 的权重。

通过熵权法测算得到相应的权重赋值后，为确保权重赋值的适用性，本书还通过专家赋值法，在全国选择了相关领域的 10 位学者和 10 位基层工作人员作为评审专家，将本书的研究背景以及指标体系相关内容以邮件形式或面访形式提交至 20 位评审专家，共收到 18 位评审专家的反馈意见。综合上述反馈意见，本书对相应的指标权重进行修正，最终确定评价指标的权重赋值，如表 1-1 所示。

第四节　乡村振兴发展指数得分的整体比较分析

按照各省份的乡村振兴发展水平排名，乡村振兴发展指数得分排名前 10 位的依次是北京、山东、江苏、上海、浙江、天津、广东、湖北、福建和重庆，除湖北和重庆外，其他 8 个省份全是东部地区省份。排名中间位置（第 11 位~第 20 位）的 10 个省份中，有 2 个东部地区省份（海南、河北）、3 个中部地区省份（湖南、河南、安徽）、4 个西部地区省份（四川、内蒙古、新疆、宁夏）和 1 个东北地区省份（辽宁）。排名在后 11 位的省份中，除江西、黑龙江、吉林和山西外，其余都是西部地区省份。总体而言，东部地区、中部地区、东北地区和西部地区[①]的乡村振兴发展指数得分均值呈依次递减态势，分别为 48.87、37.54、34.50 和 34.03。这说明我国的乡村振兴发展水平仍然呈现出较大的地域差异（见表 1-2）。

---

① 东、中、西部地区和东北地区的划分依据来源于国家统计局（http://www.stats.gov.cn/tjsj/zxfb/201405/t20140527_558611.html）。

表 1-2 乡村振兴发展指数得分排名

省份	指数得分	全国排名	地区	分区排名
北京	57.62	1	东部地区	1
山东	57.55	2	东部地区	2
江苏	56.29	3	东部地区	3
上海	55.01	4	东部地区	4
浙江	52.98	5	东部地区	5
天津	46.21	6	东部地区	6
广东	44.06	7	东部地区	7
湖北	43.62	8	中部地区	1
福建	43.32	9	东部地区	8
重庆	41.26	10	西部地区	1
四川	39.73	11	西部地区	2
湖南	39.59	12	中部地区	2
内蒙古	39.29	13	西部地区	3
海南	38.84	14	东部地区	9
新疆	38.78	15	西部地区	4
河南	38.36	16	中部地区	3
安徽	38.32	17	中部地区	4
宁夏	37.81	18	西部地区	5
辽宁	37.53	19	东北地区	1
河北	36.82	20	东部地区	10
江西	35.85	21	中部地区	5
黑龙江	33.51	22	东北地区	2
广西	33.29	23	西部地区	6
吉林	32.47	24	东北地区	3
云南	31.63	25	西部地区	7
青海	30.79	26	西部地区	8

表1-2（续）

省份	指数得分	全国排名	地区	分区排名
陕西	30.71	27	西部地区	9
贵州	29.71	28	西部地区	10
山西	29.50	29	中部地区	6
西藏	27.95	30	西部地区	11
甘肃	27.38	31	西部地区	12

　　乡村振兴发展水平存在区域性差异，与我国国民经济发展的梯度差异一致。地区社会经济发展较好的经济强省（自治区、直辖市）的乡村振兴发展指数得分往往较高，如北京、上海和江苏等，而传统农业大省的乡村振兴发展指数得分普遍不高。通过分别绘制2017年31个省份乡村振兴发展指数得分与人均地区生产总值、人均农林牧渔业产值的散点图可以发现（如图1-2和图1-3所示），乡村振兴发展指数得分与人均地区生产总值间的趋势线向右上方倾斜，呈现出明显的正向相关关系，说明人均地区生产总值越高的省份，在乡村振兴发展指数上的得分越高。然而，乡村振兴发展指数得分与人均农林牧渔业产值间并未呈现出显著的相关关系。这表明，乡村振兴发展较好的省份不一定是农业大省，但经济强省往往在乡村振兴发展方面能够取得较好的成绩。城市作为区域发展极核，对乡村振兴发挥着重要的带动效应，因此在实施乡村振兴战略的过程中也需将其纳入施策范围。

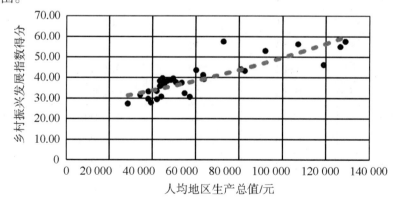

图1-2　2017年31个省份人均地区生产总值与乡村振兴发展指数得分间的关系

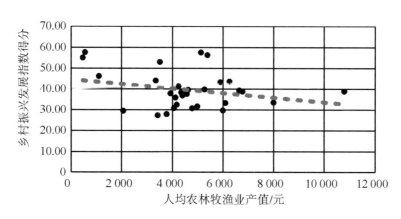

图 1-3　2017 年 31 个省份人均农林牧渔业产值与乡村振兴发展指数得分间的关系

　　为进一步观察我国乡村振兴发展的区域分布特征，本书采用多元统计聚类方法，对 31 个省份的乡村振兴发展指数得分进行聚类分析。聚类结果如表 1-3 所示。31 个省份的乡村振兴发展水平大致可以分为 4 个梯队。其中，第一梯队包括北京、山东、江苏、上海、浙江；第二梯队包括天津、广东、湖北、福建；第三梯队包括重庆、四川、湖南、内蒙古、海南、新疆、河南、安徽、宁夏、辽宁、河北、江西，较为均衡地分布在我国东中西部地区和东北地区；第四梯队包括黑龙江、广西、吉林、云南、青海、陕西、贵州、山西、西藏、甘肃，大多位于我国西部地区和东北地区。可以看出，第三梯队内部在指数得分上差距并不显著，并且所占省份数量较大，在一定程度上能够代表我国乡村振兴的整体发展情况。

表 1-3　乡村振兴发展指数得分聚类结果

类别	省份
第一梯队	北京、山东、江苏、上海、浙江
第二梯队	天津、广东、湖北、福建
第三梯队	重庆、四川、湖南、内蒙古、海南、新疆、河南、安徽、宁夏、辽宁、河北、江西
第四梯队	黑龙江、广西、吉林、云南、青海、陕西、贵州、山西、西藏、甘肃

　　就理论而言，若我国各省份的乡村振兴发展水平较为均衡，31 个省份的乡

村振兴发展指数得分应呈现出平缓的变化趋势。但是，结合发展梯队划分和各省份乡村振兴发展指数得分情况（如图1-4所示），我国并未呈现出平缓的变化趋势，而是在第一梯队向第二梯队过渡时出现了"断崖式"过渡现象。第一梯队的末位得分省份（52.98）高于第二梯队的首位得分省份（46.21）的分值达6.77分。这表明，我国乡村振兴存在发展不平衡的问题，以第一梯队为主的乡村振兴发展水平较高的省份，其发展优势不仅在相对水平上，而且在绝对水平上远远领先于其他26个省份。进一步地，乡村振兴发展指数得分最高的北京市仅为57.62分，多数省份得分处于30~40分。这表明，我国乡村振兴存在发展不充分的问题，就整体水平而言并不理想。

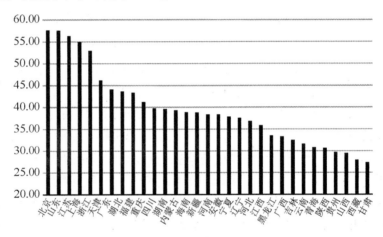

图1-4　各省份乡村振兴发展指数得分情况

第五节　乡村振兴发展分项指数的比较分析

本书从产业兴旺、生态宜居、乡风文明、治理有效和生活富裕五个方面分别测算了31个省份乡村振兴发展分项指数的得分及排名，评价各省份在乡村振兴发展中的竞争优势和劣势。

一、分项发展指数的整体评价

就整体而言，东部地区各分项发展水平均高于中西部地区和东北地区（见图1-5）。可以看出，31个省份的乡村振兴发展，不论是总体水平，还是各分项发展水平，都与地区社会经济发展水平具有一定的正相关关系，进一步凸显了城市经济对乡村振兴发挥的重要带动效应。需要指出的是，由于部分地区的社会经济发展水平相对滞后，可能存在城市带动能力不足的问题，因此在全国范围内同步推进乡村振兴战略，不仅需要各级党委和政府根据自身发展条件制订合理的实施方案，还需要各类优惠政策和财政资金持续向经济发展相对滞后的地区倾斜。

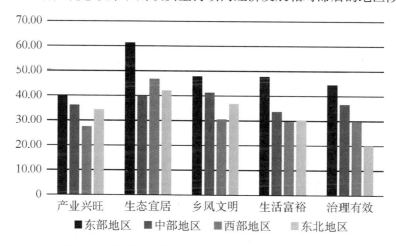

图1-5　乡村振兴分项发展指数得分均值的区域比较

根据31个省份乡村振兴发展指数得分的聚类结果将四大梯队的各分项发展指数得分均值用雷达图形式表示出来，如图1-6所示。分项得分均值都表现出第一梯队到第四梯队依次递减的发展特征。这表明，实现振兴的乡村即使不是"全优生"，也不能是"偏科生"，在产业发展、收入水平、生态环境、乡村治理和乡风民风等方面都需满足一定的基础条件。特别地，对发展相对滞后的省份而言，其要从整体层面提高乡村振兴发展水平，实现发展梯队的向上跃升，仍需在各个方面下"硬功夫"。

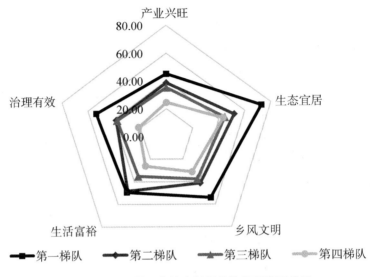

图1-6　不同梯队省份乡村振兴的分项发展差异

二、产业兴旺指数

　　产业兴旺指数由农业效率化、农产品品质化、农业机械化、农业科技化、农民组织化和农业融合化6个分项指数组成。按照各省份的产业兴旺发展水平排名，2017年产业兴旺指数得分排名前10位的依次是山东、江苏、福建、浙江、河南、湖北、湖南、安徽、广东、黑龙江，其中5个东部地区省份、4个中部地区省份和1个东北地区省份。其中，山东的得分远高于其他30个省份，在全国具有突出的产业发展优势。排名中间位置（第11位~第20位）的10个省份中，有3个东部地区省份（北京、河北、海南）、1个中部地区省份（江西）、5个西部地区省份（宁夏、内蒙古、重庆、新疆、四川）和1个东北地区省份（辽宁）。排名后11位的省份中，除上海、吉林、天津和山西外，其余都是西部地区省份。同时，该指数表现出显著的区域性差异，东部地区的得分均值为39.76，远远领先于其他地区，而中部地区、东北地区和西部地区的得分均值呈依次递减趋势，分别为36.09、34.34和27.44（见表1-4和图1-7）。

表 1-4　产业兴旺指数得分

省份	指数得分	全国排名	地区	分区排名
山东	66.08	1	东部地区	1
江苏	53.57	2	东部地区	2
福建	45.57	3	东部地区	3
浙江	43.22	4	东部地区	4
河南	43.08	5	中部地区	1
湖北	42.93	6	中部地区	2
湖南	41.61	7	中部地区	3
安徽	39.20	8	中部地区	4
广东	39.10	9	东部地区	5
黑龙江	38.04	10	东北地区	1
辽宁	37.26	11	东北地区	2
宁夏	36.83	12	西部地区	1
内蒙古	35.19	13	西部地区	2
重庆	34.04	14	西部地区	3
北京	33.41	15	东部地区	6
新疆	31.99	16	西部地区	4
河北	31.44	17	东部地区	7
四川	31.39	18	西部地区	5
江西	31.05	19	中部地区	5
海南	29.37	20	东部地区	8
陕西	29.30	21	西部地区	6
上海	28.90	22	东部地区	9
吉林	27.71	23	东北地区	3
广西	27.19	24	西部地区	7
天津	26.92	25	东部地区	10
青海	24.76	26	西部地区	8

表1-4（续）

省份	指数得分	全国排名	地区	分区排名
云南	22.85	27	西部地区	9
甘肃	21.81	28	西部地区	10
贵州	20.40	29	西部地区	11
山西	18.70	30	中部地区	6
西藏	13.47	31	西部地区	12

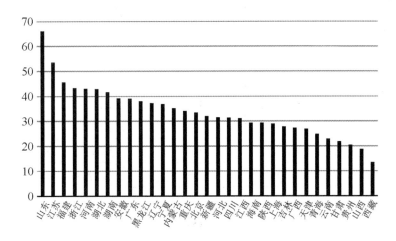

图1-7 产业兴旺指数得分

三、生态宜居指数

生态宜居指数由绿色生产率、绿色生活率、生活宜居率和医疗配套率4个分项指数组成。按照各省份的生态宜居发展水平排名，2017年生态宜居指数得分排名前10位的依次是上海、北京、天津、浙江、江苏、山东、宁夏、四川、内蒙古、福建，其中7个是东部地区省份，3个是西部地区省份。排名中间位置（第11位～第20位）的10个省份中，有1个中部地区省份（湖北）、6个西部地区省份（新疆、贵州、青海、甘肃、重庆、云南）、2个东部地区省份（河北、海南）和1个东北地区省份（吉林）。排名后11位的省份中，有1个东部地区省份（广东）、5个中部地区省份（山西、江西、安徽、湖南、河南）、3个西部地区省份（陕西、广西、西藏）和 2 个东北地区省份（辽宁、黑龙江）。同时，该指数也表现出显著的区域性差异，东部地区的得分均值为 61.34，远远领先于其他地区，而西部地区、东北地区和中部地区的得分均值呈依次递减趋势，分别为46.73、42.07 和 39.86（见表 1-5 和图 1-8）。

表 1-5　生态宜居指数得分

省份	指数得分	全国排名	地区	分区排名
上海	84.35	1	东部地区	1
北京	82.20	2	东部地区	2
天津	69.88	3	东部地区	3
浙江	66.69	4	东部地区	4
江苏	66.67	5	东部地区	5
山东	63.53	6	东部地区	6
宁夏	57.79	7	西部地区	1
四川	51.23	8	西部地区	2
内蒙古	50.89	9	西部地区	3
福建	48.92	10	东部地区	7
新疆	47.53	11	西部地区	4
贵州	47.40	12	西部地区	5
青海	47.24	13	西部地区	6
甘肃	47.16	14	西部地区	7
湖北	46.28	15	中部地区	1
河北	46.21	16	东部地区	8
重庆	45.34	17	西部地区	8
吉林	44.78	18	东北地区	1
云南	43.90	19	西部地区	9
海南	42.78	20	东部地区	9
陕西	42.76	21	西部地区	10
辽宁	42.75	22	东北地区	2
广西	42.46	23	西部地区	11
广东	42.20	24	东部地区	10

表1-5（续）

省份	指数得分	全国排名	地区	分区排名
山西	41.82	25	中部地区	2
江西	39.77	26	中部地区	3
黑龙江	38.69	27	东北地区	3
安徽	38.13	28	中部地区	4
湖南	38.09	29	中部地区	5
西藏	37.48	30	西部地区	12
河南	35.08	31	中部地区	6

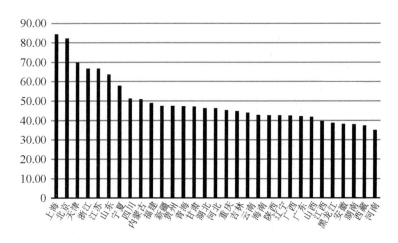

图1-8　生态宜居指数得分

四、乡风文明指数

乡风文明指数由家庭之风、民俗之风和社会之风3个分项指数组成。按照各省份的乡风文明发展水平排名，2017年乡风文明指数得分排名前10位的依次是北京、浙江、江苏、上海、湖南、天津、河北、山西、山东和广东，除湖南和山西外，其他8个省份都是东部地区省份。排名中间位置（第11位~第20位）的10个省份中，有1个东部地区省份（福建）、4个中部地区省份（河南、湖北、江西、安徽）、3个西部地区省份（四川、重庆、贵州）和2个东北地区省份（辽宁、黑龙江）。排名后11位的省份中，有1个东部地区省份（海南）、9个西部地区省份（云南、内蒙古、陕西、新疆、广西、甘肃、青海、宁夏、西藏）和 1 个东北地区省份（吉林）。同时，该指数表现出显著的区域性差异，东部地区的得分均值为 47.82，远远领先于其他地区，而中部地区、东北地区和西部地区的得分均值呈依次递减趋势，分别为 41.31、36.80 和 30.54（见表 1-6 和图 1-9）。

表 1-6 乡风文明指数得分

省份	指数得分	全国排名	地区	分区排名
北京	65.62	1	东部地区	1
浙江	56.11	2	东部地区	2
江苏	53.36	3	东部地区	3
上海	51.46	4	东部地区	4
湖南	47.72	5	中部地区	1
天津	47.33	6	东部地区	5
河北	46.10	7	东部地区	6
山西	44.63	8	中部地区	2
山东	44.40	9	东部地区	7
广东	43.14	10	东部地区	8
四川	42.48	11	西部地区	1
河南	42.40	12	中部地区	3
辽宁	41.48	13	东北地区	1
湖北	39.02	14	中部地区	4
江西	38.41	15	中部地区	5
福建	36.09	16	东部地区	9
黑龙江	35.99	17	东北地区	2
重庆	35.72	18	西部地区	2
安徽	35.68	19	中部地区	6
贵州	35.53	20	西部地区	3
海南	34.60	21	东部地区	10
云南	34.24	22	西部地区	4
内蒙古	33.63	23	西部地区	5

表1-6（续）

省份	指数得分	全国排名	地区	分区排名
陕西	33.20	24	西部地区	6
吉林	32.94	25	东北地区	3
新疆	31.21	26	西部地区	7
广西	30.71	27	西部地区	8
甘肃	27.42	28	西部地区	9
青海	23.49	29	西部地区	10
宁夏	23.03	30	西部地区	11
西藏	15.79	31	西部地区	12

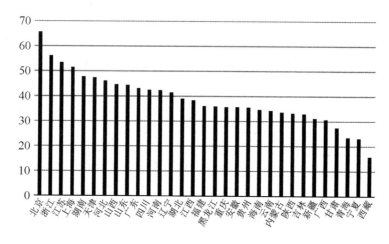

图1-9　乡风文明指数得分

五、生活富裕指数

生活富裕指数由农民收入、收入差距、生活品质3个分项指数组成。按照各省份的生活富裕发展水平排名，2017年生活富裕指数得分排名前10位的依次是浙江、上海、天津、西藏、广东、福建、重庆、江苏、四川、北京，除西藏、重庆、四川外，其他7个省份都是东部地区省份。排名中间位置（第11位~第20位）的10个省份中，有3个东部地区省份（海南、山东、河北）、5个中部地区省份（江西、安徽、湖北、湖南、河南）、1个西部地区省份（广西）和1个东北地区省份（吉林）。排名后 11 位的省份中，有 1 个中部地区省份（山西）、8 个西部地区省份（内蒙古、新疆、宁夏、云南、青海、贵州、陕西、甘肃）和 2 个东北地区省份（黑龙江、辽宁）。特别地，东部地区省份凭借整体较好的社会经济发展基础，在生活富裕指数上取得了显著的发展优势，得分均值为 47.67，若仅以收入水平作为衡量标准，东部地区省份更是遥遥领先。此外，中部地区、东北地区和西部地区的得分均值则未表现出显著差异，分别为 33.67、30.24 和 29.65（见表 1-7 和图 1-10）。

表 1-7 生活富裕指数得分

省份	指数得分	全国排名	地区	分区排名
浙江	60.78	1	东部地区	1
上海	60.60	2	东部地区	2
天津	59.13	3	东部地区	3
西藏	51.42	4	西部地区	1
广东	49.06	5	东部地区	4
福建	48.27	6	东部地区	5
重庆	48.15	7	西部地区	2
江苏	45.95	8	东部地区	6
四川	45.64	9	西部地区	3
北京	42.93	10	东部地区	7
海南	41.66	11	东部地区	8
江西	41.24	12	中部地区	1
安徽	38.87	13	中部地区	2
山东	36.88	14	东部地区	9
湖北	36.52	15	中部地区	3
湖南	35.78	16	中部地区	4
吉林	34.42	17	东北地区	1
广西	33.88	18	西部地区	4
河北	31.40	19	东部地区	10
河南	31.31	20	中部地区	5
黑龙江	29.46	21	东北地区	2

表1-7（续）

省份	指数得分	全国排名	地区	分区排名
内蒙古	28.66	22	西部地区	5
新疆	28.58	23	西部地区	6
辽宁	26.85	24	东北地区	3
宁夏	24.85	25	西部地区	7
云南	24.59	26	西部地区	8
青海	21.35	27	西部地区	9
贵州	19.47	28	西部地区	10
山西	18.27	29	中部地区	6
陕西	17.70	30	西部地区	11
甘肃	11.50	31	西部地区	12

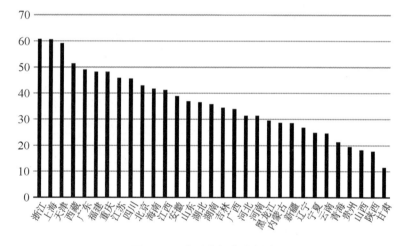

图1-10　生活富裕指数得分

六、治理有效指数

治理有效指数由民主自治、基层法治、乡村规治3个分项指数组成。按照各省份的治理有效发展水平排名，2017年治理有效指数得分排名前10位的依次是北京、山东、新疆、江苏、广东、海南、湖北、重庆、上海、内蒙古，其中6个东部地区省份、3个西部地区省份和1个中部地区省份。排名中间位置（第11

位~第20位）的10个省份中，有1个东部地区省份（浙江）、4个中部地区省份（河南、安徽、湖南、江西）、4个西部地区省份（云南、广西、青海、宁夏）和1个东北地区省份（辽宁）。排名后11位的省份中，有3个东部地区省份（福建、河北、天津）、1个中部地区省份（山西）、5个西部地区省份（西藏、四川、陕西、贵州、甘肃）和2个东北地区省份（黑龙江、吉林）。较之其他分项而言，治理有效指数呈现出的区域性差异并不显著。东部地区的得分均值为44.54，远远领先于其他地区。中部地区、西部地区和东北地区的得分均值仍呈依次递减趋势，分别为36.70、29.85和20.01（见表1-8和图1-11）。

表1-8　治理有效指数得分

省份	指数得分	全国排名	地区	分区排名
北京	70.45	1	东部地区	1
山东	65.01	2	东部地区	2
新疆	57.31	3	西部地区	1
江苏	55.64	4	东部地区	3
广东	55.07	5	东部地区	4
海南	53.96	6	东部地区	5
湖北	53.85	7	中部地区	1
重庆	46.22	8	西部地区	2
上海	46.12	9	东部地区	6
内蒙古	42.64	10	西部地区	3
河南	39.58	11	中部地区	2
安徽	38.79	12	中部地区	3
辽宁	35.96	13	东北地区	1
湖南	34.33	14	中部地区	4
云南	30.87	15	西部地区	4
浙江	30.23	16	东部地区	7
广西	28.57	17	西部地区	5
江西	28.16	18	中部地区	5
青海	27.57	19	西部地区	6
宁夏	26.59	20	西部地区	7

表1-8（续）

省份	指数得分	全国排名	地区	分区排名
福建	25.50	21	东部地区	8
山西	25.49	22	中部地区	6
河北	24.80	23	东部地区	9
西藏	22.54	24	西部地区	8
四川	21.78	25	西部地区	9
陕西	20.41	26	西部地区	10
天津	18.57	27	东部地区	10
贵州	18.11	28	西部地区	11
甘肃	15.64	29	西部地区	12
黑龙江	12.53	30	东北地区	2
吉林	11.54	31	东北地区	3

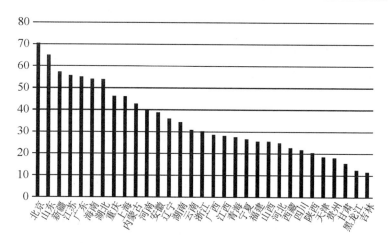

图1-11 治理有效指数得分

第二章　中国脱贫攻坚
与乡村振兴政策协同指数研究

第一节　文献回顾

乡村振兴正处于"三年取得重大进展"的关键年，政策是否协同、实践是否协同决定了我国是否能在 2020 年实现乡村振兴"完成制度框架和政策体系"重要目标的"双攻坚"任务。协同理论（synergetics）又称协同学或协同论，起源于 20 世纪 70 年代。它是在多学科研究的基础上逐步形成和发展起来的系统科学的一个重要分支，主要用来研究各系统之间、各要素之间、要素与系统之间以及系统与外部环境的协调、同步、协作和互补的程度。该理论自提出后便在自然科学、工程运用以及社会科学等各个领域得到了广泛的研究和运用，特别是近十年来，在经济学和公共政策研究中，由于各级政府中不同主体、不同部门之间合作网络格局的逐步形成，政府政策执行环境复杂性的加剧，经济放缓、环境恶化等问题的出现，以及脱贫攻坚等重大战略问题的迫切需要，越来越多的学者将协同理论应用于公共政策分析、政策制定过程的应用研究中。

在协同理论与政策协同方面，金（Kim，2011）通过对中介金融机构的道德风险国际协作机制的研究发现，政策在实施的过程中会由于环境的变化而产生不稳定，政府部门应该采取措施通过政策协同来维持政策的稳定性。马太和伊格莱西亚斯（Matei & Iglesias，2011）认为，政府部门在公共政策的制定过程中要通过加强政府部门内部以及各个不同部门之间的协同，平衡不同部门之间的利益冲突和摩擦；建立有效的政策协同机制是提高整个政策体系运行效率的有效手段。李（Lee，2011）等通过本地复杂混合政策协同机制研究发现，相互协同的混合政策的效用要优于单一政策的效用，政策工具的有效组合可以实现更高的绩效水平，并创造更多的福利。他强调政府在政策的制定过程中需要将政策与已经出台的其他政策，包括经济政策、社会政策和产业政策有效地协同起来。张国兴（2017）对我国节能减排政策协同相关研究进行了系统梳理并探讨了我国节能减排政策协同未来可能的研究方法和新视角。

目前学者对于政策协同的研究主要聚焦于政策协同效用评价、政策协同路径研究、政策协同的量化和评价等方面。

一是政策协同效用评价。卡利（Carley，2011）通过对美国一系列州际能源政策协同效应对减排影响的研究以及不同国家间政策协同效应的比较，发现当邻国不采取类似或协调的能源政策时，国家间能源政策协调对减排的影响非常有限。康派斯（Kampas，2012）分析了欧洲农业政策和水政策对希腊地区农业耗水量的影响，研究发现农业政策和水政策通过协同使用，在促进农业耗水量的节约方面比单独使用两项政策效果要好。埃弗斯（Evers，2013）研究了两个新型国家间金融政策协同的收益问题，研究发现虽然金融政策协同有利于提高每个国家的收益，但其收益非常低。彭纪生和仲为国（2008）探索编制了量化标准手册，并对中国的科技创新政策进行了量化，从政策文本本身出发分析了不同政策措施协同和政策目标协同对经济绩效和技术绩效的影响。研究发现，不同的政策措施协同与政策目标协同对经济绩效和技术绩效产生显著影响。张怡梦等（2015）在构建生态脆弱性、政府绩效评估指标体系的基础上，运用耦合协同模型评估了2013—2016年西部地区45个城市的生态脆弱性与政府绩效两系统协同情况。

二是政策协同路径研究。关于如何实现政策协同的路径研究，马太和多加鲁（Matei & Dogaru，2013）对罗马现有公共政策协同的效果进行了分析，并针对建立公共政策战略框架、加强政府部门合作互动等方面提出了促进政策协同的建议。沈苏燕等（2010）通过对我国农民养老保障政策的研究，提出了提高政策关联度、增强政策互补性等促进养老保障政策协调的建议。周小刚等（2010）分析了我国统一户籍制度改革实施中存在的最低生活保障和养老保险、兵役优惠待遇、安置和计划生育等社会政策协调的困难，并提出了适合户籍制度改革的社会政策协调建议。关于政策协同机制的讨论，查德维克（Chadwick，2010）通过人力资源系统业绩协同作用性质的理论研究，给出了良性重叠、独立影响和高效互补等要素协同的三种具体实现方式。有研究者（Vakili et al.，2012）基于"Swarm-Based RL"的对等系统协同策略的协调研究，设计了一种自组织协同机制，以帮助具有地方视角的决策者制定协作政策，并对协同机制的有效性进行了分析。刘华等（2012）通过对我国技术转移政策体系和合作运行机制的研究，将协同理论应用于公共政策体系的构建和运行管理，构建了我国技术转移政策的协同运行机制。目前，大多数研究主要集中在如何促进政策协调，并从理论上探讨政策协调机制，而对于如何从实践中提取和总结政策协调模型、制定政策协调的具体实施步骤和方法、量化和评价政策协调、分析政策协调的最优协调程度等问题的讨论较少。

三是政策协同的量化和评价。有研究者（Chen et al.，2009）分析了美国州际可再生能源组合政策的协同效应，发现州际可再生能源组合政策之间的协调程度较低，仍有很大的改进空间。勒马和鲁比（Lema et al.，2008）分析了1986—2006年中国风能政策的协调演变过程，发现随着时间的推移，中国风能政策的协同作用逐渐增强，对促进风能的发展起到了积极的作用。闵德尔和博文（Mindell et al.，2010）提出了评价医疗政策协同的方法，并将其与传统方法进行了比较，发现该方法更有利于找出政策协同的矛盾以及促进政策协同的形成。彭纪生等（2008）从政策文本的研究入手，阐述了我国科技创新政策的协调演变过程。研究发现，随着时间的推移，科技创新政策措施与政策目标的协同作用不断增强，但不同科技创新政策措施与政策目标的协同程度存在显著差异。这些关于评价政策协同现状的研究对于分析政策协同的状况，找出政策协同的不足和困境以及避免政策协同的失败有着重要意义。

由此可见，当前各个学者已经从不同角度研究讨论了政策协同的必要性，并且随着我国政府对乡村振兴政策协同的逐渐重视，如何协调处理不同体系的"三农"政策间的协同，将成为我国政府在乡村振兴战略政策构建和完善过程中面临的主要挑战之一。然而，目前学者在乡村振兴相关政策的研究中，对政策的协同问题关注得比较少，并且乡村振兴涉及多个方面，其复杂性决定了其政策体系超越了现有的政策领域边界和单个部门的职责范围。如果仅仅使用单一的政策，或者过量地强调使用任何一种政策工具都可能出现低效率运行的情况，更会对农业农村的可持续发展产生不利影响，这就要求我国政府在乡村振兴政策的制定过程中，有必要将当地的经济政策、社会政策和产业政策协同与统筹起来，以便在政策层面上产生良好的协同效应。考虑到省级政策是中央文件精神的直接反映，并根据地域实际情况进一步转译和细化，更加具有代表性和研究价值，本书主要选取了 2013—2019 年四川省关于乡村振兴的主要政策文件，通过政策文本计量和内容分析法，从微观层面明晰政策意图、观测政策工具组合运用、分析政策关联网络，对政府协作网络、各时段政策重点、政策执行效力以及各地政策协同情况等问题进行科学解答，提高了政策分析的客观性和准确性，为包括四川省在内的广大西部经济欠发达地区进一步完善乡村振兴政策体系，推进政策协同和工作开展提供有价值的参考意见。

第二节　研究设计

一、案例样本选择

本书对 2013—2019 年四川省省级和市（县）级主要"三农"政策进行了收集与整理，所有政策文本均来源于公开的数据资料。基于对政策文本收集全面性与权威性的考量，本书以四川省人民政府官方网站、四川省政府主要组成部门以及直属机构官方网站公布的政策目录为主，参考四川省政策汇编等相关资料进行补充，并以"乡村振兴"进行主题、关键词以及全文精确检索，对产业发展、人才、医疗、教育、财政投入等关键词进行二次检索，较为全面地收集和整理了 2013—2019 年四川省的相应政策。为了保证政策评判的准确性与有效性，我们咨询了四川省农业农村厅专门从事相关政策研究的同志，并请教了西南财经大学、四川农业大学以及四川省社会科学院多位长期从事"三农"政策研究的专家对政策文本进行筛选，剔除重复和相关性较弱的政策，最终得到与研究有较强相关性的省级政策 86 项，市（县）级政策 279 项（见表 2-1）。

表 2-1　政策文件数量与类型　　　　　　　单位：个

类型	通知	方案	意见	规划	办法	计划	细则	决定	纲要
省级	28	16	14	3	8	10	4	2	1
市（县）级	27	47	16	46	58	24	36	25	0
约束性	较强	较弱	较强	较强	较弱	较强	弱	较强	强
指导性	较弱	较强	较弱	较弱	较强	较弱	强	较弱	弱

二、研究思路与基本方法

（一）内容分析方法

本书从文本数据挖掘的角度，借鉴和使用政策文献计量法和内容分析法，基于定性研究的量化分析方法，从原文或者有意义的素材中，抽离出使用"情景"，做出可再现的和有效的推断。政策文件以及与政策相关的文本是政府政策行为的反映，是记述政策意图和政策过程尤为有效的客观凭证，对乡村振兴专项政策文本进行内容分析可以"从公开中萃取秘密"。首先，我们从单个政策文本中获得发文时间、发文单位以及政策类型等基本信息；其次，我们从政策条款中逐项辨别出政策目的、政策内容以及政策措施，揭示关键词语、语段的含义，政策工具的选择与组合，政策过程的主体合作网络等研究问题。

（二）田野调查法

我们采取部门座谈、进村走访、问卷调查等方式，于2019年6—7月在四川省北川县、南部县、南江县、合江县、叙永县、沐川县、马边县等地开展专题调研。我们采用观察法对农村村民、驻村干部、县（乡）领导等进行考察，并在政策文本分析的基础上进行问卷和访谈内容设计，区分农户、村干部等不同主体对政策的享受情况与各种政策工具的效力进行评价。

三、政策工具分析框架

政策工具又称治理工具、政府工具，是政策执行和达到政策目标的重要手段与工具。选择合理的工具将有利于公共政策目标的实现，政策工具的合理组合使用将直接影响政策实施的效果。国内外学者根据政策工具特性并按照多维标准，对政策工具的类型划分进行了丰富的研究，但目前没有统一的政策工具划分标准。德国经济学家E.S.基尔申（E.S.Kirschen）最早对政策工具进行分类研究，并总结出了64种类型的政策工具。豪利特和拉梅什（Howlett & Ramesh）根据政府提供公共物品的不同，将政策工具划分为强制性政策工具、混合型政策工具和自愿性政策工具。罗思韦尔（Rothwel）等按照政策对目标的影响层面不同将政策工具分为供给型工具、需求型工具和环境型工具，这种分类方法被广泛应用于国内的政策研究中。乡村振兴相关政策同样可以分为供给面、需求面和制度环境三个方面，因此本书主要采用罗思韦尔（Rothwel）等的维度划分方法，并结合四川省政策的特点，将政策工具分为三个维度，总共包含 13 项政策措施。

供给导向型政策工具指政策对扶贫的推动力，即政府通过资金投入、基础设施建设、公共服务、项目供给、人才支撑等扩大供给，改善农业农村发展不足的情况。环境支持型政策工具，指政策对乡村振兴战略实施的外部激励和影响力，即政府通过目标规划、税收优惠、金融支持、法规管制和策略性措施营造良好的制度环境和社会环境。需求导向型政策工具的作用是政府通过完善市场、成果转化和政府采购等措施，减少市场的不确定性，拉动扶贫事业和乡村振兴的发展。政策工具分析框架如表 2-2 所示。

表 2-2　政策工具分析框架

政策工具维度	政策工具名称
供给导向型	①资金投入；②基础设施建设；③公共服务；④项目供给；⑤人才支撑
环境支持型	①目标规划；②税收优惠；③金融支持；④法规管制；⑤策略性措施
需求导向型	①完善市场；②成果转化；③政府采购

第三节　政策文本分析与量化

一、乡村振兴政策体系分析

21 世纪以来，工业化、城镇化快速推进，农业生产方式与城乡关系发生大幅变迁，而乡村发展过程中的"空心病""污染病""衰退病"也日益凸显，农村生产要素快速流出。为制止农村要素的单向流出，解决城乡二元结构矛盾，2005 年中央启动新农村建设，强调通过工业化、市场化、城市化的发展带动"三农"发展，加快城市基础设施向农村延伸，加速公共服务向农村覆盖。随着党的十七大报告再次提出推进社会主义新农村建设，形成城乡经济社会发展一体化新格局；党的十八大报告提出坚持工业反哺农业、城市支持农村，中央支农力度逐年加大，城市工商资本纷纷下乡，国家征地政策收紧，农村要素单向流出状况已得到控制，但要素非农化、下乡资本欺农等"新乡村病"又不断涌现，农产品与涉农制度供给结构双重失衡困扰乡村。为此，党的十九大报告提出了实施乡村振兴战略，并将其写入党章，乡村振兴政策体系也随之完善，逐步形成了包括农业农村优先保障的财政政策，激励约束并重的金融支农政策，功能互补、保障有力的农业保险政策，渠道多元的农民增收政策，市场化、多元化的生态补偿机制，农村人才激励政策，农村基础设施运营管护机制，乡村国土空间资源开发保护制度，农业农村优先发展考核评价制度等政策。

从四川省来看，2013—2018 年每年都有大量关于"三农"方面的政策出台。2018 年《关于实施乡村振兴战略开创新时代"三农"全面发展新局面的意见》《四川省乡村振兴战略规划（2018—2022 年）》以及 2019 年《关于坚持农业农村优先发展推动实施乡村振兴战略落地落实的意见》等纲领性文件的出台，搭建起了乡村振兴制度框架的"四梁八柱"，在顶层设计中对产业布局、文化发展、乡村治理、民生保障、城乡融合等方面进行了统筹安排，对乡村振兴的协同推进进行了初步探索。

乡村振兴是农村、农民、农业的全面振兴，也是乡村经济建设、文化建设、政治建设、生态建设、社会建设五位一体的振兴，涉及的政策贯穿乡村生产生活的各个层面。因此，乡村振兴政策体系绝不是一个单目标、单维度的政策体系，而是由不同政策体系构成的一个多目标、多维度的复杂政策系统，包含了农业现代化、农村现代化、农民生活富裕三个层面的目标任务。从目标任务出发，乡村振兴政策体系形成了农业政策体系、农村政策体系、农民政策体系，这三个政策体系相互联系、相互依存，构成了中国乡村振兴的政策体系。从总体要求看，乡村振兴政策体系包括了乡村产业政策体系、乡村生态政策体系、乡村文化政策体系、乡村治理政策体系和民生保障政策体系五个维度的政策体系。

二、政策颁布和主体协同情况

乡村振兴是一项复杂性极强的工作，需要社会各方力量共同参与，是一项系统性工程，政策目标涉及农业农村发展的方方面面。由于四川农业农村发展在各阶段面临不同的目标任务，因此扶贫和乡村振兴工作在不同阶段涉及的部门也有所不同。如图 2-1 所示，2014—2017 年四川省政策数量平稳增长，在 2018 年出现了一个小高峰，2017 年和 2018 年的政策出台量占到发文总数的 43%，主要原因在于 2018 年是脱贫攻坚三年行动与乡村振兴战略实施的开局之年，四川省贯彻落实中央相关指导精神和战略部署，加快了脱贫攻坚和乡村振兴战略实施的步伐，出台了一系列政策文件，对脱贫攻坚和乡村振兴战略各方面工作进行全面引导和安排。从政策文件的出台部门来看，86 份政策文件涉及 18 个相关部门，部门联合发文比例从 2013 年的 28% 提高到 2018 年的 60%，联合部门数量也同样呈上升趋势。参与制定扶贫政策的部门最初主要由四川省农业农村厅、四川省扶贫开发局、四川省发展和改革委员会、四川省人力资源和社会保障厅、四川省民政厅、四川省财政厅组成，随着扶贫工作进入攻坚期以及乡村振兴战略的实施，涉及的部门也越来越多，四川省教育厅、四川省科学技术厅、四川省自然资源厅、四川省文化和旅游厅等相关部门逐渐加入。这从侧面反映出任务目标的复杂性和系统性，部门分工协作程度不断提高将成为未来推进乡村振兴战略工作的主要趋势。

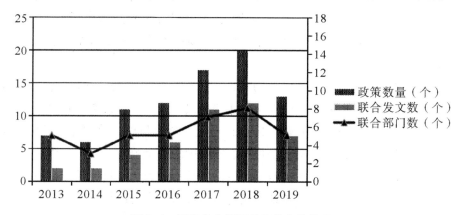

图 2-1　四川省乡村振兴政策文件分布

在整理联合发文数和联合发文部门数的基础上，为进一步探讨政策主体协同情况，我们需要进一步借助"Ucient"和"NetDraw"等软件对政策网络进行分析。通过图 2-2 可以看出，四川省在推进乡村振兴战略期间，政策制定部门之间通过逐年不断联合颁布政策文件形成了较为密切的合作关系网络，既反映出乡村振兴战略推进的系统性和交叉性，又为研究政府部门之间的合作关系提供了一个观测窗口。研究发现，2013—2019 年，随着"三农"工作复杂性的提升和任务目标的明晰，各部门间的横向协同进一步加强，政策合作网络密度呈上升趋势。其中，四川省财政厅、四川省扶贫开发局、四川省农业农村厅、四川省人力资源和社会保障厅、四川省发展和改革委员会、四川省教育厅之间的合作关系愈发紧密，围绕四川省人民政府办公厅逐步形成了乡村振兴战略推进的"钻石结构"的合作核心子网络。

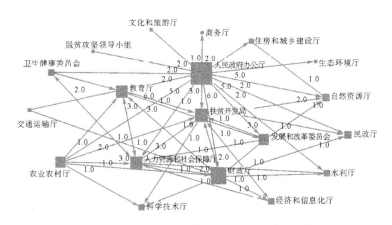

图 2-2　2013—2018 年四川省省级部门合作网络

从整体来看，乡村振兴政策网络已经初具规模，在网络形态上呈现出聚合型网络的特征，政策资源比较集中，政策主体联系增强，形成了两大战略协同推进的利益共同体。但是政策网络密度（density）仅为 0.196 55，属于低密度网络，中心集中度（network centralization）为 32%，反映出各部门之间互动频率不高，制定政策的协作广度和深度不够理想，政策主体的协同度和整体合力仍有待提高。做好乡村振兴政策协同，"三农"工作仍是基础和重点，而农业农村厅作为牵头组织推进四川省农业农村经济社会发展的主要部门，在政策网络中表现出节点中心度不高、开放性不足等问题。一方面，四川省需要进一步提高"三农"部门的主体地位、权威性和话语权；另一方面，"三农"部门需要发挥主体作用，加强与其他部门的沟通和协作，充分挖掘各部门职能优势，形成政策合力，有效提高政策效果。

三、政策文本主题词分析

主题词分析能够在一定程度上揭示政策倾向，有利于相关部门把握政策聚焦点和具体内容，抓好关键问题，找准契合点和增长点，进一步明确战略目标。在精读政策文本的基础上，我们对每份政策文本的主题关键词进行提取并建立词库，导入"GooSeeker"分词软件。为避免软件自身词库分词带来的词语不完整性问题，我们主要采用人工提取关键词，并进行分词、筛选和组合。为了减少主题词的重复性、更直观地对政策文本主题词网络进行可视化处理，我们对同义词进行了合并。我们用"Excel"构建共词矩阵表。假设需要构造矩阵的词组有"脱贫攻坚""乡村振兴""基础设施""产业发展""党的建设""考核监督"等，在词组行和列相交的单元格填入以下公式 [=SUMIFS（ $B：$B，数据！$A：$A，"＊"&$C2&"＊"，$A：$A，"＊"&D$1&"＊"）]，以此构建政策文本主题词网络矩阵。

我们通过"NetDraw"软件对关键词矩阵进行可视化处理，得到关键词网络结构如图 2-3 所示。除去"乡村振兴"高频核心词，在政策文本主题词网络中，"党的建设""产业发展""强化考核监督""加强部门协作""基础设施建设""精准识别"等关键词的中心度较高，形成了政策内容的核心层。这些是政府部门在政策制定过程中关注的重点方面，体现了四川省坚持以党建促扶贫，以产业发展为抓手，以基础设施建设为重要支撑，强化部门合作并辅以严格的考核监督确保扶贫和乡村振兴工作的有效推进。处于次核心层的关键词有"就业创业""利益分配机制""健全工作机制""文化建设""职业教育""财税支持""科技支撑"等，反映出四川省在扶贫长效机制的建设方面做出了大量的政策安排，不仅注重解决贫困地区农民的生活贫困问题，而且注重解决其精神贫困和文化贫困问题。边缘位置主题词出现频率相对较低，且与其他主题词共同出现的情况较少，政策关注度较低，但从中可以看出乡村振兴政策涉及多个着力方向，是一项复杂的系统性工程。

从四川省的实践来看，在推进乡村振兴战略中，四川省始终将产业发展作为乡村发展最关键的衔接点，通过加强全省产业扶贫规划与"10+3"现代农业产业体系培育的深度对接，助推产业扶贫向产业振兴、农业大省向农业强省转变。在基础设施建设扶贫方面，四川省近五年来保持着年均 600 亿元左右的稳定资金投入，致力于优先解决路、水、电、通信等制约发展的瓶颈问题，不断改善贫困地区发展条件。同时，四川省在"以党建促脱贫"到"以党建促振兴"，"压实脱贫攻坚考核"到"创新乡村振兴考核"等方面的工作都与政策文本分析结果保持着较高的一致性。但在"部门协作"方面，主题词分析和合作网络分析结果存在较大偏差，我们在调研中也发现由于省级各部门对个别政策解读的标准不一致，导致了基层执行的困惑，部分好的政策没有充分发挥作用。其可能的原因在于，虽然大部分文件中都提到了"加强部门协作""协同推进"等意见，但由于其过于宏观和强调引导性，各部门间有效衔接的实施细则等微观政策还不够完善，导致政策落实力度不强。

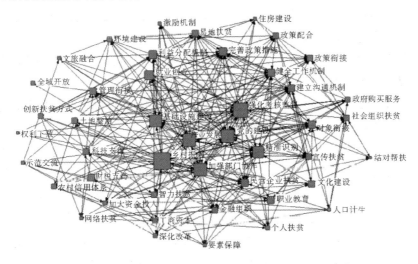

图 2-3　2013—2019 年四川省政策文件关键词网络结构

第四节　政策协同指数测度

一、政策量化标准手册的编制

为了能够准确反映出政策的内容效度，以便于更准确地进行政策变量研究，本书主要从政策力度、政策措施与政策目标 3 个维度对乡村振兴政策文件本身进行细化和提炼。我们在研究分析中发现，级别越高的领导机关，其颁布的政策文件往往越宏观，其引导性目标越强，但对经济主体的影响和约束力越弱。本书在对政策目标和政策措施赋值时，综合考虑了目标和措施的明确性及颁布机构的约束力度。高级机构颁布的政策对应的政策目标、政策措施相对比较宏观，并且与其他较有实践指导意义的政策相比，它们在政策目标与政策措施上的得分反而较低，两者的叠加效果应该能够真实地反映出不同机构颁布政策的实际效应。对政策目标的赋值从产业发展、文化建设、人才发展、环境治理、组织建设、分配方式等方面进行，涵盖了乡村振兴政策能够在经济生活中发挥的所有功能。

借鉴彭纪生、张国兴等学者的研究，我们将政策措施划分为供给导向型（主要包括资金投入、基础设施建设、公共服务、项目供给、人才支撑），环境支持型（主要包括目标规划、税收优惠、金融支持、法规管制、策略性措施）以及需求导向型（主要包括完善市场、成果转化、政府采购）。

本书研究的对象是与乡村振兴相关的"三农"发展政策文件，因此我们主要依据国家行政权力结构与政策类型来对政策的力度进行打分和统计。政策的力度代表政策文件本身体现的权重。为了保证政策力度评判的准确性与有效性，我们咨询了多位长期从事"三农"政策研究的专家，确定出农业农村发展政策力度赋值标准。同时，在对乡村振兴政策进行系统研读的基础上，我们详细列出各项政策在政策措施与政策目标维度上有标志性的划分刻度，初步确定出对每项政策的政策措施与政策目标进行赋值的标准。在初步确定政策量化标准并编制了量化标准手册的基础上，我们聘请相关政策研究人员（包括在校教师）2名、政府农业农村部门相关人员2名、本课题研究团队成员3名组成测评小组。为了使测评小组的所有成员对量化手册完全理解，测评小组所有成员要对每一个量化标准进行讨论。由于标准具有一定的客观性，经过两轮讨论，测评小组对量化标准基本达成了一致。然后，我们从1 000余项具体政策中随机抽取20项，由每位成员独立地根据量化标准对上述政策进行量化。整个测试量化分为两个阶段：预试和正式确定量化标准。经过小组人员的初步测试量化，我们发现方向性一致率为87%，方向冲突率为9%，结果完全一致率为30%。为了保证最终量化标准的有效性，我们针对方向有冲突的政策再进行讨论，进一步修正量化标准，最终确定正式的政策量化标准，编入量化的操作手册。这样的研究过程能够严格保证我们最终结果的信度符合学术研究的需要。我们直接的研究对象就是政策本身，政策量化的内容效度最终可以由研究对象本身来保证。

二、模型设计

本书借鉴彭纪生等、张国兴等政策量化数据处理和协同度度量模型，公式（2-1）、（2-2）、（2-3）度量的是乡村振兴政策协同度，具体而言分别表示乡村振兴政策的政策工具协同度、政策目标协同度与政策部门协同度。

$$TRRC_i = \sum_{j=1}^{N} PT_{jK} \times PT_{jl} \times PS_j, \quad k \neq 1 \text{ 且 } i \in [2013, 2019] \tag{2-1}$$

式中，$TRRC_i$ 指的是第 i 年乡村振兴政策的政策工具协同度，PT_{jk} 和 PT_{jl} 分别代表的是第 j 项政策的第 k 项政策工具的量化分值与第 l 项政策工具的量化分值（其中，$k \neq 1$），PS_j 代表的是第 j 项政策的政策力度的量化分值，N 代表的是第 i 年四川省出台的政策数目总量。

$$TROC_i = \sum_{j=1}^{N} PO_{jk} \times PO_{jl} \times PS_j,\ k \neq 1\ 且\ i \in \left[2013，2019 \right] \qquad (2-2)$$

式中，$TROC_i$ 代表的是第 i 年乡村振兴政策的政策目标协同度，PO_{jk} 和 PO_{jl} 分别代表的是第 j 项政策的第 k 项政策目标的量化分值与第 l 项政策目标的量化分值（其中，$k \neq 1$），PS_j 代表的是第 j 项政策的政策力度的量化分值，N 代表的是第 i 年四川省出台的政策数目总量。

$$TRDC_i = \sum_{j=1}^{N} PI_j \times PS_j,\ i \in \left[2013，2019 \right] \qquad (2-3)$$

式中，$TRDC_i$ 代表的是第 i 年政府部门联合颁布政策的力度，即乡村振兴政策的部门协同度，PI_j 代表的是第 j 项政策的联合颁布单位数目总量，PS_j 代表的是第 j 项政策的政策力度的量化分值，N 代表的是第 i 年四川省出台的政策数目总量。

三、乡村振兴政策的协同度分析

（一）政策目标协同大幅改善，历史演变各有侧重

对四川省乡村振兴政策目标的协同度进行分析，研究发现，2013—2018 年，政策目标的协同度虽然有所波动，但都处于较低水平；2017—2018 年，协同度呈现大幅提升，并出现历史最高水平，这说明四川省政策目标之间的协同更为紧密，相较于 2017 年以前得到了更大程度的改善。

（二）政策工具协同差异大，供给导向型最优

供给导向型政策工具内部协同度高，但公共服务协同欠佳。对供给导向型政策工具内部四项具体政策措施进行协同度分析发现，虽然处于不同阶段的具体措施的协同度都存在各种程度的发展变动，但从整体上来看，自 2013 年以来呈现了逐步改善的发展态势，这表明四川省政策的供给导向型政策工具的具体措施选择逐渐从孤立地运用某一具体措施过渡到综合使用各项具体措施的发展阶段。具体而言，产业发展、基础设施建设、资金投入三者之间呈现出较高的协同度，2013—2018 年，协同度缓慢提升；之后两年有所回落；在 2015 年实现历史最高

程度的协同，量化得分高于570；2017年，人才培养与资金投入再次呈现小高峰。这表明2017年以来，四川省政府开始大量综合使用人才培养、基础设施建设、资金投入这三项政策措施，将其两两协同，发挥对四川省乡村振兴事业发展的有效推动作用。

（三）政策部门协同加强，但政策力度较小

政策部门协同指的是同一项政策由两个及以上的政府机构或职能部门共同发布。对四川省乡村振兴政策的研究发现，四川省政策部门协同的趋势已显现，且该趋势在2017年以后尤为明显，部门联合发文比例始终高于50%。具体而言，乡村振兴战略初期便已出现了政策部门协同的发展趋势，协同度有了明显提升。这体现了四川省政策部门协同情况正在不断改善，并且政策的颁布方式逐步由单一机构或职能部门颁布的方式过渡到由多个相关机构或职能部门共同颁布的方式。进一步研究发现，部门联合发文比例的提升，并未对政策部门协同度造成直接影响，这从侧面反映了部门协同颁布的相关政策，其文本类型以通知、公告等为主，该文本类型的政策，约束力度不强，实施时间不长，这在一定程度上阻碍了不同的联合颁布部门之间在政策设计与制定方面的长期合作，同时也对政策系统的战略性布局产生了负面影响。

四、乡村振兴政策的协同度排名

我们在收集整理四川省各市（州）政策的基础上，运用公式（2-1）～（2-3）分别计算出四川省18个地级市、3个自治州的乡村振兴政策协同指数并进行综合得分排序，同时对政策制定中的部门协同、目标协同和政策工具协同情况进行分项排序，结果如表2-3所示。

表2-3　四川省（18个地级市、3个自治州）乡村振兴政策协同指数排序

市（州）	政策协同	综合排名	部门协同	分项排名	目标协同	分项排名	政策工具协同	分项排名
成都市	491	1	181	1	403	1	286	1
绵阳市	359	2	122	3	334	3	145	7
德阳市	352	3	88	6	186	12	192	3
南充市	314	4	70	13	290	4	237	2

表2-3(续)

市（州）	政策协同	综合排名	部门协同	分项排名	目标协同	分项排名	政策工具协同	分项排名
达州市	305	5	84	7	267	6	141	8
宜宾市	302	6	102	5	246	8	183	4
凉山州①	298	7	75	11	351	2	132	10
泸州市	276	8	77	10	227	10	158	6
乐山市	268	9	146	2	250	7	85	17
内江市	252	10	105	4	77	20	76	19
眉山市	243	11	80	8	210	11	73	20
资阳市	220	12	56	18	163	14	103	15
广安市	207	13	67	15	238	9	112	13
广元市	193	14	53	20	279	5	81	18
自贡市	187	15	61	16	106	18	120	12
遂宁市	170	16	68	14	118	17	67	21
巴中市	163	17	79	9	183	13	165	5
雅安市	151	18	55	19	162	15	134	9
攀枝花市	132	19	58	17	68	21	107	14
阿坝州②	104	20	50	21	149	16	122	11
甘孜州③	91.4	21	72	12	100	19	98	16

　　总体而言，四川省（18个地级市、3个自治州）乡村振兴政策协同主要表现出以下几个特征（见表2-3）：

　　首先，各市（州）之间的政策协同水平表现出一定的梯度性和层次性。从各市（州）乡村振兴政策协同综合指数排名来看，排名前5位的依次为成都市、绵阳市、德阳市、南充市和达州市；而排名后5位的依次为巴中市、雅安市、攀

---

① 凉山彝族自治州简称凉山州，下同。
② 阿坝藏族羌族自治州简称阿坝州，下同。
③ 甘孜藏族自治州简称甘孜州，下同。

枝花市、阿坝州和甘孜州。不同市（州）在乡村振兴政策协同评价体系的发展程度上存在着较大的差距。

其次，从部门协同来看，成都市、乐山市、绵阳市、内江市、宜宾市表现较好，指数得分均在 100 分以上，反映出在乡村振兴政策制定和推进过程中各部门之间沟通协作较好，形成了多部门较为密切的合作关系网络，有利于充分发挥各部门的职能优势，形成政策合力，协作推进落实乡村振兴工作。

再次，从目标协同来看，成都市、凉山州、绵阳市、南充市、广元市排名较为靠前，反映出在乡村振兴相关政策、规划的制定中对工作目标的设定和描述较为清晰，长期目标与短期目标之间、总体目标和各分项目标之间配置较为合理。

最后，从政策工具协同的组合运用情况来看，成都市、南充市、德阳市、宜宾市、巴中市在供给导向型、环境支持型和需求导向型政策组合和优化配置方面做得较好，通过资金投入、基础设施建设、项目供给、人才支撑、公共服务、税收优惠、金融支持多维度发力以及完善市场、成果转化和政府购买等措施，全面拉动乡村振兴的发展。

第五节　结论与讨论

自 2013 年以来，四川省因地制宜、分类施策，各方面工作取得了决定性进展，为我国扶贫事业和乡村振兴发展积累了宝贵经验。四川省在减贫成效、乡村振兴政策创新等方面多次得到中央表彰，极大地丰富了我国乡村振兴政策设计内容。本书基于四川省 2013—2019 年主要"三农"政策文本，对颁布数量与结构分布、政策类型与合作网络、关键内容和政策工具等方面进行系统梳理，得出以下结论：

第一，乡村振兴已经成为一项系统性工程，从四川省不同阶段相关政策的数量、结构和关键内容中可以看出各阶段"三农"政策任务和目标的变化。由整体规划到各个专项规划，四川省出台的政策文件逐年增加且不断完善，构建起涉及产业发展、人才支撑、文化发展、乡村治理、民生保障等方方面面的政策框架。在政策制定过程中，政府应尽量协调不同政策文本类型的数量，兼顾政策的战略指向性与实践操作性，适当把握政策出台频率，确保政策的连续性与稳定性。

　　第二，参与政策制定和涉及实施的部门不断增多，政策合力逐年增强，但协作深度和广度不够理想。乡村振兴政策内容呈现明显的"碎片化"特征，主要体现为政策制定与执行的"条条块块主义"，各自为政的格局缺乏整体推进的协调合力效应，既影响了扶贫工作的公平性，又造成乡村振兴政策推进效率的下降。我们在调研中发现，省级各部门在对相关文件进行解读时，存在因标准不一致导致下级政府执行困难，乡村振兴激励政策指标设置不符合某些市（县）的实际等问题。在推进乡村振兴过程中，部门通常各自为政，缺少必要的沟通与合作。地方政府作为区域政策体系的主要制定者，应该合理选择联合制定部门并控制其数量，明确各项政策发布的核心部门，提高"三农"部门的主体地位和权威性，以协调各部门利益，允分整合各部门的资源要素，突破行政壁垒以促进政策主体协同，进而实现政策效果最优化。

　　第三，抓好关键问题，找准契合点和增长点，明确战略目标。政府应在党的建设、产业发展、强化考核监督、加强部门协作、基础设施建设等政策着力点上继续做好承接和转移，在产业升级、基础设施提档、宜居乡村建设、体制机制等方面进行有效衔接，实现农业全面升级、农村全面进步、农民全面发展。在产业发展方面，政府应以现代农业园区建设为抓手，有效集聚土地、资金、科技、人才等要素，推动农业规模化、标准化、市场化发展。在产业布局方面，政府应长短结合，既要脱贫，又要致富，实现由产业扶贫向产业振兴的转变。在基础设施建设方面，政府应在实现"三保障"任务目标后，继续保持对基础设施建设的财政投入力度，推进农村基础设施提档升级，逐步实现公共服务和基础设施建设的城乡均等化。在宜居乡村建设方面，政府应继续着力人居环境整治，实施村容村貌提升"六化"工程，全面提升农村生活环境质量，不断增强人民群众的获得感和幸福感，使农村居民激发内生动力，进而树立"我要振兴"的愿景和目标。

　　第四，保持资金投入、基础设施、公共服务等供给导向型政策工具的相对稳定，因地制宜调整目标规划、税收金融、法规管制等环境支持型政策工具，着力增加成果转化、完善市场等需求导向型政策工具的使用。近五年来，供给导向型政策工具和环境支持型政策工具的大量稳定使用，为农村发展创造了良好的环境，广大农村特别是贫困地区的面貌发生了历史性变化，脱贫攻坚取得显著成效，这为推进乡村振兴战略奠定了良好的基础。针对需求导向型政策工具使用明显不足的问题，政府应继续瞄准地方特色主导产业，加强科技成果的转化与应用，巩固脱贫攻坚成果；加强和完善产销对接体系建设，构建农产品产销平台和产销一体化供应链体系，推进农村现代流通体系建设，健全农产品产销稳定衔接机制，引导农业产业结构优化，增加农民收入。在落实乡村振兴"完成制度框架和政策体系"重要目标任务期间，政府需要不断创新各种制度政策、方法技术，使与乡村振兴密切相关的金融、财税、人才等政策与时俱进，打好政策"组合拳"。

第三章　中国脱贫攻坚与乡村振兴
有效衔接指数研究

第一节　基本情况

自 2015 年提出坚决打赢脱贫攻坚战后，国家通过倒排工期、压实"五级书记抓脱贫"责任和"挂图作业"的方式强力推进脱贫攻坚。在 2016 年全国就有 28 个县完成脱贫摘帽，并实现 1 240 万人的农村人口脱贫。随着脱贫工作的进一步推进，中央基于我国城乡发展的现实矛盾，适时提出了乡村振兴战略，并强调要做好两大战略的衔接。其间率先完成脱贫摘帽的一大批贫困县和贫困村在党和各级政府的领导下，逐步探索通过与乡村振兴的衔接来谋求农业农村的全面深度发展。2018—2020 年，习近平总书记在全国各地考察时多次强调要加强脱贫攻坚与乡村振兴的有效衔接（下义简称"有效衔接"），并对其重要性、注意事项和推进思路等方面进行了深入论述。2020 年年底的《中共中央 国务院关于实现巩固拓展脱贫攻坚成果同乡村振兴有效衔接的意见》以及 2021 年年初的中央一号文件①，进一步对 2021—2025 年做好有效衔接的总体要求、基本思路和重点任务进行了明确阐述和工作部署，并提出通过乡村振兴重点帮扶县的形式来实现欠发达地区的平稳过渡，建立跟踪监测机制，对这部分地区推进有效衔接进行定期监测和评估。

四川省在脱贫攻坚和乡村振兴的历年工作中均以不断创新和走在前列而多次受到中央表彰，在推进有效衔接的各项具体部署中，四川省农业农村厅于 2019

---

① 即《中共中央 国务院关于全面推进乡村振兴加快农业农村现代化的意见》。

年提前启动了有效衔接的相关调研工作，2020年年底，四川省统计局又与西南财经大学合作开展了有效衔接统计监测制度制定、评价指标体系构建等一系列工作。2021年的四川省委一号文件指出，要在国家乡村振兴重点帮扶县的基础上，再确定一批省级重点帮扶县，进行集中支持和重点监测。构建一套科学、有效的监测评价指标体系，一方面，能够发挥指标体系"晴雨表"和"指挥棒"功能，科学度量有效衔接进展，为指导各地有效衔接工作提供量化考核依据；另一方面，能够实现对不同区域乡村进行监测、评价和比较分析，有利于总结发现各地在有效衔接过渡期间的实践经验以及可能存在的问题，从而及时制定相应对策。但是，目前各界对脱贫攻坚与乡村振兴有效衔接的科学内涵和理论内核仍未达成统一的认识。什么是有效衔接？如何测度和反映有效衔接？这些问题仍需要进一步明确。

在此背景下，本书以政策分析为导向、以理论分析为核心、以现有指标体系分析为基础，剖析了有效衔接的科学内涵和理论内核，确定了评价维度、重点监测指标和考核评价指标，并进行县域场景设定、权重设计与测度分析，其成果能够为统筹推进脱贫成果巩固和乡村振兴战略实施提供理论支持和新的思路，为四川农村和全国发展相对滞后区域推进有效衔接统计监测和考评工作提供有效借鉴。

第二节　脱贫攻坚与乡村振兴有效衔接的理论探讨

一、有效衔接的科学内涵

准确理解和把握脱贫攻坚与乡村振兴有效衔接的科学内涵，是构建评价指标体系的基础和前提。随着近年来政府和学者们对脱贫攻坚与乡村振兴有效衔接问题关注度的不断提升，相关政策文件和学术研究也日益丰富。自有效衔接的概念在2018年中央1号文件中首次提出以来，其内涵和逻辑也在不断发展和延深。

习近平总书记2018年2月在四川视察时曾强调，"实施乡村振兴战略，基础和前提还是要把脱贫攻坚战打赢打好"。从学界相关讨论和研究成果来看，在最后三年攻坚和乡村振兴的开局阶段，学者们也普遍认为脱贫攻坚在于解决了农村居民的基本生活保障，提升了农户发展产业和就业脱贫的可行能力，补齐了推进乡村振兴发展的各项短板（庄天慧 等，2018）。按时完成脱贫攻坚的任务目标既是全体人民共同步入小康的最低要求，也是推进乡村振兴的基础内容和前提保障（叶敬忠 等，2019）。脱贫攻坚作为乡村振兴的阶段性任务，特别是在乡村振兴起步期，对增强农户抗风险能力、促进贫困农村跨越式发展等方面起到了重要作用。在此阶段，相关评价指标体系的构建和测评重点也大多集中在区域脱贫成效、扶贫资金效率以及农户脱贫能力评价等方面。

随着各地对乡村振兴发展的不断探索实践和农村扶贫相关工作的深入推进，由于部分地方对两大战略关系认识的不足，两者的主管部门和责任分工的不同，以及在攻坚体制下扶贫工作的突击性、局部性特征与乡村全面振兴渐进性、整体性之间的矛盾，两项工作在2019年和2020年推进中出现了明显的"两张皮"现象（贾晋 等，2020）。由此，学界开始呼吁要坚持脱贫和振兴"两手抓"，从顶层统一规划、项目长短布局等方面入手将乡村振兴与脱贫攻坚进行有机结合和统筹推进。同时，习近平2019年3月在内蒙古代表团审议时也进一步强调"要把脱贫攻坚同实施乡村振兴战略有机结合起来"。在此阶段，边慧敏等（2019）认为，两大战略内涵共通，并在方向上保持高度一致，其在本质上还是关于协同发展的问题。随着相关理论研究的深入，关于脱贫攻坚与乡村振兴协同性、耦合度，以及省、县、村不同层级的乡村振兴发展测度等方面的相关研究也逐渐展开。

在2020年年底召开的中央农村工作会议中，对于新阶段有效衔接的概念和内容有了新的表述，即"巩固拓展脱贫攻坚成果同乡村振兴有效衔接"。《中共中央 国务院关于实现巩固拓展脱贫攻坚成果同乡村振兴有效衔接的意见》针对有效衔接提出了二十四项重点工作。随后，在2021年的中央一号文件中，由脱贫到振兴的衔接也被列为首项重点工作，并对"设立衔接过渡期"等工作进行了具体部署。在国家"十四五"规划的第二十六章中，也专门对有效衔接相关工作进行了布局，并以"提升脱贫地区整体发展水平"作为今后一段时期"三农"工作的重点内容。从这一时期关于有效衔接的讨论和研究来看，既有基于脱贫攻坚完成后我国贫困治理转变的视角的研究，也有关于新阶段乡村振兴发展重点等方面的探讨。例如，李小云等（2020）指出，现阶段中国农村的贫困格局已经发生了很大的变化，防止返贫、防止相对弱势的困难群体陷入贫困陷阱将成为国家减贫战略框架的主要内容。魏后凯（2020）在对"十四五"农村发展的若干重大问题的梳理和研判基础上提出要关注脱贫的质量和可持续性，通过乡村振兴政策体系框架的不断完善，逐步建立农民稳定增收机制，有效防止边缘人口的返贫致贫，并推进农村高水平的小康社会建设，是未来需要解决的关键问题。

综上所述，在2020年后，有效衔接的概念内涵也随着全国脱贫攻坚任务的圆满完成和"三农"重心的转移而进一步丰富，经历了从2018年的"脱贫为重中之重"，到2019年和2020年的"协同推进"，再到2021—2025年的"有效衔接"的变化。其概念和内容一脉相承，并随着两大战略推进阶段的变化和理论讨论的逐年深入而不断完善，工作重心和考核评价维度也在不断调整。

二、关于有效衔接测度评价的现有研究

科学构建脱贫攻坚与乡村振兴有效衔接评价指标体系，除了要准确把握新阶段有效衔接的概念内涵以外，还需要从监测和测度角度来对其进行阐释。目前还没有直接探讨有效衔接评价指标体系的文献，部分学者通过引入物理学中的耦合概念来阐释衔接问题，如廖文梅等（2020）运用耦合协同模型测算了江西省10个贫困县（市）脱贫攻坚与乡村振兴推进的协同程度；在对脱贫攻坚方面的评价中，选用了"贫困发生率"这一指标；在对乡村振兴方面的评价中与大多数学者一致，选择了"二十字方针"五个方面来构建评价体系。王志章（2020）同样运用耦合模型研究发现，精准脱贫与乡村振兴战略目前处于初级互动阶段，并在脱贫评价维度选择方面充分参考了国内外在多维贫困和可持续生计等方面的相关研究，分别从脱贫效果、经济效果、人力资本等方面展开评价。与上述文献不同，张琦（2021）主要采用将评价指标分为巩固类指标、拓展类指标和衔接类指标三类的方式，从产业扶贫、绿色减贫、文化扶贫等角度出发，测算脱贫攻坚与乡村振兴五个维度的综合衔接程度。

进一步从有效衔接基本内涵来看，"巩固脱贫成果"和"推进乡村振兴"构成了评价体系中不可或缺的两个方面。以往研究在贫困治理和社会发展等方面的评价过程中均做出了大量的有益探索，可为开展脱贫攻坚和乡村振兴相关测度评价提供经验借鉴。比如，联合国的人类发展指数（human development index，HDI）、牛津大学的多维贫困指数（multidimensional poverty index，MPI）、美国宾夕法尼亚大学的社会进步指数（social progress index，SPI）以及国内的全面小康指数、乡村振兴指数、绿色发展指数等。鉴于HDI本身存在的一些短板，比如在

评价维度方面忽略了指数增长与发展的可持续问题（Neumayer，2001），平均权重的设计也越来越难以适应社会发展带来的指标边际贡献率变化（Ravallion，2012），学者们又对 HDI 指标体系进行了完善和丰富，陆续提出和增加了关于性别平等、收入差距等方面的评价内容，并随着应用领域的进一步拓展，其在理论发展、测评维度和指标选择等方面也更加系统和多元化。MPI 是对 HDI 的进一步完善，该指数分别从健康状况、教育程度、生活质量三个方面来测度贫困状况，并对每个维度被剥夺情况进行评价（Alkire，2011）。SPI 则是对社会进步的程度的综合性测度，旨在弥补单一 GDP 评价的不足，提供了人类、社会和环境进步的不完整图景，评价体系由人类基本需求、福利基础和机会三个方面构成，随后发展为 12 个领域和 50 项指标，已经实现了对 149 个国家，全球 98% 的人口的全覆盖。

基于我国第一个百年奋斗目标，国家统计局制定了全面小康的评价方法，并从 2008 年开始，以经济、社会、生活等 6 个维度和 23 项指标（随后演变为 5 个维度和 39 项指标）对全国小康水平进行年度评价，为推进社会发展综合评价研究提供了方向。以国家乡村振兴战略规划为指导构建的乡村振兴指标体系（贾晋等，2018），形成的农业绿色发展水平评价（赵会杰，2019）以及农业现代化发展评价（安晓宁，2020）等方面的大量探索均为脱贫攻坚与乡村振兴有效衔接评价体系的构建和指标选择提供了研究基础和参考借鉴。

三、文献述评

综上所述，现有文献对有效衔接的基本内涵、逻辑关联、实践路径、体制机制等方面进行了诸多有益研究，对脱贫攻坚和乡村振兴的推进情况也展开了大量的定量研究，丰富和完善了相关测度评价体系。但通过对有效衔接内涵演变历程的进一步理解和相关指标体系分析，可以看出现有研究可能存在以下一些局限性：

一是存在对有效衔接的概念内涵界定不清的问题，单从协同度和耦合度来解释有效衔接具有一定的局限性（丛晓男，2019）。有效衔接包含了巩固脱贫成果和全面推进乡村振兴两个重大领域的内容。两项工作同等重要，不可偏废，有效衔接指数同样需要体现对两者发展程度和协同程度的测度，即有效衔接的根本目标是实现两大领域的高发展度和高协同度。二是在脱贫和振兴两个领域的评价维度划分和指标选择上大多忽视了相关性问题，如在统筹两大领域进行指标体系构建时，生活富裕维度和农户脱贫能力维度均包含了对收入消费类指标的描述，导致重复指标或相似评价维度的出现。三是现有研究中数据可得性问题制约了指标体系设计的科学性、系统性和评价结果的可信度。由于无论是脱贫攻坚还是乡村振兴均是涉及多个部门和多个领域的系统性工程，因此在评价体系设计时，有必要充分利用扶贫、民政、教育、住建、交通等相关部门的数据进行综合测度。

因此，本书将围绕以下思路展开研究：首先，通过中央文件、会议精神和相关文献梳理脱贫攻坚与乡村振兴有效衔接的具体表述，结合理论分析和推演，明确有效衔接的科学内涵。其次，以中央一号文件中有效衔接的重要任务和发展目标为基础来进行评价维度解构和设计，既充分反映了中央关于"两不愁三保障"水平提升、防范规模性返贫、培育稳定脱贫能力等方面工作部署和推进乡村振兴"二十字方针"总要求，又有效避免了评价维度之间相似设计和过高相关性问题的出现。最后，课题组主要依托四川省统计局现有统计制度，并在农业农村厅、乡村振兴局、教育厅、财政厅、交通运输厅等部门的支持下，获取了相关指标的一手数据，共同探索跨部门数据的综合应用和原贫困县有效衔接水平的测度评价。

第三节　有效衔接评价体系的构建

一、系统框架构建

通过上文对我国农村扶贫和农业农村发展历程的梳理，以及脱贫攻坚与乡村振兴有效衔接内涵的讨论可以发现，实现有效衔接是一项复杂的系统工程，涉及贫困治理转型和农业农村发展方式转变的 6 项重点任务和多个维度的协同发展。在新阶段，推进有效衔接的根本要求在于既要以巩固脱贫成果为基础和底线，又要集中力量全面推进乡村振兴发展，二者不可偏废，最终实现两大领域的高发展度和高协同度目标。

因此，本书将巩固拓展脱贫攻坚成果与乡村振兴全面推进两个领域的衡量进行综合评价，并在对重点任务进一步细化的基础上，确定了具体的测评维度，最终形成了有效衔接指标体系的研究框架。如图 3-1 所示，有效衔接指数主要涉及

2个评价领域、6个测度维度；并综合运用极差标准化法、专家意见法和熵权法测算各个维度和领域的发展程度，通过系统协调模型测算两大领域的协同发展水平；统筹考虑各县在脱贫攻坚和乡村振兴方面的综合发展程度和协同度来确定有效衔接指数。

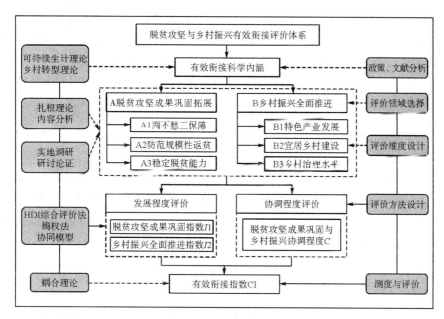

图 3-1 脱贫攻坚与乡村振兴有效衔接评价体系设计思路和系统框架

二、构建原则

（一）紧扣有效衔接的核心内涵和政策重点

首先，在构建有效衔接评价体系的过程中，要充分领会中央文件精神，把握新阶段我国农村贫困治理和农业农村发展实际，紧扣有效衔接的概念内涵。既要关注脱贫攻坚成果巩固拓展方面，又要侧重于对乡村振兴的引导，并充分考虑其多维性和系统性特征，对两大领域的推进程度和协同程度等方面加以度量。其次，评价体系的选择需要全面反映有效衔接的重点任务和政策安排，明确其阶段性任务和发展目标，避免在评价维度划分和指标设置中对重要信息遗漏的情况，充分发挥评价体系在推进有效衔接过程中的"晴雨表"和"指挥棒"功能。

（二）注重评价体系的科学性与系统性统一

建立有效衔接评价体系需要基于相关理论和对农业农村发展规律的把握，以确保能准确系统地反映各区域推进有效衔接的程度和发展过程。评价指标设定的具体含义、组合方法、技术单位在满足统计制度规范性原则的基础上，既要考虑指标选择的充分性和饱和度，又要强调指标的代表性，抓住真正核心的指标，避免指标重复设置和和相关度过高等问题。通过不同类型指标之间的合作配合来体现数据和指标体系的综合性，使评价体系的设计更加系统和全面。

（三）基础指标的可比性与数据可得性结合

本书中有效衔接指数和相关评价指标体系虽然是基于四川省范围进行设计和测度的，但其目标是以四川作为试点并进行推广，最终实现对全国县级层面的抽样比较和分析。因此，该评价体系并不是孤立和静止的，各项指标应满足可比性原则，实现在时间、空间层面和统计内涵上能够进行对比分析。同时评价指标的设置还需要一定的可操作性，要充分考虑到指标的实用性及数据可获得性，优先考虑已有的政府统计指标或将纳入统计制度支撑的指标。并且尽量选取客观指标，避免主观因素和间接数据的过多利用，以确保测评结果的客观性和可检验性。

（四）统筹考虑指标设置的现实性和前瞻性

对于有效衔接的评价，有些指标虽然很重要，但其数值已经充分接近目标最大值，各样本之间区分度不高，对于此类指标，需要根据现实情况进一步选择细分指标进行解释，或者对指标的最小最大值或适度值进行规定，避免指标评价意义的丢失。同时有效衔接是一个多因素和不断发展的概念，需要考虑其动态变化，准确度量过去、现在情况和未来发展趋势。在指标选择上做到正反结合、动静结合，既要考虑存量指标，也要统筹增量指标，既要设定正向指标，也要明确逆向指标，才能在具体实践中起到指导作用。

三、指标体系

（一）基本思路和具体流程

在评价体系设计和具体指标设置过程中，首先要明确评价对象。本书主要以四川省原贫困县作为研究对象进行脱贫攻坚与乡村振兴有效衔接水平测度分析，主要考虑以下因素：一是中央文件中均有贫困县和乡村振兴重点帮扶县的划定方法，以县为层级进行有效衔接研究具有一定的代表性；二是四川历年来十分重视县域经济发展的考核评价和统计监测工作，为开展研究提供了宝贵资料；三是县级层面作为国家治理体系的重要中间环节，是推进有效衔接工作的重要载体。

课题组首先对中央文件和相关会议精神进行了系统认真的学习和领会，明确了有效衔接重要内容和基本内涵；对相关政策表述进行逐条梳理，并在现有贫困治理和乡村振兴理论研究成果的基础上，运用扎根理论对政策条款进行编码和范畴化提炼，形成测评的基本维度。其次，借鉴评价体系构建相关理论，采用自上而下和由下至上相结合的方式进行指标设置，即通过充分性原则对相关政策表述进行指标提炼与饱和设计，并结合调研和座谈反馈情况，形成了包含 59 个重点监测指标的预选指标集。最后，通过征求四川省脱贫攻坚领导小组各部门意见，组织专家研讨会，县、乡、村三级报表试填，以及抽样县试测、凉山彝族自治州试点等方式和流程，在确保评价充分性和理论饱和度的基础上，进一步采用代表性原则对相似性指标和非重点指标进行精简和调整。经过 6 个月的反复研究和论证，课题组最终确定了由 2 个领域、6 个维度，共 31 项指标构成的脱贫攻坚与乡村振兴有效衔接评价体系（见表 3-1）。

表 3-1　脱贫攻坚与乡村振兴有效衔接评价体系

衔接指数	评价领域	测度维度	序号	评价指标	指标方向
脱贫攻坚与乡村振兴有效衔接指数	A 脱贫攻坚成果巩固拓展	A1 两不愁三保障	1	农村居民恩格尔系数	（-）
			2	农村居民人均安全住房面积	（+）
			3	农村基本医疗保险参保率	（+）
			4	义务教育阶段入学率	（+）
			5	农村自来水入户率	（+）
		A2 防范规模性返贫	6	低收入人口比例	（-）
			7	返贫（贫困）人口比例	（-）
			8	农村居民最低生活保障标准	（+）
			9	农村人均可支配收入增速	（+）
		A3 稳定脱贫能力	10	经营净收入占可支配收入比例	（+）
			11	农村居民财产性收入增速	（+）
			12	农村居民教育文化娱乐消费支出比例	（+）
			13	人均公共教育经费	（+）

表3-1（续）

衔接指数	评价领域	测度维度	序号	评价指标	指标方向
脱贫攻坚与乡村振兴有效衔接指数	B 乡村振兴全面推进	B1 特色产业发展	14	省级以上优势特色产业专业村占比	（+）
			15	市县级以上区域公用品牌数	（+）
			16	农药、化肥施用强度	（−）
			17	规模以上农产品加工业产值	（+）
			18	开展休闲农业、乡村旅游接待村占比	（+）
			19	主要农作物综合农业机械化水平	（+）
			20	高标准农田面积占比	（+）
		B2 宜居乡村建设	21	30 户以上自然村（组）通硬化路率	（+）
			22	农村地区供电可靠率	（+）
			23	村综合性文化服务中心覆盖率	（+）
			24	每千农村人口卫生技术人员数	（+）
			25	生活垃圾、污水均有效处理的村占比	（+）
			26	无害化卫生厕所普及率	（+）
		B3 乡村治理水平	27	平安建设群众满意度	（+）
			28	每万人刑事案件数	（−）
			29	辖区村委会下建有自治组织的村占比	（+）
			30	县级及以上文明乡镇占比	（+）
			31	开展移风易俗专项行动次数	（+）

（二）指标选择与相关说明

在评价领域 A 脱贫攻坚成果巩固拓展中，根据上文中该范畴所对应的三项重点工作，主要设置了 A1 两不愁三保障、A2 防范规模性返贫、A3 稳定脱贫能力 3 个测度维度。其中，在 A1 两不愁三保障方面，主要体现了农村居民基本生活保障，即不愁吃、不愁穿，义务教育、基本医疗、住房安全有保障，这既是 2020 年贫困人口脱贫的底线要求和关键指标，也是在推进有效衔接过程中需要持续监测的重点内容。因此在该维度中，课题组从县域评价的角度选取了农村居民恩格尔系数、农村居民人均安全住房面积①、农村基本医疗保险参保率 、义务教育阶

---

① 目前，农村住房评级工作和数据仅针对建档立卡户。

段入学率①、农村自来水入户率 5 项评价指标。其中农村居民恩格尔系数为逆向指标，其值越小得分越高。在 A2 防范规模性返贫方面，课题组主要从缓解相对贫困、防止返贫监测、社会保障角度出发，并在指标设定时考虑结构指标与增量指标相结合，最终选择了低收入人口比例②、返贫（贫困）人口比例③、农村居民最低生活保障标准、农村人均可支配收入增速 4 项评价指标。其中低收入人口比例、返贫（贫困）人口比例两项为逆向指标。在 A3 稳定脱贫能力方面，课题组主要聚焦农业生产经营的可持续发展、农村人力资本积累和农村居民生计能力提升等方面的要求，选取了经营净收入占可支配收入比例、农村居民财产性收入增速、农村居民教育文化娱乐消费支出比例、人均公共教育经费 4 项评价指标。

在评价领域 B 中，课题组主要设置了 B1 特色产业发展、B2 宜居乡村建设、B3 乡村治理水平 3 个测度维度。其中，在 B1 特色产业发展方面，课题组主要从实现农村产业的特色化、品牌化、绿色化、融合化和现代化转型发展目标④出发，选取了省级以上优势特色产业专业村占比，市县级以上区域公用品牌数，农药、化肥施用强度，规模以上农产品加工业产值，开展休闲农业、乡村旅游接待村占比，主要农作物综合农业机械化水平，高标准农田面积占比 7 项评价指标，其中农药、化肥施用强度为逆指标。在 B2 宜居乡村建设方面，包含了对基础设施提升、公共服务提档、人居环境改善等方面的发展要求，课题组结合指标实际区分度和评价意义⑤，选取了 30 户以上自然村（组）通硬化路率，农村地区供电可靠率⑥，村综合性文化服务中心覆盖率，每千农村人口卫生技术人员数，生活垃圾、污水均有效处理的村占比，无害化卫生厕所普及率 6 项评价指标。在 B3 乡村治理水平方面，课题组主要反映了乡村振兴中治理有效、乡风文明两个方面的内容要求，采用结果指标与过程指标相结合的方式，选取了平安建设群众满意度、每万人刑事案件数、辖区村委会下建有自治组织的村占比、县级及以上

---

① 该项指标未区分城市和农村地区。
② 四川省乡村振兴局拟采用家庭人均年收入低于 5 000 元的标准，将低收入人口纳入监测范围。
③ 由于数据质量和连续性问题，本书主要采用低保数据对贫困率进行测算。
④ 农业产业五化发展目标来自对《国家质量兴农战略规划（2018—2022 年）》、四川省一号文件等文件的梳理、归纳。
⑤ 在基础设施和公共服务方面的重要考核指标较多，但部分指标已经充分接近目标值，区域差异很小。
⑥ 调研中发现虽然大部分农户家庭配备了冰箱、电视、风扇、空调等家用电器，但由于农村电网结构不合理、设备陈旧、负荷不足等问题，用电保障不足的现象普遍存在。数据通过各县填报的方式获得。

文明乡镇占比、开展移风易俗专项行动次数 5 项评价指标，其中每万人刑事案件数为逆指标。

四、有效衔接指数的测算方法

（一）指标标准化处理

指标标准化，即数据的无量纲化，旨在解决指标数据量纲和数量级不一致和可综合性的问题，是综合比较不同指标数据的前提（胡永宏，2012），也是实现不同测评对象指数横向、纵向可比的基础。根据现有研究来看，目前存在多种无量纲化的方法，如均值法、比重法、极差标准法、中位数法等（张卫华 等，2005；樊红艳 等，2010；岳立柱 等；2020），各具不同的特点、优势和适用情况。采用不同的指标标准化方法，其测度结果往往也会有所差别，方法的选择在某些方面来说决定了测度结果的可靠程度。因此，本书参照李玲玉等（2016）提出的指标标准化方法选择中的变异性、差异性和稳定性原则（最大化保留指标包含的变异信息，尽量体现评价对象的差异，以及保证评价结果的稳定性最好），基于有效衔接评价体系中个别重要指标的数值差异性较小（如义务教育阶段入学率）等方面的考量，采用极差标准化法更能真实反映各地区指标的真实得分。

但由于极差标准化法的指标得分在很大程度上取决于样本指标的最大值和最小值的分布情况，为避免数据存在异常值或极端值时导致的取值范围出现明显的不均匀分布问题（李伟伟 等，2018），关键是要对各指标的上、下限阈值进行检验。本书在测评中以 2020 年各县每项指标数据为基础，并参考了四川 2017—2020 年全省各县（市、区）中相应指标的最大值和最小值，以及相关政策文件、发展规划中相应指标在 2021—2025 年的阶段目标设定。指标极差标准化具体公式如下：

正指标无量纲化计算公式：

$$Z_i = \frac{X_i - X_{i,\ min}}{X_{i,\ max} - X_{i,\ min}} \tag{3-1}$$

逆指标无量纲化计算公式：

$$Z_i = \frac{X_{i,\ max} - X_i}{X_{i,\ max} - X_{i,\ min}} \tag{3-2}$$

其中，将第 i 个指标记为 X_i（$i=1, 2, 3, \cdots, n$；n 为指标个数），下限阈值和上

限阈值分别为 $X_{i,\,min}$ 和 $X_{i,\,max}$ ，标准化处理后的值为 Z_i 。

（二）权重的确定方法

从现有关于贫困治理和农业农村发展相关评价的研究来看，采用指标体系进行综合评价可以有效确保测度的准确性和系统性，目前针对多属性评价的常用方法一般包括层次分析（陈小丽，2015）、因子分析（陈俊梁 等，2020）、主成分分析（鲁邦克 等，2021）、TOPSIS（沈费伟 等，2017）和熵权法（周国华，2018）等。根据权重数据的不同来源和确定流程，这些方法又可以进一步分为主观权重法、客观权重法、综合权重法，每一类方法均具有其优劣势和具体应用的适宜条件。其中专家意见法、层次分析法等常用的主观赋权法可以有效利用专家在评价领域的相关知识和经验，确定出的各项指标权重也较为符合数据的真实表现，不会出现与现实情况偏离较大或相悖的问题，但存在主观随意性强和不确定性因素多等缺点。主成分分析、熵权法等客观赋权法主要依据数据之间的联系来确定权重，由于可以在一定程度上弥补主观赋权法的缺陷，因此客观赋权法现已被深入应用到各个领域的综合评价中（俞立平 等，2021），但缺乏对指标实际含义的充分考虑，有可能出现权重设置与实际情况不符的情况。因此，本书综合考虑上述两种方法的优缺点，通过主客观组合赋权法来进行权重设计，具体操作和步骤如下：

1. 确定客观权重

本书运用熵权法来确定各项指标的客观权重，其基本思路是借鉴物理学中熵的概念，根据数据变异程度的情况来确定权重（王会，2017）。熵权法的诸多优点在以往文献中已有详细论述（赵会，2019；刘亚雪，2020；田野，2021），因此这里不再赘述，主要计算过程如下：

首先用 m 个评价对象和 n 个评价指标构建初始判断矩阵 $U = \{u_{ij}\}_{mn}$ ，其中 $1 \leqslant i \leqslant m$ ， $1 \leqslant j \leqslant n$ ， U_{ij} 为第 i 个对象中的第 j 项指标。

通过上文中的指标极差标准化具体公式（3-1）和（3-2）对初始数据进行处理，得到 Z_{ij} ，即第 i 个对象中的第 j 项指标的标准化数据。通过公式（3-3）计算指标体系比重矩阵 $(P_{ij})_{mn}$ ，其中 $0 \leqslant P_{ij} \leqslant 1$ 。

$$(P_{ij})_{mn} = \frac{Z_{ij}}{\sum_{i=1}^{m} Z_{ij}} \tag{3-3}$$

其次，根据熵的定义和公式（3-4），确定第 j 项评价指标的信息熵值 e_j，其中 $0 \leq e_j \leq 1$，$k = \dfrac{1}{\ln m}$ 为信息熵系数。

$$e_j = - k \sum_{i=1}^{m} P_{ij} \ln P_{ij} \qquad (3-4)$$

最后，计算第 j 项指标权重 w_j，其中 $\sum_{1}^{n} w_j = 1$。

$$w_j = \frac{1 - e_j}{n - \sum_{j=1}^{n} e_j} \qquad (5-5)$$

2. 确定专家权重

对于专家权重的确定，主要参照了专家调查权重法（肖枝洪，2020）等主观权重法并结合研究工作实际进行了调整和简化，本书测评中专家权重的确定和主要步骤如下所示：首先邀请 10 位来自政府、高校、研究机构的该领域的专家座谈，在明确有效衔接重点内容后对 31 项评价指标进行赋权，将第 m 位专家对 n 项指标的赋权结果记为 w_{mn}，形成指标权重项量 $W_m = (w_{m1}, w_{m2}, \cdots, w_{mn})$。

其次，课题组基于经验，对每位专家的权威性、对该领域的熟悉程度、讨论参与程度等方面进行综合评价，然后给出第 m 位专家的个人权重 β_m，记专家权重项量 $B = (\beta_1, \beta_2, \cdots, \beta_m)$。

最后，通过专家给出的指标权重和被赋予的个人权重，得到第 n 项指标权重 $w_n = \sum_{m=1}^{10} w_{mn} \times \beta_m$，权重项量为 $W_n = W_m B$。

3. 计算组合权重

通过主客观权重的合理组合能够有效发挥两者的优势，从现有文献来看，关于主客观组合赋权法的研究成果较为丰富，组合方式大致可以分为乘法合成法、加法合成法和极差最大化法等。其中乘法合成法主要通过两种权重的乘积和归一化来实现（郭亚军，2007）；加法合成法主要通过决策者对两种权重的不同偏好来决定合成的具体比例（穆瑞欣，2010），一般情况下，我们采用等权重加权平均的方式进行组合（张雪 等，2020）；极差最大化法主要以权重合理取值区间为约束条件，以结果区分度最大为目标函数进行组合权重求解（余鹏，2019）。

本书主要采用加法合成法来进行最终权重组合，通过对指标权重合理性和区分度两个方面的充分考量和讨论，最终以 4∶6 确定客观权重和主观权重合成系数，进行线性加权。

（三）各项指数的计算

根据前文对有效衔接的定义，指数得分来自脱贫攻坚成果巩固拓展和乡村振兴全面推进 2 个领域，是包含发展程度和协调程度两个方面的综合评价，涵盖了两不愁三保障、防范规模性返贫、稳定脱贫能力、特色产业发展、宜居乡村建设、乡村治理水平 6 个测度维度，每个维度均由多个基础指标组成。

首先，对于发展程度的计算，课题组参考了联合国的 HDI 计算方法，对每个领域包含的指标进行标准化处理，将得到的数值 Z_i 与其权重 W_i 参照公式（3-6）进行计算，得到该领域的指数 I_j，n 为该领域包含的基础指标数。I_j 的取值为 $[0, 1]$，数值越趋近于 1，表明对应领域或维度的发展程度越高，各个分维度的指数也采用同样方式计算获得。

$$I_j = \frac{\sum_1^n Z_i W_i}{\sum_1^n W_i} \tag{3-6}$$

其次，对于协调程度的计算，主要借鉴了逯进（2013）、周迪（2019）等研究中的系统协调模型（3-7）来测算两个领域推进的协同情况，其中 I_1 为脱贫攻坚成果巩固指数，I_2 为乡村振兴全面推进指数。C 的取值为 $[0, 1]$，数值越趋近于 1，表明两者的同步性越好。

$$C = \left[4 \times \frac{I_1 \times I_2}{(I_1 + I_2)^2} \right]^2 \tag{3-7}$$

最后，对于有效衔接指数的测算，则借鉴了耦合理论，采用公式（3-8）进行计算，即有效衔接指数 CI 为发展程度 T 和协调程度 C 的几何平均，其中 $T = \sum_1^{31} Z_i W_i$。此方法对低水平领域的敏感程度更高，即在同等幅度的变化下，低水平领域得分对有效衔接指数的影响更为显著。

$$CI = \sqrt{T \times C} \tag{3-8}$$

第四节 测评结果与分析

一、测评样本与数据选择

根据中央文件精神，有效衔接的重点监测评价对象和乡村振兴重点帮扶县产生范围仍在原贫困县中，因此本节主要运用前文所述的有效衔接指数测算方法，对四川省 88 个摘帽县进行全面测评。根据脱贫摘帽批次，测评样本包含了 2016 年摘帽县 5 个、2017 年摘帽县 15 个、2018 年摘帽县 30 个、2019 年摘帽县 31 个、2020 年摘帽县 7 个。在数据选择上，测评主要采用由四川省统计局提供的《2020 年四川省国民经济和社会发展统计公报》数据，以及四川省脱贫攻坚领导小组成员单位提供的相关数据。

二、有效衔接指数与分析

测算工作于 2020 年 12 月 25 日启动，课题组成员在前期已经与四川省统计局一起完成了有效衔接统计监测体系构建和抽样试测→凉山试点→全省评估三轮指数试测工作。测算将继续采用四川省各县 2020 年的数据进行。根据测算结果（见表 3-2），88 个抽样县有效衔接指数得分在 52.43~84.72。在 2 个分指数中，脱贫成果巩固拓展指数得分在 35.16~74.14，乡村振兴全面推进指数得分在 24.43~73.93，协调程度水平在 0.67~0.99，测算结果符合预期，具有较强的一致性和稳健性。

表 3-2 四川省 88 个摘帽县脱贫攻坚与乡村振兴有效衔接指数

序号	县（市、区）	有效衔接		脱贫成果巩固拓展		乡村振兴全面推进	
		指数	排名	指数	排名	指数	排名
1	武胜县	84.72	1	69.18	8	73.93	1
2	昭化区	84.03	2	68.93	9	71.93	4
3	南部县	83.41	3	65.48	21	73.28	2
4	利州区	83.35	4	67.23	13	71.28	5
5	蓬安县	82.61	5	64.80	25	71.26	6

表3-2（续）

序号	县（市、区）	有效衔接		脱贫成果巩固拓展		乡村振兴全面推进	
		指数	排名	指数	排名	指数	排名
6	岳池县	82.39	6	67.31	12	68.29	7
7	朝天区	82.30	7	63.19	35	72.01	3
8	汶川县	82.26	8	73.01	2	64.66	17
9	苍溪县	81.42	9	64.56	26	67.68	10
10	邻水县	81.20	10	67.73	11	64.76	16
11	渠县	80.82	11	62.02	40	68.20	9
12	兴文县	80.66	12	65.35	22	64.85	15
13	华蓥市	80.54	13	74.14	1	60.49	29
14	通川区	80.47	14	70.67	4	61.56	26
15	平武县	80.33	15	63.42	31	65.38	13
16	阆中市	80.33	16	62.90	37	65.81	12
17	小金县	80.27	17	63.78	29	64.93	14
18	剑阁县	80.25	18	60.28	51	68.24	8
19	平昌县	80.04	19	61.26	44	66.46	11
20	北川羌族自治县	80.00	20	66.53	17	62.39	21
21	达川区	79.89	21	65.20	24	62.90	20
22	高县	79.61	22	69.41	7	60.14	31
23	青川县	79.44	23	64.19	27	62.37	22
24	金口河区	78.85	24	65.34	23	60.24	30
25	沐川县	78.74	25	69.45	6	58.28	38
26	南江县	78.58	26	61.01	46	62.30	23
27	广安区	78.55	27	65.68	20	59.38	33
28	通江县	78.51	28	62.94	36	60.77	28
29	理县	78.46	29	60.75	49	62.16	25
30	康定市	78.42	30	59.21	57	63.40	19
31	恩阳区	78.17	31	59.66	56	62.26	24
32	泸定县	78.03	32	63.26	33	59.39	32

表3-2（续）

序号	县（市、区）	有效衔接		脱贫成果巩固拓展		乡村振兴全面推进	
		指数	排名	指数	排名	指数	排名
33	九寨沟县	77.92	33	60.22	52	61.09	27
34	大竹县	77.88	34	66.36	19	57.59	39
35	合江县	77.83	35	66.67	16	57.37	40
36	仪陇县	77.69	36	56.51	61	63.92	18
37	峨边彝族自治县	77.38	37	60.85	48	59.22	34
38	乡城县	77.19	38	61.51	42	58.33	37
39	开江县	77.08	39	60.96	47	58.39	36
40	旺苍县	77.07	40	59.88	55	59.06	35
41	巴州区	76.88	41	63.22	34	56.72	42
42	珙县	76.60	42	69.83	5	54.01	48
43	前锋区	76.49	43	67.18	14	54.49	46
44	马尔康市	76.49	44	60.57	50	57.18	41
45	屏山县	76.41	45	68.14	10	54.06	47
46	筠连县	76.05	46	72.74	3	52.50	54
47	嘉陵区	76.04	47	60.01	53	56.42	43
48	黑水县	74.93	48	58.36	59	54.74	45
49	营山县	74.88	49	61.51	43	53.16	50
50	高坪区	74.44	50	59.90	54	52.92	51
51	松潘县	74.25	51	66.48	18	50.55	59
52	古蔺县	74.13	52	63.42	32	51.07	57
53	茂县	73.88	53	63.86	28	50.50	60
54	丹巴县	73.74	54	62.55	38	50.60	58
55	稻城县	73.57	55	56.74	60	52.53	53
56	宣汉县	73.49	56	55.74	64	52.88	52
57	雅江县	73.34	57	54.40	66	53.37	49
58	若尔盖县	73.04	58	62.40	39	49.37	64
59	万源市	72.97	59	61.91	41	49.37	63

表3-2(续)

序号	县(市、区)	有效衔接		脱贫成果巩固拓展		乡村振兴全面推进	
		指数	排名	指数	排名	指数	排名
60	木里藏族自治县	72.73	60	55.62	65	51.24	56
61	巴塘县	72.56	61	56.50	62	50.45	61
62	得荣县	71.99	62	47.56	77	56.15	44
63	理塘县	71.73	63	50.80	73	51.95	55
64	马边彝族自治县	71.38	64	63.64	30	46.31	67
65	越西县	71.24	65	53.57	67	49.06	65
66	红原县	71.10	66	58.41	58	46.97	66
67	叙永县	70.17	67	61.25	45	44.79	69
68	炉霍县	69.63	68	46.81	80	49.86	62
69	金川县	69.11	69	67.14	15	42.63	72
70	道孚县	69.04	70	52.57	69	45.08	68
71	阿坝县	67.94	71	50.43	74	43.85	70
72	白玉县	67.13	72	51.04	71	42.18	74
73	德格县	65.95	73	45.06	82	42.50	73
74	甘洛县	64.39	74	39.64	87	43.02	71
75	九龙县	63.65	75	48.14	76	37.31	77
76	晋格县	63.44	76	53.50	68	36.16	79
77	盐源县	63.42	77	55.87	63	35.94	82
78	布拖县	62.70	78	46.93	79	36.15	80
79	甘孜县	62.41	79	42.51	83	37.02	78
80	新龙县	62.25	80	39.67	86	38.13	76
81	色达县	61.58	81	41.43	84	36.03	81
82	石渠县	61.43	82	35.16	88	40.19	75
83	喜德县	61.34	83	50.88	72	33.73	84
84	金阳县	60.71	84	49.54	75	33.06	85
85	雷波县	60.66	85	52.12	70	32.82	86

表3-2（续）

序号	县（市、区）	有效衔接		脱贫成果巩固拓展		乡村振兴全面推进	
		指数	排名	指数	排名	指数	排名
86	壤塘县	60.41	86	41.21	85	34.20	83
87	美姑县	54.83	87	47.19	78	26.69	87
88	昭觉县	52.43	88	46.06	81	24.43	88

从指数得分和排序情况来看，四川省有效衔接工作主要表现出以下特征：

1. 整体发展态势良好

全省脱贫攻坚与乡村振兴有效衔接整体情况呈良好发展态势，指数得分呈"左偏分布"，梯队分布大致呈"橄榄形"[1] 特征。测算结果显示，全省88个摘帽县有效衔接指数得分的平均数与中位数分别为74.04、76.49，指数得分集中分布在70~81，占比达到了65.91%。个别摘帽县已经走在乡村振兴前列，如武胜县、南部县等，大部分摘帽县也发展成为推进乡村振兴的中坚力量。全省88个摘帽县有效衔接水平可划分为3个梯队[2]（见图3-2）。其中第一梯队有20个县，有效衔接指数在80以上；第二梯队有53个县，有效衔接指数在65.95~79.89，第三梯队仅有15个县，有效衔接指数在65以下。与2019年相比，2020年全省有效衔接水平呈整体上升趋势，尤其是尾部第三梯队呈现出"跨越式"发展态势。全省摘帽县有效衔接指数得分均得到提高，得分的集中分布由70~80上升为74~87，中位数明显增加。尾部第三梯队有效衔接指数得分显著提高，发展后劲十足。九龙县、金阳县、美姑县有效衔接指数得分分别提高了28.10%、14.61%、26.74%、39.07%，脱贫攻坚取得了明显成效。

---

[1] "橄榄型"结构一般表现为两头小、中间大，说明全省88个摘帽县虽有少部分处于尾部，但有效衔接和乡村振兴的中坚力量较大，且部分摘帽县已经实现赶超，示范带头作用明显。相对于"金字塔型"结构和"哑铃型"结构来讲，"橄榄型"结构具有更大的发展潜力和更强的发展稳定性，全省有效衔接呈现良好态势。

[2] 根据多元统计聚类方法对有效衔接指数得分进行聚类分析，全省88个摘帽县有效衔接水平可划分为3个梯队。

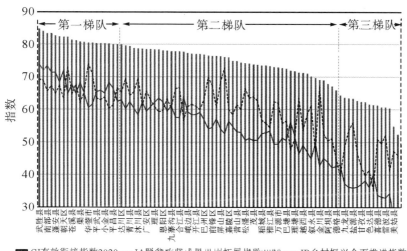

图 3-2　四川省脱贫攻坚与乡村振兴有效衔接指数

2. 发展不平衡问题突出

衔接水平内部差距明显，第三梯队在有效衔接上与其他梯队之间出现"断崖"现象，是有效衔接工作重点帮扶对象。从指数得分来看，尾部第三梯队有效衔接指数平均得分为 61.04，显著低于头部第一梯队和中部第二梯队的平均得分（分别为 81.57、74.88），发展不平衡现象明显。从地区分布看，尾部第三梯队主要位于三州地区，其中 60% 位于凉山彝族自治州，30% 位于甘孜藏族自治州，10% 位于阿坝藏族羌族自治州。三州地区是原深度贫困县，贫困程度深且发展基础薄弱，在脱贫攻坚取得全面胜利之后，防止规模性返贫、继续巩固脱贫攻坚成果将是这部分地区在过渡期内的工作重点。

3. 发展不协调问题明显

两个分指数的测算结果显示，88 个摘帽县脱贫攻坚成果巩固拓展指数和乡村振兴全面推进指数的平均得分分别为 59.32、53.98，绝大多数摘帽县的脱贫攻坚成果巩固拓展指数得分要高于乡村振兴全面推进指数得分。在尾部第三梯队，这一特征表现得更为明显（其中美姑县、邵觉县、金川县这两项指数的差距均达到 20 以上），主要原因在于这部分地区在脱贫攻坚中享有较大力度的帮扶，但产业培育和宜居乡村建设仍在初期阶段。全面推进乡村振兴将是四川省今后推动有效衔接工作的重点，乡村振兴发展对于提高有效衔接水平具有显著的正向作用，位于第一梯队的武胜县、昭化区、南部县、利州区、蓬安县、岳池县、朝天区等摘帽县均是乡村振兴推进较好的地区（见图3-3）。这表明在脱贫攻坚取得全面胜利之后，摘帽县的工作中心应逐步转向全面推进乡村振兴工作。

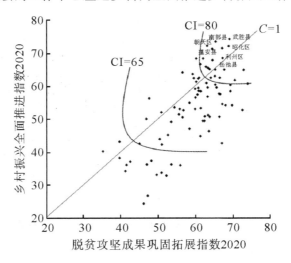

图3-3　四川省88个摘帽县脱贫攻坚与乡村振兴有效衔接指数分布

4. 发展内生动力有待增强

可持续生计与特色产业发展是影响有效衔接指数得分及排名的关键维度，是全省今后推动有效衔接工作的重点内容。对比6个测度维度指数的平均得分，课题组发现，提升农户可持续能力是增强内生动力和实现自主发展的关键，对推动人才振兴与乡村振兴具有重要意义。在特色产业发展维度，头部第一梯队的整体得分要显著高于其他地区，尾部第三梯队的整体得分最低，但是在每个梯队内部，不同地区的差距较为明显，如位于第二梯队的汶川县，其特色产业发展指数得分为31.92，甚至低于尾部第三梯队的部分县区的得分，特色产业发展滞后严重制约了脱贫摘帽后乡村振兴战略实施进展与有效衔接水平，不同地区应该立足地区特色优势产业与发展基础，持续推进乡村产业发展与乡村全面振兴。

5. 摘帽县之间发展差距拉大

摘帽县的有效衔接水平与全省非贫困县相比存在较大发展差距，不同批次脱贫摘帽县的发展水平与特征差异明显。从全省 183 个县（市、区）的比较情况来看①，有效衔接指数得分排名前 10% 的均为非贫困县，摘帽县的排名相对靠后。从将 2016—2020 年不同批次摘帽县纳入全省进行比较的情况来看，脱贫年份早的地区有效衔接发展水平整体高于脱贫年份晚的地区。例如，2016 年摘帽的南部县，2017 年摘帽的利州区，以及 2018 年摘帽的武胜县、昭化区，这些地区在摘帽后乡村振兴发展情况较好，与其他县（市、区）综合对比，其有效衔接指数和乡村振兴全面推进指数均能进入全省前 20%。对比 2016—2020 年不同批次脱贫摘帽县分维度指数得分，可以看出，脱贫攻坚成果巩固拓展指数与乡村振兴全面推进指数的平均得分均呈现递减规律，两个维度的得分差距逐渐拉大。

6. 凉山彝族自治州整体水平仍然滞后

凉山彝族自治州有效衔接整体水平较低，内部发展存在明显差异，但发展势头强劲。针对省委、省政府支持凉山彝族自治州建设巩固拓展脱贫攻坚成果同乡村振兴有效衔接示范区的决策部署，测评对 2020 年凉山彝族自治州 17 个县的有效衔接水平进行了客观评价。总体而言，凉山彝族自治州有效衔接指数得分相对较低。参照有效衔接 3 个梯队划分标准，西昌市属于第一梯队，木里、盐源、德昌、会理、会东、宁南 6 个县属于第二梯队，普格、布拖等剩余 10 个县属于第三梯队，13 个摘帽县均处于全省 88 个摘帽县的中后段，可见凉山彝族自治州在有效衔接整体水平上处于全省靠后的位置，距离有效衔接示范区建设目标尚有一定差距。从内部结构来看，西昌市、木里县、越西县、甘洛县的有效衔接发展水平相对较高，乡村振兴全面推进指数与有效衔接指数得分相对较高；而其他地区的脱贫攻坚成果巩固成效显著，脱贫攻坚成果巩固拓展指数得分明显高于乡村振兴全面推进指数；雷波县、美姑县、昭觉县因各项分维度指数得分均处于尾部而成为有效衔接与乡村振兴阶段需要予以重点帮扶的地区。从纵向发展趋势来看，与 2019 年相比，凉山彝族自治州的有效衔接水平显著提升，有效衔接指数得分由 61.18 提高到 66.88，第二梯队的摘帽县个数增加了 3 个，木里县、会东县、金阳县、美姑县的有效衔接指数得分分别提高了 12.51、16.45、12.81 和 15.40，这些地区呈现出加速发展趋势。

---

①　由于部分非贫困县（市、区）不涉及脱贫攻坚和农业发展，这里主要通过选取部分替代性指标的方式，对原贫困县与非贫困县的发展差距进行整体估算。

第五节　做好脱贫攻坚与乡村振兴有效衔接的对策建议

一、完善有效衔接的统计监测和考核评价

首先，建立乡村振兴重点帮扶县有效衔接跟踪监测和评价体系是实现对其进行优势、短板的精准识别和分类帮扶的基础。有效衔接跟踪监测和评价体系需要以统计指标与统计数据作为支撑，在新发展阶段，其对完善传统统计制度提出了诸多要求：一是近年来乡村振兴不断推进，农业生产经营持续向第二、三产业延伸并呈现出融合发展趋势，传统的统计监测指标体系已无法对这些方面进行准确刻画和充分反映。二是指标设置需求已不局限在农业农村单个部门，部分重要评价指标数据都来源于其他相关部门，因此我们有必要加快顶层设计，建立和完善各部门之间的数据共享机制。三是课题组在调研中发现，脱贫攻坚与乡村振兴衔接期间，部分指标的评价力减弱；部分指标有必要细化和新增，如一些地区虽然完成了通电、通自来水的任务，但用电保障能力和供水保障能力差；部分指标没有明确界定以致操作性不强，如"特色优势产业产值""冷链物流体系是否完善"等。因此有必要通过新增重点指标、细化原有指标的方式完善现有县、乡、村三级统计监测体系，以保证有效衔接监测指标的完备性和有效性。

其次，推进有效衔接考核评价，发挥先进县的引领示范效应，并明确各地发展优势和短板。总结脱贫攻坚和乡村振兴经验成果，推进考核评优工作，能够有效发挥"方向标"作用。从长期实践经验来看，四川省历年来十分重视县域经济发展的考核评价和统计监测工作。在 2018 年，四川在全国率先建立乡村振兴先进县乡统计监测体系，全面组织实施综合考核评价，并获得了良好的社会反响和经济效应，实现全省乡村振兴发展"稳中有进"，贯彻落实了习总书记对四川"乡村振兴走在前列"的重要嘱托。在推进有效衔接五年过渡期里，四川有必要继续推进有效衔接工作的考核评价，发挥好"指挥棒"作用，同时做好县、乡、村三级综合监测工作，及时识别区域发展优势及短板，发挥监测体系"晴雨表"作用。

最后，通过健全防止规模性返贫监测帮扶机制，加强对贫困边缘人口和易返贫人口的动态监测；形成全面科学且相对完善的预警体系与响应机制，在出现返

贫信号、存在返贫隐患时能够及时、有针对性地启动响应措施。2020 年，国务院扶贫开发领导小组提出"以家庭为单位开展防止返贫监测"，监测范围包括脱贫不稳定户、收入边缘户、遇到突发事件的严重困难户三类。然而，防止规模性返贫不仅涉及家庭监测，还包含特定时间范围和空间范围内返贫户数量规模的限制，因此监测评价对象应该进一步扩大到农户所在的行政村、县域范围，政府部门应对行政区划范围内返贫农户数量与区域分布特征予以充分关注，尤其是需要防止地区出现返贫连锁效应。

二、加大乡村振兴重点帮扶县的扶持力度

首先，加大对乡村振兴中坚力量的扶持力度，稳步推进第二梯队县由脱贫到振兴的过渡。根据 2020 年数据测评结果，第二梯队县有 53 个，占摘帽县的 60.2%，其有效衔接指数在 65.95～79.89，构成了全省推进乡村振兴的中坚力量。但由于过去攻坚突击性和局部性特征与乡村振兴长期性和系统性要求的矛盾，完成扶贫产业的转型升级、推进宜居乡村建设以及培养农户稳定脱贫能力都需要一定的周期性，在 2021—2025 年的过渡期内，四川省需要保持现有帮扶力度的总体稳定，逐步推进脱贫地区向乡村振兴发展平稳过渡，加强资金整合，加大对乡村特色产业的专项扶持力度，增加村集体经济收入，同时抓好脱贫人口稳定就业、易地搬迁后续扶持等各项重点任务，为农业农村可持续稳定发展赋能，进一步坚实乡村振兴中间力量。

其次，持续巩固凉山彝族自治州等深度贫困地区发展成果，做好各项扶持政策衔接。摘帽较晚的原深度贫困地区，近年来取得了丰硕的脱贫攻坚成果，实现了区域的跨越式发展，农业农村发展制约也得到了有效缓解。但要实现与乡村振兴的有效衔接和稳步过渡，这部分地区仍需在基础设施提升、公共服务提档、特色产业培育、现代农业人才支撑等方面持续发力。对于这部分地区来说，巩固脱贫成果仍是一项重要挑战，新增贫困、返贫现象以及相对贫困问题，都将会同时存在。因此，建立健全巩固拓展脱贫攻坚成果长效机制，引导要素资源向欠发达农村区域流动，提升脱贫地区整体发展水平，将成为这些地区做好有效衔接工作的首要任务目标。另外，"十三五"期间凉山彝族自治州易地扶贫搬迁人口达到了 35.32 万人，占当地贫困总人口的 1/3，如何加强政策引导，因地制宜推动后续产业发展，实现由"搬得出"向"稳得住""能致富"过渡，是有效衔接中应

该关注的重点问题。在脱贫户的生产生活均发生了巨大变化的情况下，有必要进一步通过设立社会工作服务站、志愿服务站等方式，加大社会治理支持力度；通过宣传培训法律知识与政策法规，提升农村居民法治素养，提高乡村治理法治水平；积极开展乡风文明建设，消除"精神贫困"与"文化贫困"。

最后，加快农户生计能力培育和农村转型发展，增强由"脱贫"到"振兴"的内生动力。不断创新产业政策扶持模式，出台产业扶持、就业培训等相关政策，通过发挥新型农业经营主体的带动作用、鼓励农户自主发展产业等方式夯实农民持续增收基础，确保生产经营和务工收入逐年稳步增加，不断提升农户稳定脱贫能力。深化农村改革，盘活农村资源要素，持续优化农户生计结构，降低返贫风险。将特色产业发展作为推进"有效衔接"工作的重要着力点，引导农村产业向特色化、品牌化、绿色化、融合化和现代化发展。特别是对于偏远地区而言，大部分帮扶县多位于重点生态功能区和环境脆弱区，需要基于生态振兴和产业振兴的内在一致性，在推进有效衔接工作的过程中，加快推进发展方式转变和乡村转型发展，推进生态价值核算和转换工作，协同推进生态环境保护与产业绿色发展。

三、推进分区分类的标准制定与发展引导

首先，需要根据乡村资源禀赋条件科学制定分类标准和考核评价方案。从乡村振兴近年的实践情况来看，虽然2018年国家乡村振兴战略规划和各省、市、县级的多项规划中均提到了分类推进的思想，基于区位条件、自然文化资源、发展趋势等方面将乡村初步划分为集聚提升类、城郊融合类、特色保护类、搬迁撤并类村庄四类，并对每一类的发展方向进行了引导和阐释，但各地在实际操作中却缺乏明确的分类实施方案。四川省在乡村振兴战略实施、县域经济考核、乡村振兴先进县乡村评选等工作中，主要依据主体功能分区或五大经济区的划分，通过分别设定评分标准的方式对各分区评价进行了探索，但针对某一特定县或村的具体分类和引导仍未明确。因此有必要在乡村禀赋分类的基础理论与方法研究基础上，加快制订符合当地实际的有效衔接分类引导方案。

其次，需要推进对乡村发展阶段和主导模式的分类评价工作。目前，关于农业农村发展综合评价的相关研究成果不断丰富，评价方法也呈现出系统化和多元化趋势，但在乡村发展阶段特征、类型识别框架、典型路径与模式等方面的工作

仍显不足。从四川省的测评结果来看，区位条件、自然环境禀赋不同而导致的区域之间发展不平衡、区域内部不协调问题显著，在2020年脱贫攻坚任务完成时，各区域乡村发展程度和所处阶段差距较大。推进有效衔接的本质是实现农业、农村的转型振兴和农民的可持续生计，其关键在于对当地所处发展阶段、资源禀赋、优势主导、制约短板、转型方向等各方面特征进行统筹考虑，并系统规划产业发展、生态保护、乡村建设、文化打造、社会治理等多个发展目标，制定分类推进乡村转型和乡村振兴发展的具体方案以及各项工作的时序重点，探索多元化的振兴路径组合。

最后，需要加强县域和村域层面的乡村多功能识别和分类。多功能是农业农村发展到一定阶段表现出的本质特征，同时体现了乡村振兴中的多元目标和城乡关系转变中对乡村发展的多元诉求。在上述资源禀赋、发展阶段、主导模式等方面的差异性和分类过程中，乡村在生产、生活、生态等基本方面表现出一定的多功能属性，且不同地域分区的功能表现形式和主导维度存在显著差异。目前地域分异理论、现代地域功能理论和乡村转型发展理论在农业多功能、土地多功能、农村多功能等方面的应用研究，以及全国和各省（自治区、直辖市）在主体功能分区方面的探索，也都体现了对乡村多功能和基本发展规律的理论透视。因此，立足当地环境差异和禀赋条件，加强县域和村域层面的乡村多功能识别和分类，对明确乡村转型发展方向和制定差异化的发展策略具有重要意义。

四、持续优化促进有效衔接的政策设计

首先，要保持农业产业发展政策支持力度不减，继续扶持地方优势特色产业，推进现代农业产业融合发展，大力推广绿色生态环保和高产技术。加大对新型农业经营主体的培育力度，完善农业信贷担保政策扶持、农业产业化财政贴息、农业保险奖补等各项政策，增强政策合力。进一步提升支农惠农政策水平，实现由特惠政策向普惠政策过渡，增强非贫困村和非贫困户的参与感和获得感。逐步实现直接补贴和价格补贴向提高农业农村生产能力的补贴转变，由以着力补贴农户为主向支持农业现代化和规模经营方向转变，由鼓励高投入高产出向促进集约化绿色化生产转变，优化财政投入结构，增强政策的指向性和精准性。

其次，进一步强化保障政策，构筑脱贫"防护墙"。切实减少因病、因学、因灾和意外事故造成的支出型贫困发生，进一步增强农村居民抗风险能力。医疗

方面，在保留"十免四补助""两保三救助三基金"等政策的基础上，继续完善基本医疗保险和城乡居民大病保险保障制度，逐年增加医疗救助投入，并建立相关医疗救助基金。社会保障方面，提高低保对象中的重度残疾人生活补贴发放水平；推进低保线和扶贫标准的统筹衔接，并于过渡期内加快对相对贫困人口的认定及乡村振兴新要求下扶持标准的制定。养老保障方面，继续对低保对象和特困人员执行养老保险代缴政策；探索建立健全农村农民养老制度，引进社会养老服务机构进入农村，让农民老有所养、老有所依；优化制度设计，强化多缴多得、长缴多得的激励机制，完善缴费补贴政策，建立缴费补贴动态调整机制。

再次，调整优化基础设施和建设公共服务设施政策。统筹规划乡村振兴和脱贫巩固的项目安排，推进农业基础设施提档升级。加强农田水利工程、高标准农田建设，推进现代农业产业基地水、电、路网等基础设施配套，促进农业节本增效。允许涉农产业项目资金优先用于乡村振兴重点帮扶地区的产业基础设施投入，进一步拓展以工代赈实施新领域。将重点帮扶县和非帮扶县、重点帮扶村及非帮扶村纳入统筹考虑、统一规划，特别是要注重边缘行政村的均衡发展，根据各类非帮扶村基础设施建设需求实际，推动基础设施提档升级，合理规划布局社区卫生服务中心、养老院等基本公共服务设施建设。建立现代公共文化服务体系，形成覆盖城乡的市、县、镇、村四级公共文化网络格局。

最后，逐步取消"输血"性质政策，倒逼农业产业升级和效率提升。以往的建立贫困户产业扶持资金、定向采购扶贫产品等政策旨在鼓励贫困地区发展农业产业，实现"输血"到"造血"的转变。在各村各户有一定产业发展基础后，逐步调整"输血"性质的政策，注重以市场为导向，倒逼产业升级，实现由传统种养到特色种养，由粗放生产到集约农业，由小农经济到规模化、标准化生产的转变。逐步取消就业扶贫政策中对各类生产经营主体吸纳贫困劳动力就业的相关补贴，在人力资源的配置上由政府引导转变为市场主导，提高资源配置效率。

第六节　结论与讨论

脱贫攻坚与乡村振兴有效衔接问题自 2018 年提出以来，其内涵也随着我国贫困治理和农业农村现代化的推进而不断发展。随着脱贫攻坚战的全面胜利，在未来五年过渡期内，有效衔接又被赋予了新的内涵。课题组在深入学习领会中央政策文件、会议精神的基础上，对有效衔接的科学内涵、理论内核和指标现状进行了系统剖析，并借鉴已有的指标构建体系和指数编制理论，经过多次调研、研讨和论证，最终确定了由 2 个评价领域、6 个测度维度、31 项评价指标构成的脱贫攻坚与乡村振兴有效衔接评价体系。

　　研究认为，有效衔接评价包括脱贫攻坚成果巩固拓展和乡村振兴全面推进两个方面，两者同等重要，不可偏废；有效衔接的根本目标是实现两大领域的高发展度和高协同度。在脱贫攻坚成果巩固拓展方面，需要继续监测和提升"两不愁三保障"水平，防止返贫现象和新增贫困，并推动农户持续增收来实现稳定脱贫；在乡村振兴全面推进方面，要继续落实"二十字方针"要求，不断推进特色产业发展、宜居乡村建设和提高乡村治理水平，促进乡村转型发展。在上述基础上，参考 HDI 综合评价法，并借鉴耦合理论、协同理论相关研究成果，对四川省有效衔接情况进行测度。针对各县（市、区）脱贫攻坚成果巩固拓展、乡村振兴全面推进两个方面的发展情况和有效衔接水平，进行深入分析并提出对策建议，可为四川省和其他欠发达区域推进脱贫攻坚与乡村振兴有效衔接工作部署提供决策参考。

　　尽管本书对有效衔接的科学内涵、相关理论、评价体系构建等方面进行了尽可能全面、细致和系统的思考和探讨，但有效衔接的内涵会随着国家战略推进和社会经济实际发展进程而不断丰富，评价维度、指标选择、测评方法也会不断调整和优化，并且随着有效衔接理论的不断发展、有效衔接路径的不断探索实践、以及对乡村发展规律的重新理解，该体系难免存在诸多遗漏和不当之处，仅期望能在此抛砖引玉。

第四章　中国乡村产业振兴发展指数研究

第一节　文献回顾

　　自党的十九大报告提出乡村振兴战略以来，积极推动农业农村产业发展，筑牢农民脱贫致富的基础和提升可持续发展动力，成为新时代农业农村工作的出发点和落脚点。实施乡村振兴战略需要加强乡村产业振兴评价体系、生产体系、经营体系的建设，实现小农户与现代农业发展的有机衔接（辛岭，2017）。在精准脱贫和乡村振兴战略协同背景下，构建乡村产业振兴评价体系成为推进农业产业高质量发展的重要体现。打造稳定、安全、可靠的农产品体系是发展现代农业产业的需要，也是农业产业发展的基础（张挺 等，2018）。农业产业的多功能性发展不断促使农村三次产业的深度融合（刘军，2013），积极助推现代农业结构转型升级和产业链价值提升（韦家华，2018），从而有利于现代农业产业生态圈的建设，并推动农业产业链核心竞争力的提升（贾晋 等，2018），但其前提在于构建科学有效的现代农业支撑体系（蒋永穆，2012）和推进各类生产要素的优化配置。为此，构建科学合理的乡村产业振兴评价体系需要推动农产品体系、农业产业融合体系、现代农业支撑体系的有机协同，强化产业融合，实现农业生态圈以及农业内部分工的有效联动（李敬锁，2016），有效推动农业农村的现代化发展。

　　在农产品体系方面，保障国家粮食安全和食品安全成为国家农产品体系建设的根本要求。农产品作为农业产业发展的基础（吕向东 等，2015），是促进乡村产业兴旺的重要载体，是乡村产业振兴发展的内核（贾晋 等，2018）。现代农业产业发展的关键在于解决农业资源要素配置和农产品供给效率问题（曹慧 等，2017），需要强化农产品的供给侧结构性改革，把保障农产品数量和质量作为农业产业发展的方向，不断提升农产品的核心竞争力，促进农业产业的结构性调整。然而，由于农产品本身的商品属性和国家战略安全属性，因此政府需要将农产品生产经营上升为国家战略，通过不断整合农业产业结构并提高农产品供给效率来推动现代农业发展。打造突出的农产品生产能力和农产品竞争优势需要积极推进高效农业的规模化、产业化、特色化，提高土地产出率、资源利用率、劳动生产率，促进农产品生产能力提升并有效带动农业的可持续发展。为了构建有效的农产品竞争体系，政府不仅需要打造农产品本身的竞争优势，还需要将农产品自身的竞争力与区域农业产业发展的竞争力有效结合，最大限度地打造农业产业体系的核心竞争力（丁延武，2015），并不断强化农业产业内部的专业化分工和规模化协同生产，推动农业内外部生产经营效率的提升（李腾飞 等，2018）。因此，积极提升农产品生产经营能力和竞争力是构建现代农产品发展体系的关键。已有研究大多从农产品产业发展的某一方面来构建指标体系，没有在系统层面建立有效的理论分析框架来深度揭示农产品体系的内涵，从而缺乏科学统一的农产品产业发展评价指标体系。

在农业产业融合体系构建层面，农业本身并非作为孤立的单一产业而存在，而是一个包括经济、社会、生态、文化等功能的有机统一体。它将产业兴旺与社会人居环境、历史文化传承等有效结合（乌东峰 等，2009），从而将农业产业的多功能性贯穿于农业"三产"融合发展中，最终推进农村产业的多功能和多业态发展。在测度农业的多功能性方面，佟光霁（2014）和刘自强（2015）针对多功能农业的特性和结构，采用灰色关联度和多层次分析模型，通过数据耦合的方法对多功能农业的经济功能、社会功能、生态功能以及文化功能进行综合测评，有效评估了农业的多功能性。然而，随着农业产业发展新模式和新业态的不断出现，农业的多功能性不断被强化，因此政府需要用发展的眼光来构建乡村产业振兴评价体系，特别是需要构建以农业生产内生驱动、文化传承、旅游休闲和低碳生态等为主的多功能评价体系。另外，徐维莉等（2019）构建了农业与二、三产业融合发展的评价指标体系，并以苏州市为例，提出需要加强农业与加工业、旅游业和服务业等产业的有效融合发展，不断强化产业融合的深度和农业多功能性的延伸，并强调要把生态健康的元素纳入农业的多功能体系中。总体而言，目前国内学者普遍从经济功能、社会功能、文化功能和生态功能四个角度出发对农业产业融合发展进行评价，但由于研究多功能农业的角度不同，构建的指标体系也有所差异，因此对农业的多功能体系的评价，其结果也会存在差异。

在现代农业支撑体系方面，由于农业产业发展是一个系统性工程，因此农业信息服务体系和农业科技服务体系成为现代农业发展的重要支撑。内部机制的创新和外部环境的改善，需要资本、智力的全面投入和政策的全面支持，特别是需要农业产业在政策、科技创新、体制机制创新以及基础设施等方面的支撑。张斌胜（2009）通过分别构建政府支持体系、农业产业体系、投入体系、农产品安全质量体系、信息保障体系、科技创新与推广体系6个体系，构建可持续发展水平、制度保障、社会贡献和环境影响的四维体系对陕西省和黑龙江省进行了现代农业支撑体系的评价，提出完善"三位一体"的现代农业科技推广体系、培育现代农业科技人才、推进农业科学技术成果转化和增强农业生态环境保护的优化路径，从而实现现代农业的有序、高效发展。一些发达国家在现代农业支撑体系方面的研究中发现，社会化信息网络建设和农业产业链整合的相关配套支撑体系建设也尤为关键，特别是产业生态圈逐渐上升为农业产业发展的核心竞争力（崔宁波，2018），在现代农业支撑体系中扮演着重要的角色，发挥着越来越重要的作用。因此，加强对农业信息服务体系和农业科技服务体系的有效协同，将农业产业链整合与生态圈建设纳入产业支撑体系范畴中，不断推动智慧农业来强化现代农业支撑体系建设尤为重要。

总体而言，乡村产业振兴发展评价指标体系的构建需要综合考虑农产品体系、农业产业融合体系以及现代农业支撑体系的有机协同，从而更好地促进乡村产业振兴战略的有效实施。然而，由于四川省乡村产业发展存在区域异质性，区域经济发展水平也存在较大差距，因此科学构建有效的乡村产业振兴评价指标体系尤为必要。在精准脱贫和乡村振兴战略协同的背景下，系统科学地评价农业产业体系的文献仍然相对缺乏。多数学者的研究主要集中于乡村振兴战略的整体指标研究，而针对乡村产业振兴的评价指标体系研究则相对较少，且大多集中于现代农业发展指标构建方面，缺乏对乡村产业振兴的整体认识，未从理论层面出发解构其科学内涵。

第二节　乡村产业振兴评价的理论基础

　　乡村产业振兴评价指标体系是一个多层次、复合型的有机整体，而农产品体系、农业产业融合体系、现代农业支撑体系构成了乡村产业振兴评价指标体系的有机统一体，因此我们需要用系统性的思维来进行统筹考虑。其中，农产品体系是农业产业融合体系的载体，同时也是现代农业支撑体系的动力。农业产业融合体系作为农产品体系的延伸，能够为农产品体系提档升级创造广阔空间；而完善的现代农业支撑体系则能够为农产品体系和农业产业融合体系提供有力保障。三者之间既体现了逻辑主线的整体性又体现了特色内容的独立性，是实现乡村产业振兴目标任务的要求所在。乡村产业振兴评价指标体系理论框架如图 4-1 所示。

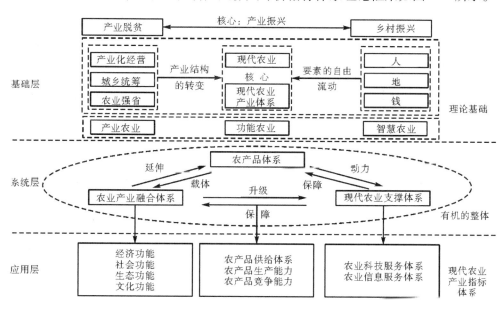

图 4-1　乡村产业振兴评价指标体系理论框架

一、农产品体系是农业产业融合体系的载体和基础

　　农产品作为农业产业融合体系的载体，不仅是农业产业多功能发展的重要基

础，也是农业社会化服务和科技支撑体系的有效应用对象。一方面，政府在保证人、地、钱要素资源有效配置的基础上，大力发展包括粮食、畜牧、水产等在内的农业产业，保证完善的农产品体系成为农业产业融合体系的有效载体，并通过对农产品的深加工，进一步促使农业产业链条不断延伸。另一方面，随着人民生活水平的不断提高，人们对农产品的高品质需求也相应提升。为满足农业生产发展的需要和为农民持续增收创造有利的条件，政府就需要建立完善的农业社会化服务体系，为推动现代农业支撑体系的完善提供有力保障。

二、农业产业融合体系是农产品体系的延伸，也有利于促推现代农业支撑体系的建设

农业产业融合体系不仅是农产品体系的延伸，也是政府促进产业融合发展的必然选择。一方面，农业产业融合体系以农产品产业发展为基础，不断拓展农业发展业务边界，为产业融合提供新的方向。另一方面，产业功能的拓展强化了农业产业链的延伸，使得对产业生产、加工、服务以及科技支持等社会化服务职能的需求加大，促使现代农业支撑体系不断完善和提档升级。

三、现代农业支撑体系是农产品体系和农业产业融合体系发展的有力保障

现代农业支撑体系是现代农业产业发展的固本之策，为推动农产品提质增效和农业产业融合发展提供重要的服务保障。随着我国乡村振兴战略的深入推进，现代农业支撑体系的作用越发凸显，特别是在规模化、集约化、信息化等发展趋势下，政府需要不断强化现代农业建设，特别是需要加强农业科技、社会服务、流通网络、信息沟通和人才队伍建设等方面的建设，加快推进农产品提质增效和农业产业融合发展，增强农业产业的内生发展动能和发展的可持续性。

第三节　乡村产业振兴评价指标体系的构建

为确保农产品的有效供给和质量安全，农产品体系主要下设 3 个二级指标和 8 个三级指标（见表 4-1）。二级指标主要包括农产品供给结构、农产品生产能

力以及农产品竞争能力。农产品供给结构主要包括种养殖业占农业总产值比重、农产品加工业占农业总产值比重、农产品消费价格指数波动幅度。农产品生产能力是农产品体系的重要衡量指标，主要通过人均农林牧渔业产值、人均粮油产量、每万人农业机械总动力来体现。人均农林牧渔业产值和人均粮油产量都能够直观地反映出生产能力，而每万人农业机械总动力是反映农业现代化水平、提高劳动生产率的重要指标，有利于促进农业生产经营的规模化和集约化。农产品竞争能力体现了一个地区的农产品在市场中的影响力，主要通过每万人"三品一标"拥有个数和农产品销售总值占农业总产值比重来反映。"三品一标"是政府主导的安全优质农产品公共品牌，是农产品优质和有较强竞争力的体现。农产品销售总值占农业总产值比重则是以具体的销售额反映农产品的实际的竞争力。

表 4-1 乡村产业振兴发展评价指标体系

一级指标	二级指标	三级指标	单位
农产品体系	农产品供给结构	种养殖业占农业总产值比重	%
		农产品加工业占农业总产值比重	%
		农产品消费价格指数波动幅度	%
	农产品生产能力	人均农林牧渔业产值	元
		人均粮油产量	吨
		每万人农业机械总动力	万千瓦
	农产品竞争能力	每万人"三品一标"拥有个数	个
		农产品销售总值占农业总产值比重	%
农业产业融合体系	经济功能	每万人规模以上农产品加工企业数量	个
		每万人农业休闲观光旅游年收入	元
	社会功能	从事非农产业占总体劳动力比重	%
		人均每年蛋白质消费量	千克
	生态功能	每亩农业化肥施用量	万吨
		森林覆盖率	%
	文化功能	每万人乡镇文化站的数量	个

表4-1（续）

一级指标	二级指标	三级指标	单位
现代农业支撑体系	农业科技服务体系	涉农研发费用投入占地区研发费用投入的比重	%
		农业科技人员占第一产业人员的比重	%
	农业信息服务体系	宽带接入率	%

　　为有效衡量农业产业融合发展水平，农业产业融合体系通过不断拓展和延伸农业产业的多种功能，包括生态保护、休闲观光、文化传承、乡村旅游业等来增进其经济社会效益（李芸 等，2017）。其中，农业产业融合体系下设4个二级指标和7个三级指标。经济功能主要表现在为社会提供农副产品，主要通过每万人规模以上农产品加工企业数量和每万人农业休闲观光旅游年收入来反映总体的经济发展状况，体现其直接经济效益。社会功能主要表现在劳动就业和社会保障方面，重点通过对从事非农产业占总体劳动力比重和人均每年蛋白质消费量来衡量，两者分别体现农村就业结构和人们的生活水平。生态功能主要体现在农业环境污染防治和生态环境保护方面，主要通过每亩农业化肥施用量和森林覆盖率来反映生态环境保护水平和农业生态效率水平。文化功能主要体现为农业文化的多样性，主要依靠每万人乡镇文化站的数量来评价区域文化生活水平。

　　现代农业支撑体系是一个综合的系统性工程，不仅需要打造高效安全的农产品，也要不断加快产业融合发展，而两者的协同需要政府不断强化现代农业支撑体系的构建，助推乡村产业发展的软实力提升。现代农业支撑体系主要包括农业科技服务体系、商贸物流服务体系以及社会化信息服务体系的打造，是农业产业链核心竞争力的重要体现。现代农业支撑体系主要通过农业科技服务体系和农业信息服务体系两个二级指标来反映。农业科技服务体系以涉农研发费用投入占地区研发费用投入的比重和农业科技人员占第一产业人员的比重来反映当地农村对农业科技的重视和利用程度；而农业信息服务体系主要以宽带接入率来反映农业社会化服务体系在基础设施建设方面的水平。

第四节　数据说明与测算方法

一、数据说明

本书依据乡村产业振兴评价指标体系的理论内涵解构，建立以"农产品—农业产业融合—现代农业支撑"为核心的"三位一体"的乡村产业振兴评价指标体系。数据主要来源于《中国统计年鉴》《中国农村统计年鉴》《中国农产品加工业年鉴》《中国科技统计年鉴》《中国农产品价格调查年鉴》《四川统计年鉴》等。为分析全国30个省（自治区、直辖市）[①] 和四川省21个市（州）在乡村产业振兴评价指标体系上的发展状况，本书对全国30个省（自治区、直辖市）和四川省21个市（州）的农业产业进行了横向和纵向的分析，并对全国30个省（自治区、直辖市）和四川省21个市（州）的农业产业体系的发展状况进行了全面评价。在地区分布上，本书通过对全国30个省（自治区、直辖市）和四川省21个市（州）的数据进行分析，能有效地分析出全国30个省（自治区、直辖市）和四川省21个市（州）的农业产业发展差异，研究更加细致和深入，且由于四川省农业的发展在全国具有一定的代表性，因此指标体系的确定和结果的分析将具有较强的普适性。

二、测算方法

（一）熵权 TOPSIS 法的基本原理

作为系统工程中的一种常用方法，熵权 TOPSIS 法对多目标评价和决策分析具有较大的优势，计算过程相对简便。该方法的基本思路为：首先，针对测算的原始数据进行无量纲处理，使得数据能够真实反映各项评价对象之间的差距。其次，根据各项指标进行标准化处理得到正负理想值，求出评价对象的正负理想值之间的加权欧式距离（杨秀玉，2017），并测算出各评价对象与最佳状况的接近程度，测算出各评价对象的排名。最后，采用熵值法确定各指数之间的权重大

---

① 西藏自治区、台湾地区、香港特别行政区和澳门特别行政区存在部分数据缺失问题，因此未纳入评价范围，下同。

小。当熵值越小时，信息量越大，确定性越高，有序程度也越强，反之则相反。

（二）评价模型的构建

假定乡村产业振兴评价指标体系模型中存在 n 个评价对象和 m 个具体指标，构建初始矩阵 B 为：

$$B = \begin{vmatrix} b_{11} & b_{12} & \cdots & b_{1m} \\ b_{21} & b_{22} & \cdots & b_{2m} \\ \cdots & \cdots & \cdots & \cdots \\ b_{n1} & b_{n2} & \cdots & b_{nm} \end{vmatrix} \tag{4-1}$$

将标准化的乡村产业振兴评价指标体系的初始数据进行标准化处理，得到正向和逆向指标分别为：

$$Z_{ij} = \frac{b_{ij} - \min b_{ij}}{\max b_{ij} - \min b_{ij}} , Z_{ij}' = \frac{\max b_{ij} - b_{ij}}{\max b_{ij} - \min b_{ij}} \tag{4-2}$$

对式（4-2）进行标准化处理后得到矩阵 Z 为：

$$Z = \begin{vmatrix} z_{11} & z_{12} & \cdots & z_{1m} \\ z_{21} & z_{22} & \cdots & z_{2m} \\ \cdots & \cdots & \cdots & \cdots \\ z_{n1} & z_{n2} & \cdots & z_{nm} \end{vmatrix} \tag{4-3}$$

式（3-3）中 z_{ij} 代表第 i 个评价对象在第 j 个评价指标上的标准值（ $i = 1$, 2 , $\cdots$, n ; $j = 1$, 2 , $\cdots$, m ），其中 $0 < z_{ij} < 1$ 。

确定乡村产业振兴评价指标熵权比重。对于任意第 j 个指标，熵权值可以通过公式 $f_j = -\frac{1}{\ln n} \sum_{i=1}^{n} s_{ij} \ln s_{ij}$ 来计算。其中 s_{ij} 代表第 i 个评价对象的第 j 个指标在所有评价单位中的比重，即 $s_{ij} = \frac{b_{ij}}{\sum_{i=1}^{n} b_{ij}}$ 。该值越大表明无序性越强，信息量越小，从而导致权重也越小。因此，相应权重的计算公式为 $w_{ij} = \frac{h_j}{\sum_{j=1}^{m} h_j}$ ，其中 $h_j = 1 - f_j$ ，代表第 j 项指标的差异系数。

构建乡村产业振兴规范化的评价矩阵，即将标准值 z_{ij} 与第 j 个指标权重 w_j 进行相乘后得到乡村产业振兴规范化矩阵 A 为：

$$A = \begin{vmatrix} a_{11}w_1 & z_{12}w_2 & \cdots & z_{1m}w_m \\ z_{21}w_1 & z_{22}w_2 & \cdots & z_{2m}w_m \\ \cdots & \cdots & \cdots & \cdots \\ z_{n1}w_1 & z_{n2}w_2 & \cdots & z_{nm}w_m \end{vmatrix} = \begin{vmatrix} a_{11} & a_{12} & \cdots & a_{1m} \\ a_{21} & a_{22} & \cdots & u_{2m} \\ \cdots & \cdots & \cdots & \cdots \\ a_{n1} & a_{n2} & \cdots & a_{nm} \end{vmatrix} \quad (4-4)$$

确定乡村产业振兴评价指数的正负理想值及测算两者之间的加权欧式距离。假设 a_j^+ 表示第 j 个指标在所有的评价对象中的最大值，a_j^- 表示第 j 个指标在所有的评价对象中的最小值，将 a_j^+ 和 a_j^- 构成的向量作为乡村产业振兴评价指数的正负理想值，并计算出评价对象与正负理想值之间的加权欧式距离，如式（4-5）所示。

$$D_i^+ = \sqrt{\sum_{j=1}^{m}(a_{ij} - a_j^+)^2}, \quad D_i^- = \sqrt{\sum_{j=1}^{m}(a_{ij} - a_j^-)^2} \quad (4-5)$$

根据式（4-5）最终测算出评价对象与理想值之间的接近程度 $C_i = \dfrac{D_i^-}{D_i^+ + D_i^-}$。当 C_i 取值为 0~1，越接近 1 代表乡村产业振兴评价指数越高，乡村产业发展水平离现代农业目标值越接近，乡村产业振兴发展水平越高，反之则乡村产业振兴发展水平越低。因此，我们可以根据该指数来针对全国 30 个省（自治区、直辖市）和四川省 21 个市（州）进行排序评价。

第五节 乡村产业振兴发展指数测算及分析

一、乡村产业振兴省级排名

总体而言，乡村产业振兴评价指标体系主要表现出以下几个特征（见表 4-2）：

第一，各省份之间的农业产业发展表现出一定的梯度性和层次性。按照各省份乡村产业振兴发展指数排名来看，排名前 10 位的依次为浙江、江苏、上海、北京、山东、广东、黑龙江、湖北、天津、安徽；排名后 10 位的依次为广西、海南、云南、重庆、甘肃、内蒙古、贵州、山西、宁夏、青海。其中，排在第一名的浙江的乡村产业振兴发展指数得分是 0.593 6，而排名最后的青海的乡村产业振兴发展指数得分是 0.356，仅为浙江的 60%。可见，不同省份在乡村产业振兴发展程度上存在着较大的差距。

表 4-2 不同区域和省份乡村产业振兴发展指数得分排名

地区	省份	指数得分	全国排名	分区排名
东部地区 （0.532 6）	浙江	0.593 6	1	1
	江苏	0.583 4	2	2
	上海	0.581 4	3	3
	北京	0.574 8	4	4
	山东	0.555 4	5	5
	广东	0.549 6	6	6
	天津	0.509 2	9	7
	福建	0.484 4	11	8
	河北	0.466 4	14	9
	海南	0.428 6	22	10
中部地区 （0.462 8）	湖北	0.519 1	8	1
	安徽	0.487 0	10	2
	河南	0.470 0	12	3
	江西	0.452 9	18	4
	湖南	0.451 6	19	5
	山西	0.396 4	28	6

表4-2(续)

地区	省份	指数得分	全国排名	分区排名
西部地区 (0.416 9)	四川	0.465 8	15	1
	陕西	0.460 1	16	2
	新疆	0.435 8	20	3
	广西	0.435 6	21	4
	云南	0.427 6	23	5
	重庆	0.423 0	24	6
	甘肃	0.414 0	25	7
	内蒙古	0.413 4	26	8
	贵州	0.398 6	27	9
	宁夏	0.356 0	29	10
	青海	0.356 0	30	11
东北地区 (0.488 0)	黑龙江	0.538 6	7	1
	辽宁	0.458 2	13	2
	吉林	0.467 2	17	3

第二,全国不同区域之间乡村产业发展水平不平衡的矛盾较为明显。就总体而言,东部地区、东北地区、中部地区和西部地区的乡村产业振兴发展指数得分均值呈依次递减趋势,分别为0.532 6、0.488 0、0.462 8、0.416 9。东部地区乡村产业振兴发展指数得分总体较高,排名前10位中,东部地区占据7席;而东北地区和中部地区之间乡村产业振兴发展指数得分相差不大,西部地区乡村产业振兴发展指数得分则排名靠后,反映出我国乡村产业振兴发展水平呈现出明显的地域特性,且与地区经济发展水平有较为直接的关系。

第三,多数省份乡村产业振兴发展水平较为均衡,其乡村产业振兴发展指数得分呈现较为平缓的趋势。本书按聚类结果将全国的30个省份划分为3个梯队(见图4-2)。其中,第一梯队有浙江、江苏、上海、北京、山东、广东、黑龙江,主要以东部地区省份为主;第二梯队包括湖北、天津、安徽、福建、河南、吉林、河北、四川、陕西、辽宁、江西、湖南,主要是以东北地区省份和中部地区省份为主；第三梯队包括新疆、广西、海南、云南、重庆、甘肃、内蒙古、贵州、山西、宁夏、青海，这些省份主要分布在我国中西部地区。不同梯队之间产业发展差距较为明显，尤其是第一梯队向第二梯队过渡时，出现了"断崖式"下降；第二梯队向第三梯队过渡时也存在较明显的"断崖式"下降的现象。第一梯队首位省份与第二梯队首位省份发展指数比值为1.143，低于第二梯队首位省份与第三梯队首位省份发展指数比值（1.191）。可见，不同梯队之间产业发展差距较为明显，且乡村产业振兴发展指数整体水平仍然较低，离农业现代化发展目标值仍然相差甚远。

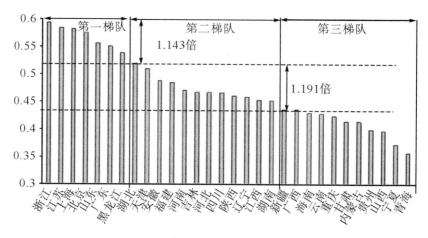

图4-2 全国30个省份乡村产业振兴发展指数得分

二、乡村产业振兴发展分项指数的比较分析

各省份农业产业发展结构的区域差异较大。本书通过对全国30个省份的乡村产业振兴发展分项指标得分进行分析（见表4-3），得出如下结论：农产品体系发展指数排名前5位的省份依次为山东、江苏、浙江、黑龙江、北京，主要集中于东部地区和东北地区。而排名后5位的省份依次为贵州、甘肃、宁夏、内蒙古、青海，主要集中于西部地区。由此可见，东部地区和西部地区之间农产品体系发展指数受区域差异的影响。农业产业融合体系发展指数排名前5位的省份依次是上海、北京、浙江、天津、江苏，全部位于东部地区。而排名后5位的省份依次为陕西、海南、重庆、山西、宁夏，除海南外全部位于西部地区。现代农业支撑体系发展指数排名前5位的省份依次为浙江、江苏、湖北、上海、北京，除

湖北外全部位于东部地区，而排名后 5 位的省份依次为新疆、宁夏、贵州、内蒙古、青海、全部位于西部地区。由此可见，不管是从哪个分项指标来看，东部地区省份和东北地区省份总体上都具有较大的优势，而西部地区和中部地区经济水平较弱的省份的排名都相对靠后。因此，政府需要循序推进乡村产业振兴发展，不断加强对农业产业融合体系和现代农业支撑体系的建设，不断强化农业产业融合发展和对中西部地区农业产业的政策支撑，不断促进中西部地区的乡村产业振兴发展水平进位赶超。

表 4-3　全国 30 个省份乡村产业振兴发展指数分项得分

省份	农产品体系	排名	农业产业融合体系	排名	现代农业支撑体系	排名	总指数得分
浙江	0.195 8	3	0.198 2	3	0.199 6	1	0.593 6
江苏	0.196 2	2	0.189 4	5	0.197 8	2	0.583 4
上海	0.187 2	7	0.213 8	1	0.180 4	4	0.581 4
北京	0.193 8	5	0.200 8	2	0.180 2	5	0.574 8
山东	0.196 6	1	0.185 6	7	0.173 2	8	0.555 4
广东	0.187 8	6	0.183 6	8	0.178 2	7	0.549 6
黑龙江	0.194 8	4	0.163 6	14	0.180 0	5	0.538 6
湖北	0.175 4	9	0.160 6	19	0.183 1	3	0.519 1
天津	0.156 4	13	0.192 8	4	0.160 2	11	0.509 2
安徽	0.165 4	11	0.170 8	11	0.150 8	16	0.487
福建	0.174 6	10	0.156 0	20	0.153 8	13	0.484 4
河南	0.177 6	8	0.143 8	25	0.148 6	17	0.47
吉林	0.140 8	19	0.169 4	12	0.157 0	12	0.467 2
河北	0.149 8	15	0.175 0	9	0.141 6	21	0.466 4
四川	0.147 8	16	0.153 2	22	0.164 8	9	0.465 8
陕西	0.158 7	12	0.140 8	26	0.160 6	10	0.460 1
辽宁	0.142 4	18	0.163 6	14	0.152 2	15	0.458 2
江西	0.151 3	14	0.162 8	18	0.138 8	23	0.452 9
湖南	0.133 8	22	0.164 2	13	0.153 6	14	0.451 6
新疆	0.129 4	24	0.173 8	10	0.132 6	26	0.435 8
广西	0.138 2	21	0.150 8	23	0.146 6	19	0.435 6
海南	0.139 2	20	0.140 8	26	0.148 6	17	0.428 6

表4-3（续）

省份	农产品体系	排名	农业产业融合体系	排名	现代农业支撑体系	排名	总指数得分
云南	0.131 2	23	0.156 0	20	0.140 4	22	0.427 6
重庆	0.147 2	17	0.138 2	28	0.137 6	25	0.423
甘肃	0.119 8	27	0.149 4	24	0.144 8	20	0.414
内蒙古	0.116 4	29	0.186 2	6	0.110 8	29	0.413 4
贵州	0.122 4	26	0.163 6	14	0.112 6	28	0.398 6
山西	0.126 6	25	0.131 8	29	0.138	24	0.396 4
宁夏	0.119 2	28	0.121 8	30	0.130 2	27	0.371 2
青海	0.091 6	30	0.163 6	14	0.100 8	30	0.356

三、四川省21个市（州）乡村产业振兴发展指数测算排名

从表4-4来看，四川省乡村产业振兴发展指数主要表现出以下特征：一是各地乡村产业振兴发展指数得分之间存在显著差距。二是四川省五大经济区（成都平原经济区、川南经济区、川东北经济区、川西北生态经济区和攀西经济区）的乡村产业振兴发展指数呈现依次递减的趋势，区域之间的现代农业产业发展不平衡。三是四川省乡村产业振兴发展水平整体不高，不同地区之间表现出乡村产业振兴发展水平的梯度性和层次性。

表4-4 四川省乡村产业振兴发展指数得分排名

地区	指数得分	市（州）	指数得分	全省排名	分区排名
成都平原经济区	0.512 6	成都市	0.546	1	1
		绵阳市	0.520	2	2
		德阳市	0.519	3	3
		遂宁市	0.519	3	3
		乐山市	0.506	7	5
		资阳市	0.506	7	5
		眉山市	0.497	9	7
		雅安市	0.488	11	8

表4-4(续)

地区	指数得分	市（州）	指数得分	全省排名	分区排名
川南经济区	0.486 5	宜宾市	0.507	5	1
		自贡市	0.488	12	2
		内江市	0.479	14	3
		泸州市	0.472	16	4
川东北经济区	0.479 6	南充市	0.506	6	1
		广元市	0.492	10	2
		广安市	0.481	13	3
		达州市	0.473	15	4
		巴中市	0.446	20	5
川西北生态经济区	0.443 5	甘孜藏族自治州	0.447	18	1
		阿坝藏族羌族自治州	0.440	21	2
攀西经济区	0.447 5	攀枝花市	0.450	17	1
		凉山彝族自治州	0.445	18	2

第一，四川省21个市（州）乡村产业振兴发展指数得分差距较大。根据测算排名，乡村产业振兴发展指数得分排名前5位的依次是成都市、绵阳市、德阳市、遂宁市、宜宾市，排名后5位的依次是攀枝花市、甘孜藏族自治州、凉山彝族自治州、巴中市、阿坝藏族羌族自治州。排名首位地区与末位地区之间乡村产业振兴发展指数得分比值为1.24，反映出四川省各市（州）之间乡村产业振兴发展水平存在较大的地区差异。

第二，四川省五大经济区发展差异明显。成都平原经济区、川南经济区、川东北经济区、攀西经济区和川西北生态经济区在乡村产业振兴发展指数得分上依次递减。第一梯队城市均为成都平原经济区的主要城市；第二梯队则主要包括川南经济区、川东北经济区的城市；第三梯队主要是川西北生态经济区和攀西经济区的城市（见图4-3）。第一梯队的城市相比第二梯队和第三梯队的城市在乡村产业振兴发展指数得分方面具有绝对的优势，体现出四川省农业产业区域发展的不平衡，也间接凸显出农业弱势产业区域的内生动力不足，乡村振兴发展仍然任重道远。

　　第三，四川省乡村产业振兴发展水平呈现出明显的梯度性和层次性。为探讨现代农业产业发展的区域特性，我们通过聚类分析发现（见图4-3），四川省21个市（州）大致分为3个梯队。第一梯队包括成都市、绵阳市、德阳市、遂宁市；第二梯队包括宜宾市、南充市、乐山市、资阳市、眉山市、广元市、雅安市、自贡市、广安市、内江市、达州市、泸州市；第三梯队包括攀枝花市、甘孜藏族自治州、巴中市、凉山彝族自治州和阿坝藏族羌族自治州。三大梯队之间乡村产业振兴发展指数得分差距明显，第一梯队首位城市与第二梯队首位城市发展指数比值为1.076，而第二梯队首位城市与第三梯队首位城市发展指数比值为1.126。第一梯队城市均位于成都平原经济区，第二梯队城市主要分布在川东北经济区和川南经济区，第三梯队城市主要位于攀西经济区和川西北生态经济区。乡村产业振兴发展指数间接反映了各区域之间经济发展水平，也反映出四川省各区域之间经济发展不平衡、不充分的矛盾仍然比较突出，各区域产业发展差距仍然较大，乡村产业振兴发展仍然任重道远。

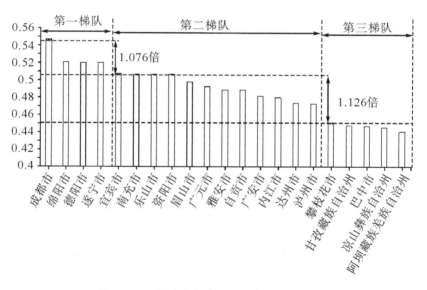

图4-3　四川省乡村产业振兴发展指数得分

四、四川省乡村产业振兴发展指数分项排名分析

通过四川省 21 个市（州）乡村产业振兴发展分项指标得分来看（见表4-5），农产品体系发展指数得分排名前 5 位的依次为绵阳市、德阳市、遂宁市、乐山市和成都市，这些城市全部处于成都平原经济区范围内。该区域也是四川省主要大宗农产品和特色农产品的集聚地，是"天府之国"的腹地区域，对农产品的提质增效具有较好的区位优势和市场竞争力。在农业产业融合体系方面，指数得分排前 5 位的依次是成都市、资阳市、南充市、乐山市和宜宾市，而排后 5 位的依次是攀枝花市、甘孜藏族自治州、巴中市、凉山彝族自治州、阿坝藏族羌族自治州，反映出农产品体系发展越好越有利于促进农业产业融合体系的发展，乡村农产品竞争力不强的市（州）在农业产业融合体系的发展方面也较为落后。现代农业支撑体系发展指数排前 5 位的依次是成都市、宜宾市、德阳市、遂宁市、资阳市，这些城市主要分布在成都平原经济区和水运交通便利的区域；而排名后 5 位的市（州）依次是广元市、凉山彝族自治州、甘孜藏族自治州、巴中市、阿坝藏族羌族自治州，这些市（州）主要分布在秦巴山区和川西北生态经济较落后、交通不便利的区域，这反映出现代农业支撑体系建设在偏远、经济落后区域需要进一步加强人力、技术、信息网络、物流等农业科技服务体系和农业信息服务体系的建设，因地制宜制订特色化现代农业支撑体系建设方案，助推农产品提质增效和农业农村产业融合发展。

表 4-5　四川省 21 个市（州）乡村产业振兴发展指数分项得分排名

市（州）	农产品体系	排名	农业产业融合体系	排名	现代农业支撑体系	排名	总指数排名
成都市	0.191	5	0.214	1	0.141	1	1
绵阳市	0.208	1	0.201	6	0.111	6	2
德阳市	0.207	2	0.196	10	0.116	3	3
遂宁市	0.206	3	0.2	7	0.113	4	4
宜宾市	0.186	10	0.203	5	0.118	2	5
南充市	0.185	13	0.212	3	0.109	10	6
乐山市	0.195	4	0.205	4	0.106	15	7
资阳市	0.181	15	0.213	2	0.112	5	8

表4-5（续）

市（州）	农产品体系	排名	农业产业融合体系	排名	现代农业支撑体系	排名	总指数排名
眉山市	0.186	10	0.200	7	0.111	6	9
广元市	0.19	8	0.197	9	0.105	17	10
雅安市	0.189	9	0.189	12	0.11	9	11
自贡市	0.191	5	0.188	13	0.109	10	12
广安市	0.191	5	0.181	15	0.109	10	13
内江市	0.186	10	0.182	14	0.111	6	14
达州市	0.185	13	0.179	16	0.109	10	15
泸州市	0.173	16	0.19	11	0.109	10	16
攀枝花市	0.173	16	0.171	17	0.106	15	17
甘孜藏族自治州	0.173	16	0.17	18	0.104	19	18
巴中市	0.174	15	0.169	19	0.103	20	19
凉山彝族自治州	0.171	20	0.169	19	0.105	17	20
阿坝藏族羌族自治州	0.17	21	0.167	21	0.103	20	21

　　为了进一步比较分析四川省乡村产业振兴发展指数在各分项层面的排名，本书从农产品体系、农业产业融合体系和现代农业支撑体系三个层面对四川省21个市（州）的乡村产业振兴发展指数分项得分进行排名，然后找出四川省各市（州）之间在乡村产业振兴层面的强弱项。通过对比各分项得分排名，就整体而言，成都平原经济区乡村产业振兴发展指数各分项得分明显高于其他四大经济区，且各分项得分总体上呈现出成都平原经济>川南经济区>川东北经济区>攀西经济区>川西北生态经济区的趋势。各市（州）农产品体系、农业产业融合体系与现代农业支撑体系之间相互协同，存在互相促进和统一发展的关系。农产品体系是农业产业融合体系发展的载体，农业产业融合体系是农产品体系的延伸，两者存在较为紧密的依存关系，即农产品体系发展得越好越容易促进农业产业融合体系的发展，且两者的发展指数得分远远高于现代农业支撑体系的发展指数（见图4-4），反映出四川省现代农业支撑体系建设方面仍然存在较大的不足。

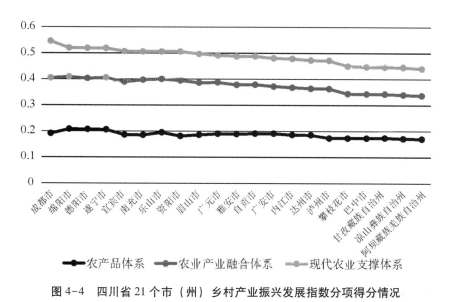

图 4-4　四川省 21 个市（州）乡村产业振兴发展指数分项得分情况

第五节　政策建议

为准确把握和评估全国各省份及四川省 21 个市（州）乡村产业振兴发展状况，本书构建了"三位一体"的乡村产业振兴评价指标体系，采用熵权 TOPSIS 法对 30 个省份及四川省 21 个市（州）的乡村产业振兴发展指数进行横向和纵向的比较分析。研究结果表明：第一，以农产品体系、农业产业融合体系和现代农业支撑体系为核心的乡村产业振兴评价指标体系是一个多层次、复合型的有机整体，三者间相互协调统一，有序发展。其中，农产品体系是农业产业融合体系发展的载体和现代农业支撑体系发展的动力；农业产业融合体系是农产品体系提质增效的延伸，能够进一步促进现代农业支撑体系的升级；现代农业支撑体系能为农产品体系和农业产业融合体系提供有效的保障。第二，30 个省份的乡村产业振兴发展指数反映出显著的区域差异，总体上划分为三个梯队，东部地区省份绝大多数位于现代农业产业发展的第一梯队和第二梯队，中部地区省份普遍位于第二梯队，而西部地区省份主要位于第三梯队。乡村产业振兴发展指数得分较高的主要为浙江、江苏、上海、北京、山东、广东、黑龙江等经济发展程度较高或规模化经营效率较高的省份，且不同省份和地区之间存在较大的发展差距。乡村产业振兴发展指数得分依次为东部地区>东北地区>中部地区>西部地区，区域农业产业梯度发展趋势明显。第三，四川省21个市（州）乡村产业振兴发展不均衡现象较为明显且发展水平总体不高。根据指数得分，21个市（州）整体上可以划分为三个发展梯队，第一梯队包括成都市、绵阳市、德阳市、遂宁市，主要集中于成都平原经济区；第二梯队包括宜宾市、南充市、广元市、广安市等，主要集中于川南经济区和川东北经济区；第三梯队包括攀枝花市、巴中市和三个自治州，集中于攀西经济区和川西北生态经济区。三个梯队之间区域梯度发展较为明显，乡村产业振兴在区域层面的发展差距仍然较大。

根据相关结论，我们得出如下政策启示：第一，各省份依托自身发展禀赋，加快农产品的结构调整和提质增效，增强农产品竞争力。东部发达地区要充分发挥其经济优势，通过乡村产业供给侧结构性改革和强化现代农业支撑体系，促进农业产业融合发展，不断强化农产品产业链和价值链的打造。中部地区要加大优质高效农产品的生产和经营，加快农业产业融合发展，催生新业态，逐步加强农业产业结构的转型升级。西部地区要加强精准脱贫和乡村振兴战略的有效协同，因地制宜发展特色化农产品体系，强化农业社会化服务对现代农业的有效支撑，推动乡村产业振兴发展。第二，四川省立足发展实际，实现从农业大省到农业强省的跨越。四川省应擦亮农业大省"金字招牌"，突出川酒、川菜、川茶、川果、川猪等特色农产品优势，不断完善农业产业链和价值链，推进农业供给侧结构性改革，提升农产品市场竞争力。四川省五大经济区应凸显自身特色进行错位发展，加强成都平原经济区高效优质粮油生产、农产品加工以及三产融合等方面的辐射带动作用；突出川南经济区和川东北经济区特色农业产业发展优势，强化农业产业链融合发展，提升农产品价值链；攀西经济区和川西北生态经济区立足生态本底发展高原特色有机农业，打造精品农业和生态牧场，助推乡村产业振兴。第三，各省份应补齐发展短板，缓解各省份之间和省内各地之间乡村产业发展的不平衡、不充分的矛盾。不同区域之间乡村产业发展不仅存在阶段上的差异也存在发展能力上的差异，各地区需要明确产业发展优劣势，深化农业内部结构调整，促进农林牧渔业内部的协调发展；通过科技兴农发展高效农业，助推农业生产经营方式的转型；推进农林牧畜等多形态、多业态的产业融合发展，促进三次产业的有机融合，互动延伸农业产业链和价值链，从而有效助推乡村产业振兴。

第五章　中国乡村生活富裕发展指数研究

第一节　文献回顾

长期以来，农村居民的收入增长和脱贫脱困成为发展经济学一直关注的重要议题。国家统计局数据显示，通过改革开放 40 余年的发展，截至 2018 年年底，我国农村贫困人口降至 1 660 万人，农村贫困发生率降为 1.7%，贫困人口减少量达到 7 亿多人，贫困发生率下降了 95% 以上。这些成就离不开农民自身的艰苦努力和对实现中华民族伟大复兴的不懈追求。在精准扶贫和乡村振兴战略协同背景下，如何科学衡量农民收入增长的质量，解构农民生活富裕的内涵，构建有效的农民生活富裕评价指标体系成为评价农民物质生活和精神生活富裕程度的重要内容。

随着城镇化进程的不断推进，人们对美好生活和共同富裕的不懈追求成为实现中国特色社会主义现代化的核心动力，也是新时代高质量发展的重要体现（沈斐，2018）。中国的城市化进程与国外相比存在较大的差异，在城乡二元结构发展过程中，农民半工半耕的生产方式使得兼业化经营成为常态，而城乡要素难以有效地双向流动一方面阻碍了城镇化的快速推进，另一方面也为避免出现"贫民窟"和社会政治动荡及渐进式推进城镇化提供了一定的缓冲空间（夏柱智 等，2017）。这种渐进式的城镇化也直接促使城乡二元分割走向城乡融合发展成为必然，城乡居民在物质生活和精神生活上的空间差异也间接导致区域间农民生活富裕程度的差异。

在农民生活富裕衡量指标中，物质生活富裕是关键变量。农民收入主要包括经营性收入、工资性收入、转移性收入和财产性收入四个方面。改革开放 40 余年来，中国已经从低收入国家跻身于中等偏上收入国家，取得了显著的成就，但农民收入增长却可能面临着不平衡、不协调、不可持续的"中等收入陷阱"困境（温涛 等，2018），迫切需要依托供给侧结构性改革和乡村振兴战略来充分释放改革红利，实现城乡融合发展和共同富裕。农民摆脱贫困实现收入超常规增长的核心在于提高其自生能力（申云 等，2019），特别是加强各要素之间的优化配置。通过改革创新驱动来实现农业经营的规模化、集约化、专业化和组织化，增强农民收入超常规增长的内生动力和促进三次产业的有效融合（王小华 等，2017）。农业保险补贴政策成为满足农民收入增长风险管理需求的重要手段，政府需要进一步加强对农业保险质押贷款及农业保险组合产品的开发，满足不同农业经营主体的风险保障需求（张伟 等，2018）。但是，农民收入的增长也需要不断提高农民生活品质，消费是生活品质的重要体现，城乡居民消费结构和消费总量却存在较大的差异，特别是在城乡居民收入差距扩大的趋势下（方松海 等，2011），教育、基础设施投资和信贷约束等因素也限制了农村居民消费的扩张，使得农民收入增长的结构出现异化的特征，因此政府需要重点提升中西部落后地区中低收入群体收入能力和消费能力，营造良好的消费环境。

随着农民物质生活水平的不断提高，收入增长的来源和结构也在随之发生相应的变化，人们向往美好生活和追求精神富足的需求也逐步得到提升，特别是居民对幸福感和获得感的关注与日俱增。潘文轩、王付敏（2018）基于收入来源、收入阶层以及区域3个维度对改革开放以来农民收入增长的结构变迁进行了深度分析，认为农民收入增长来源的不断多元化和低收入阶层收入增长乏力并存的矛盾凸显，区域之间也面临着收入增长不平衡的困境，因此强化农民财产性收入增长和收入分配的公平性、可持续性显得尤为必要。然而，居民收入增长的差异性将导致收入差距的异质性，直接或间接负向影响农民主观幸福感（杨晶 等，2019），而强化社会信任和社会公平却能较好地降低这种负面影响。此外，强化农民在精神层面的获得感和幸福感也成为农村居民生活富裕的重要体现。

有效衡量农民生活富裕指数，解构农民生活状况，不仅需要物质生活层面的富裕，也需要精神生活层面的富裕，只有两者协同并进才能真正全面实现小康。在相应的指标构建方面，张挺等（2018）运用结构方程模型实证分析了5个二级指标的内部关系和相互间的影响机理，认为乡村建设的实现可以沿着基础层次、发展层次、最高层次的路径实施，特别是最终实现农民生活富裕需要多途径、多元化、有序提升人们的生活质量。闫周府、吴方卫（2019）通过采用主成分分析和专家打分法构建了一套以 5 个一级指标、21 个二级分项指标和 43 个三级分项指标为基础的动态评价指标体系，测度了中国各省份之间的乡村振兴发展水平。蔡银莺（2015）根据四川省成都市 208 户农户的调查数据，通过构建生计资产六边形分析农户生计资产状况，并运用灰色关联分析和定序 Logit 方法探讨农户生计资产与生活满意度的关联性和影响度，发现农户的生计资产和生活满意度存在显著的区域差异及个体差别，家庭农业收入占比在 50%～90% 的兼业农户的生计资产产值最高，而家庭农业收入占比为 10%～50% 的兼业农户的生计资产产值最低，非农业户和纯农业户的生活满意度明显高于兼业农户。叶继红（2019）基于生活满意度的"维度—区域—结构"分析视角，运用结构方程模型，对江苏省集中居住区居民主观生活质量进行评价，发现农户生活质量不仅存在区域性差异还存在结构性差异。区域性差异体现了城乡一体化发展的不同阶段和水平，结构性差异显示出生活质量内部各要素发展的不平衡，也凸显了生活质量指标中健康、居住环境、自身教育等的重要性。相关指标的测度仅仅是基于乡村振兴背景下整体层面的测度，仍然缺乏为从全面建成小康社会这个百年奋斗目标向建成社会主义现代化强国这个百年目标迈进过程中的农民生活富裕的发展阶段目标提供一个清晰的路径图谱，需要科学有效的评估。

因此，在新时代背景下，农村居民生活富裕指数构建不仅需要提升农村居民物质生活水平，还需要更好地提升农村居民精神生活水平，但针对全面建成小康社会和乡村振兴背景下农民生活富裕的评价指标体系的研究仍相对缺乏。在精准扶贫和乡村振兴战略协同背景下，人们不仅要关注精准扶贫战略下贫困人口全面脱贫奔小康的生计问题，也要关注后扶贫时代背景下有助于农民生活幸福感和获得感提升的生计转型问题，而这需要进一步加强制度、体制和社会等各方面的供给侧结构性改革。鉴于此，本书基于全国的省际可比数据，不断强化农民物质生活和精神生活在"质"和"量"方面的测度评价，分析不同省份之间农民生活富裕指数的变动状况，为以农民为主体的乡村振兴战略实施如何更好地衔接区域协同发展战略提供参考，为有效考核乡村振兴发展效果提供可供借鉴的评价指标体系，并为进一步深化农业供给侧结构性改革和收入分配体制机制改革提供科学依据。

第二节　乡村生活富裕评价指标体系的构建

一、指标体系构建原则

在全面建成小康社会的背景下，一方面，农民生活富裕指数需要体现农民收入增长的可持续性，突出农民收入增长在"量"上的持续增长潜力，反映农民物质生活水平的不断提高；另一方面，农民生活富裕指数还需要反映出农民生活状况的"质"，即突出农民生活品质和获得感程度，揭示农民精神生活层面的发展质量。因此，农民生活富裕指数反映的是一个综合性概念，单个指标难以有效度量。

农民生活富裕指数的构建需要围绕以下原则展开：一方面，对接国家战略。党的十九大报告提出实施乡村振兴战略，是在全新背景下，深刻认识城乡关系变化趋势和城乡发展规律调适的基础上提出的，是党中央着眼"两个一百年"奋斗目标导向和农业农村短板问题导向做出的战略安排。在全面建成小康社会之际，农民生活富裕指数的构建需要着眼长远并具有前瞻性，体现新时代农民生活富裕的新面貌。另一方面，指标科学适用。建立指标体系的目的就是要将其有效地应用于实际分析。因此，指标选取既要体现乡村振兴发展的总体要求，突出农业、农村现代化发展的目标导向和引领作用，又要体现指导性，反映富民增收和农民获得感的提升，注重数据的易得和可操作性，体现指标的科学性和可对比性等要求，并在既有指标的基础上围绕建成社会主义现代化强国过程中的新发展趋势进行预判，科学设置指标。

二、细分评价指标

我们对农民生活富裕的科学内涵进行解读，将农民生活富裕指数进一步划分为农村居民物质生活富裕和农村居民精神生活富裕两个目标层。农村居民物质生活富裕层面进一步划分为收入水平、生活便利、生活品质三个准则层；农村居民精神生活富裕层面进一步划分为社会保障能力和科教文卫服务两个准则层。结合不同准则层的内涵，我们将其划分为18个细分指标（指标层）。

（一）收入水平

收入水平准则层细分为农村居民人均可支配收入、农村人均纯收入增长率、农村人均国内生产总值、农村人均消费支出、城乡居民收入差距比 5 个细分指标。农村居民人均可支配收入是衡量农民生活富裕程度的一项综合指标，也是判断农村居民是否进入全面小康社会的关键指标。农村人均纯收入增长率反映农村居民收入增长的动力和自身发展能力水平，更能判断农民收入增长是否具有可持续性。农村人均国内生产总值反映农村地区经济发展总体水平和人均产出效益的高低，能够揭示农村地区经济发展的竞争力。农村人均消费支出能够较好地体现农村居民的消费能力，也能间接反映农村居民的收入状况，凸显农村居民的消费状况和消费结构。城乡居民收入差距比既是衡量城乡发展差距和收入差距的主要结构指标，也是反映农村居民收入增长幅度和增长质量的指标，可以间接反映城乡融合发展的程度，能够体现在构建新型城乡关系的基础上实现乡村振兴的战略思路。

（二）生活便利

生活便利准则细分为人均公路及铁路里程、每百户汽车拥有量、农村劳动力非农就业比例 3 个细分指标。人均公路及铁路里程主要反映农村地区交通网络便利程度，体现了生活便利程度和交往程度。每百户汽车拥有量反映农村居民消费能力状况，也间接反映出农村居民对生活消费品质的偏好和态度。农村劳动力非农就业比例通过外出务工人员占农村总人口的比重来体现，反映出农村居民在当地的就业便利程度。生活便利程度不仅体现为交通的便利程度，也包括就业和消费的便利程度。

（三）生活品质

生活品质准则层细分为人均年食品消费蛋白质含量、恩格尔系数、生活垃圾处理率和生活污水处理率 4 个细分指标。人均年食品消费蛋白质含量主要反映农村居民的生活质量。恩格尔系数是指食品支出总额占个人消费支出总额的比重，是国际上判断居民生活是否富裕的通用指标。它既是综合反映农村居民消费支出情况的结构性指标，也是说明经济发展、收入增加对生活消费影响程度的指标，可以反映农村家庭的消费结构和生活质量。生活垃圾处理率和生活污水处理率代表农村居民生活环境状况，凸显人居环境对人民生活品质的影响。生活品质的提升，有利于促进人们实现乡村振兴的美好愿望。

（四）社会保障能力

社会保障能力准则层细分为农村居民基本养老保险最低标准、农村医保参保率、基本医保政策范围内报销比例 3 个细分指标。农民居民基本养老保险最低标准和基本医保政策范围内报销比例主要反映农村社会的福利水平，也有效体现了农村居民分享社会发展成果的情况。农村医保参保率主要反映农村医疗保障水平。深度贫困地区往往面临因病致贫等现实困境，农村医保通过实现农村地区全覆盖，推动农村社会福利的均衡发展。

（五）科教文卫服务

科教文卫服务准则层细分为农村人均受教育年限、农村人均拥有教育经费、农村每万人配备卫生技术人员数量 3 个细分指标。农村人均受教育年限体现了农村居民受教育程度，一定程度上能够反映出农村居民的综合素养和文化知识水平。农村人均拥有教育经费体现了农村地区对教育的重视程度和投入水平，一定程度上能够反映出农村儿童接受教育的能力。农村每万人配备卫生技术人员数量主要体现农村居民医疗、养老等公共服务方面的水平，为科学评判一个地区的公共服务能力提供了较好的可比较和可衡量的指标。

农村居民生活富裕指数测度表如表 5-1 所示。

表 5-1　农村居民生活富裕指数测度表

目标层	准则层	指标层	单位
农村居民物质生活富裕	收入水平	农村居民人均可支配收入	元
		农村人均纯收入增长率	%
		农村人均国内生产总值	元
		农村人均消费支出	元
		城乡居民收入差距比	—
	生活便利	人均公路及铁路里程	千米
		每百户汽车拥有量	辆
		农村劳动力非农就业比例	%
	生活品质	人均年食品消费蛋白质含量	千克
		恩格尔系数	—
		生活垃圾处理率	%
		生活污水处理率	%

表5-1(续)

目标层	准则层	指标层	单位
农村居民 精神生活 富裕	社会保障能力	农村居民基本养老保险最低标准	元
		农村医保参保率	%
		基本医保政策范围内报销比例	%
	科教文卫服务	农村人均受教育年限	年
		农村人均拥有教育经费	元
		农村每万人配备卫生技术人员数量	人

注：数据主要来源于《中国统计年鉴》《中国农村统计年鉴》《中国卫生健康统计年鉴》《中国交通运输统计年鉴》《中国食品工业年鉴》《中国价格统计年鉴》等。

第三节 数据说明与测算方法

一、数据的标准化处理

由于原始数据存在不同量纲，我们需要对原始数据进行标准化处理。考虑尽量保留原始变量信息，我们采用极值标准化方法对原始数据进行无量纲化处理，其公式为：

$$X = \frac{(X^{'} - X^{'}_{min})}{X^{'}_{max} - X^{'}_{min}}$$

式中，X 为数据标准化值，$X^{'}$ 为原始数值，$X^{'}_{max}$ 和 $X^{'}_{min}$ 分别为原始数据的最大值和最小值。在标准化处理过程中，我们按照指标值的变化方向与期望值之间的关系，将指标分为正向指标、约束性指标和期望性指标。为消除不同量纲的影响，我们对本章第二节 18 个细分指标数据进行标准化处理，将其作为农村居民生活富裕指标评价的数据源。采用标准差标准化处理法的计算公式为：

$$x_i^* = \frac{x_i - x_i^{'}}{\sqrt{var(x_i)}} \text{，其中 } x_i^{'} = \frac{1}{n}\sum_{i=1}^{n} x_i \text{，} var(x_j) = \frac{1}{n}\sum_{i=1}^{n}(x_i - x_i^{'})$$

式中，x_i 表示测度农村居民生活富裕的具体指标（如 x_1 为农村居民可支配收入）；$x_i^{'}$ 表示原始数据，x_i^* 表示指标标准化值。通过比较变量间的简单相关系数和偏相关系数，KMO 检验分析变量间的相关性。KMO 数值越靠近 1，变量间相关性越大，若 KMO 检验值在 0.5~1，则表示数据适合主成分分析。巴特利特（Bartlett）球状检验用于检验各变量之间是否相互独立。度量标准为 P 值，若 P 值小于 0.05，即拒绝原假设，说明适合进行主成分分析，反之则不适合。本书通过 18 个指标对全国 30 个省（自治区、直辖市）进行计量检验，发现 KMO 和 P 值均能通过检验，且可以采用熵权 TOPSIS 法分析。

二、测算方法

（一）熵权 TOPSIS 法的基本原理

作为系统工程中的一种常用方法，熵权 TOPSIS 法对多目标评价和决策分析具有较大的优势，计算过程相对简便。该方法的基本思路为：首先，针对测算的原始数据进行无量纲处理，使得数据能够真实反映各项评价对象之间的差距。其次，根据各项指标进行标准化处理得到正负理想值，求出评价对象的正负理想值之间的加权欧式距离（杨秀玉，2017），并测算出各评价对象与最佳状况的接近程度，测算出各评价对象的排名。最后，采用熵值法确定各指数之间的权重大小。当熵值越小时，信息量越大，确定性越高，有序程度也越强，反之则相反。

（二）评价模型的构建

假定农民生活富裕评价指标体系模型中存在 n 个评价对象和 m 个具体指标，构建初始矩阵 B 为：

$$B = \begin{vmatrix} b_{11} & b_{12} & \cdots & b_{1m} \\ b_{21} & b_{22} & \cdots & b_{2m} \\ \cdots & \cdots & \cdots & \cdots \\ b_{n1} & b_{n2} & \cdots & b_{nm} \end{vmatrix} \tag{5-1}$$

将标准化的农民生活富裕评价指标体系的初始数据进行标准化处理，得到正向和逆向指标分别为：

$$Z_{ij} = \frac{b_{ij} - \min b_{ij}}{\max b_{ij} - \min b_{ij}}, \quad Z'_{ij} = \frac{\max b_{ij} - b_{ij}}{\max b_{ij} - \min b_{ij}} \tag{5-2}$$

对式（5-2）进行标准化处理后得到矩阵 Z 为：

$$Z = \begin{vmatrix} z_{11} & z_{12} & \cdots & z_{1m} \\ z_{21} & z_{22} & \cdots & z_{2m} \\ \cdots & \cdots & \cdots & \cdots \\ z_{n1} & z_{n2} & \cdots & z_{nm} \end{vmatrix} \tag{5-3}$$

式（5-3）中 z_{ij} 代表第 i 个评价对象在第 j 个评价指标上的标准值（$i = 1$, 2, $\cdots$, n; $j = 1$, 2, $\cdots$, m），其中 $0 < z_{ij} < 1$。

确定农民生活富裕评价指标熵权比重。对于任意第 j 个指标，熵权值可以通过公式 $f_j = -\dfrac{1}{\ln n} \sum\limits_{i=1}^{n} s_{ij} \ln s_{ij}$ 来计算。其中 s_{ij} 代表第 i 个评价对象的第 j 个指标在所有评价单位中的比重，即 $s_{ij} = \dfrac{b_{ij}}{\sum\limits_{i=1}^{n} b_{ij}}$。该值越大表明无序性越强，信息量越小，从而导致权重也越小。因此，相应权重的计算公式为 $w_{ij} = \dfrac{h_j}{\sum\limits_{j=1}^{m} h_j}$，其中 $h_j = 1 - f_j$，代表第 j 项指标的差异系数。

构建农民生活富裕规范化的评价矩阵，即将标准值 z_{ij} 与第 j 个指标权重 w_j 进行相乘后得到农民生活富裕规范化矩阵 A 为：

$$A = \begin{vmatrix} a_{11}w_1 & z_{12}w_2 & \cdots & z_{1m}w_m \\ z_{21}w_1 & z_{22}w_2 & \cdots & z_{2m}w_m \\ \cdots & \cdots & \cdots & \cdots \\ z_{n1}w_1 & z_{n2}w_2 & \cdots & z_{nm}w_m \end{vmatrix} = \begin{vmatrix} a_{11} & a_{12} & \cdots & a_{1m} \\ a_{21} & a_{22} & \cdots & a_{2m} \\ \cdots & \cdots & \cdots & \cdots \\ a_{n1} & a_{n2} & \cdots & a_{nm} \end{vmatrix} \tag{5-4}$$

确定农民生活富裕评价指数的正负理想值及测算两者之间的加权欧式距离。假设 a_j^+ 表示第 j 个指标在所有的评价对象中的最大值，a_j^- 表示第 j 个指标在所有的评价对象中的最小值，将 a_j^+ 和 a_j^- 构成的向量作为农民生活富裕评价指数的正负理想值，并计算出评价对象与正负理想值之间的加权欧式距离，如式（5-5）所示。

$$D_i^+ = \sqrt{\sum_{j=1}^{m} (a_{ij} - a_j^+)^2}, \ D_i^- = \sqrt{\sum_{j=1}^{m} (a_{ij} - a_j^-)^2} \tag{5-5}$$

根据式（5-5）最终测算出评价对象与理想值之间的接近程度 $C_i =$

$\dfrac{D_i^-}{D_i^+ + D_i^-}$。当 C_i 取值为 0~1，越接近 1 代表农民生活富裕评价指数越高，农民生活富裕水平越高；反之，农民生活富裕水平越低。因此，我们可以根据该指数来针对全国 30 个省（自治区、直辖市）进行排序评价。

第四节　乡村生活富裕评价指数测算及分析

一、乡村生活富裕评价指数省际综合排名

我们通过采用熵权 TOPSIS 分析法测度了我国农村居民生活富裕指数，并进一步进行综合排名和分项排名。从表 5-2 来看，综合指数排名前 10 位的省份主要集中于东部沿海地区，基本上是处于中国经济总量前 10 位的省份，这反映出经济发展程度与农民物质生活富裕程度息息相关。从各分项指数排名来看，上海在收入水平指数、生活品质指数、社会保障能力指数和科教文卫服务指数等分项指数上都位列第一，生活便利指数方面位居第二，反映出上海作为国际化大都市从整体上有利于提升当地农村居民的生活富裕程度。具体而言，上海的收入水平指数、生活便利指数、生活品质指数、社会保障能力指数以及科教文卫服务指数数值分别是最末位青海的 1.96 倍、2 倍、1.37 倍、2.18 倍、1.85 倍，凸显出农村居民生活富裕指数在经济发达省份与欠发达省份之间存在较大的区域差异性，区域发展的不平衡、不充分矛盾较为突出。

表 5-2　农村居民生活富裕指数分项测度及综合排名

省份	收入水平指数	分项排名	生活便利指数	分项排名	生活品质指数	分项排名	社会保障能力指数	分项排名	科教文卫服务指数	分项排名	综合指数排名
上海	0.848	1	0.794	2	0.841	1	0.751	1	0.758	1	1
北京	0.820	2	0.813	1	0.836	2	0.746	2	0.753	2	2
浙江	0.781	5	0.770	3	0.789	3	0.705	4	0.710	3	3
天津	0.790	4	0.751	4	0.771	5	0.701	5	0.701	5	4
江苏	0.810	3	0.741	5	0.782	4	0.706	3	0.708	4	5
广东	0.765	7	0.706	6	0.761	6	0.665	6	0.674	6	6
福建	0.772	6	0.683	8	0.752	7	0.657	7	0.666	7	7

表5-2(续)

省份	收入水平指数	分项排名	生活便利指数	分项排名	生活品质指数	分项排名	社会保障能力指数	分项排名	科教文卫服务指数	分项排名	综合指数排名
山东	0.764	8	0.685	7	0.714	8	0.654	8	0.651	8	8
辽宁	0.675	9	0.647	9	0.696	9	0.591	9	0.603	9	9
吉林	0.612	10	0.609	10	0.683	10	0.541	10	0.565	10	10
河北	0.576	11	0.561	11	0.676	11	0.499	11	0.534	11	11
黑龙江	0.476	17	0.544	13	0.669	13	0.440	13	0.493	13	12
江西	0.488	16	0.558	12	0.673	12	0.453	12	0.503	12	13
湖北	0.501	13	0.474	16	0.666	16	0.418	16	0.477	16	14
内蒙古	0.512	12	0.445	20	0.660	17	0.408	17	0.469	17	15
湖南	0.501	13	0.493	14	0.668	15	0.427	14	0.484	14	16
河南	0.496	15	0.489	15	0.669	13	0.422	15	0.481	15	17
海南	0.474	18	0.457	19	0.645	20	0.396	20	0.456	19	18
安徽	0.473	19	0.470	18	0.660	17	0.402	18	0.464	18	19
重庆	0.466	21	0.472	17	0.641	21	0.399	19	0.456	19	20
四川	0.461	24	0.443	21	0.658	19	0.382	21	0.451	21	21
山西	0.455	25	0.421	24	0.634	25	0.368	24	0.433	26	22
宁夏	0.442	29	0.410	28	0.617	29	0.356	29	0.419	29	23
广西	0.463	22	0.413	26	0.640	22	0.368	24	0.435	24	24
贵州	0.443	28	0.437	22	0.640	22	0.370	23	0.436	23	25
云南	0.453	26	0.420	25	0.638	24	0.367	26	0.434	25	26
新疆	0.462	23	0.402	29	0.621	27	0.362	27	0.425	27	27
陕西	0.473	19	0.432	23	0.632	26	0.382	21	0.442	22	28
甘肃	0.448	27	0.413	26	0.619	28	0.361	28	0.423	28	29
青海	0.432	30	0.398	30	0.610	30	0.345	30	0.410	30	30

　　通过对比我国农村居民生活富裕指数类型划分情况（见表5-3），进一步对其进行聚类分析。分析方法如下：农村居民收入区域分类遵循以农村居民收入及相关因素为主的划分原则，同一类型区域内部各组成部分之间有着高度的相似性或相关性，不同类型区域间差异性较大以及区域内各组成部分的空间连续性较强，对比各区域农民生活富裕指数状况。处于Ⅰ类（高生活富裕指数区域）的省份主要包括上海、北京、浙江、天津、江苏、广东，该类省份主要集中于东部沿海发达地区，经济发展水平决定了农民生活富裕指数的高水平。类似地，处于Ⅱ

类（较高生活富裕指数区域）的省份主要包括福建、山东、辽宁、吉林、河北、黑龙江、江西、湖北、内蒙古、湖南、河南，该类省份主要集中于中部地区和东北地区，属于我国重要的粮食生产基地和粮仓，在农业的规模化生产和集约化经营方面具有较大的优势。处于Ⅲ类（中等生活富裕指数区域）的省份包括海南、安徽、重庆、四川、山西、宁夏、广西，主要为中西部地区经济较强省份和农业产业发展较好的省份。处于Ⅳ类（低生活富裕指数区域）的省份包括贵州、云南、新疆、陕西、甘肃、青海，主要是以西部地区经济较弱省份为主。

表5-3　我国农村居民生活富裕指数类型划分情况

类别	地区
Ⅰ类（高生活富裕指数区域）	上海、北京、浙江、天津、江苏、广东
Ⅱ类（较高生活富裕指数区域）	福建、山东、辽宁、吉林、河北、黑龙江、江西、湖北、内蒙古、湖南、河南
Ⅲ类（中等生活富裕指数区域）	海南、安徽、重庆、四川、山西、宁夏、广西
Ⅳ类（低生活富裕指数区域）	贵州、云南、新疆、陕西、甘肃、青海

二、乡村生活富裕评价指数省际分项排名

在农村居民收入水平分项指数方面（见图5-1），第一梯队的省份为上海、北京、浙江、天津、江苏、广东、福建、山东、辽宁、吉林、河北，梯度内部省份之间农村居民收入水平分项指数相差较小。虽然经历着扩大和缩小的波动，但长期以来收入差距与农村经济社会发展一直呈现着较好的适度性，省份间和区域间收入差距与农村经济社会发展适度性年平均值都在0.5以上，收入水平适度性处于适度范围。区域间农村居民收入差距与农村经济社会发展长期以来保持着较好的协调性，差距的扩大或缩小并没有对区域农村经济社会的发展带来极度不适应的影响。但第一梯队与第二梯队之间的农村居民收入水平相差较大，两者之间存在较明显的"门槛"效应，即第一梯队农村居民收入水平分项指数比第二梯队农村居民收入水平分项指数高出一个段位。第二梯队省份主要集中于中西部地区，特别是广大西部地区，但农村居民收入水平分项指数在第二梯队内部则相差较小。

在农村居民生活便利分项指数方面（见图5-2），第一梯队主要为上海、北京、浙江等13个省份，大多集中于东部地区和中部地区。从我国四纵四横高铁网和公

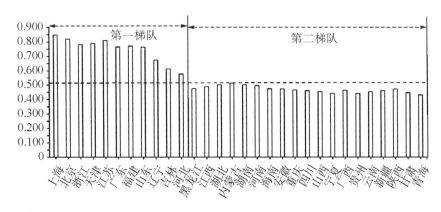

图 5-1 农村居民收入水平分项指数梯度排名

路密度等来看，区域交通路网的便利程度直接决定了一个省份的生活便利程度。第二梯队主要是湖北、内蒙古、湖南、河南等省份，既包括中部地区经济大省也包括西部地区经济欠发达省份。第二梯队省份内部的生活便利程度差距较小。一方面，同一省份内部有可能城乡交通网络差距较大，总体拉低了人均交通路网数值；另一方面，部分省份常住人口较大幅度低于其户籍人口，外出务工人员比例较大，导致常住人口人均享受到的生活便利程度相对增高，使得相应的指数也得到一定的提高。

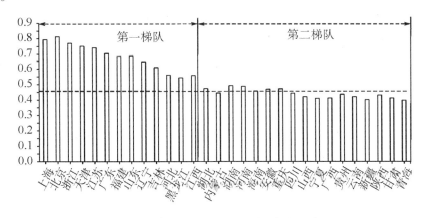

图 5-2 农村居民生活便利分项指数排名

在农村居民生活品质分项指数方面（见图 5-3），第一梯队主要为上海、北京、浙江、天津、江苏、广东、福建，都为沿海经济发达地区省份。第二梯队主要为山东、辽宁等省份，代表了华中地区、华北地区、东北地区和西部地区部分经济较强省份，梯队内部各省份之间生活品质差异较小，总体处于 0.65～0.7，相对较为均衡。第三梯队主要是以山西、宁夏等中西部地区省份为主，大多集中于西北地区和西南地区，农村居民生活品质相对落后，不管是在人均蛋白质摄入量还是在基尼系数等方面，相应省份的总体表现均不佳。

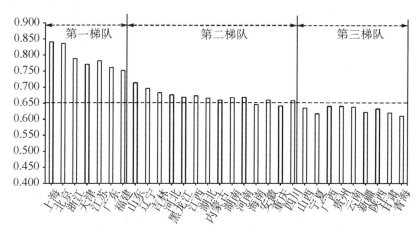

图 5-3　农村居民生活品质分项指数排名

在农村居民社会保障能力分项指数方面（见图 5-4），第一梯队主要为上海、北京、浙江等经济发达省份，且第一梯队内部各省份之间也存在较大的差异，第一梯队中上海与河北在指数值上相差 0.25，上海在指数值上比河北高 34%，反映不同省份之间在社会保障水平和福利政策方面存在较大的异质性，省份的发展受制于经济发展水平的差异带来的社会保障及福利的异质性。第二梯队包括黑龙江、江西等 19 个省份，大多集中于中部地区和广大西部地区，相应省份由于经济发展水平较低、大多仍处于工业化和城镇化的中期甚至早期阶段，相应的社会保障政策和福利也无法与沿海经济发达地区省份相提并论。由此可见，区域之间的社会保障程度不平衡、不充分的现象仍然相对明显。

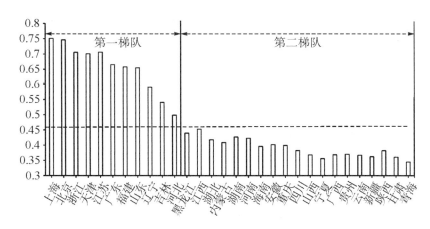

图 5-4 农村居民社会保障能力分项指数排名

在农村居民科教文卫服务分项指数方面（见图 5-5），目前第一梯队主要是上海、北京、浙江、天津、江苏等省份，基本上分布于东部沿海经济发达地区，其相应的教育资源和医疗资源相对丰富，人均受教育年限也较长。第二梯队主要是吉林、河北、黑龙江、江西等省份，大多是东北地区和中西部地区的经济强省和教育大省，省份内部也存在医疗教育等公共服务方面的不平衡现象，使得第二梯队内部各省份科教文卫服务水平也存在一定的差异。第三梯队主要是宁夏、广西等省份，大多是西部地区经济较弱省份以及科教文卫基础较弱省份，区域内的教育和医疗资源不均衡、不充分发展带来不同省份之间相应的公共服务差异。因此，加强科教文卫等公共服务在不同省份之间的均衡发展和战略考量仍然至关重要。

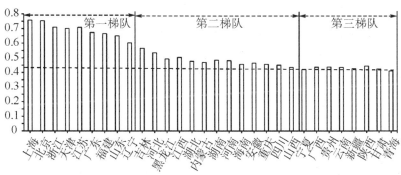

图 5-5 农村居民科教文卫服务分项指数排名

综合而言，农村居民生活富裕指数的构建及测评结果表明，生活富裕指数较高的省份大多是区域经济发展程度较高的省份，即经济发展水平越高、区位优势越明显的省份，其生活富裕指数越高。区域之间经济的梯度发展直接导致农村居民生活富裕指数的梯度发展。从各分项指数得分来看，各省份之间存在明显的区域发展不平衡、不充分的现象，特别是农村居民生活富裕指数在沿海经济发达地区和中西部欠发达地区之间存在明显的阶梯式逐步弱化的趋势。因此，这需要进一步加强区域之间的协调发展战略与乡村振兴战略的不断协同。

第五节　本章小结

本书通过构建中国农村居民生活富裕评价指标体系，分别对不同指标赋予相应权重，采用因子分析和聚类分析将全国划分为 4 种类型，即 Ⅰ 类（高生活富裕指数区域）、Ⅱ 类（较高生活富裕指数区域）、Ⅲ 类（中等生活富裕指数区域）和Ⅳ类（低生活富裕指数区域），同一类型区域内农村居民收入差距较小，不同类型区域间差距较大。此外，本书通过构建物质生活和精神生活层面 5 大类 18 个细分指标，采用熵权 TOPSIS 方法对我国农村居民生活富裕指数进行了综合测度和排名，对比各省份间农村居民生活富裕总体状况和分项状况，得出以下几点结论：

第一，农村居民生活富裕不仅包括物质生活的富裕而且包括精神生活的富裕，物质生活富裕是精神生活富裕的基础，精神生活富裕是物质生活富裕的升华，两者不可偏废，需要统筹兼顾，协同推进。

第二，农村居民生活富裕指数在各省份之间存在较大的差异性，总体上划分为高、较高、中等和低生活富裕指数四大类，但生活富裕指数高的区域主要集中于沿海经济发达地区，即经济发展水平越高、区位优势越明显的省份，其生活富裕指数越高。区域之间经济的梯度发展直接导致农村居民生活富裕指数的梯度发展。

第三，从分项指数来看，收入水平、生活便利和生活品质等指数在沿海经济发达省份中具有绝对的优势，第一梯队指数平均得分与第二梯队指数平均得分具有较明显的梯度性，反映出物质生活状况是决定着人们生活富裕程度的重要方面。从社会保障能力和科教文卫服务等社会福利及精神层面的指数来看，第一梯队与第二梯队内部各省份之间指数得分相差较小，但不同梯队平均得分的差距依然较大，体现出较强的区域特性，说明物质生活富裕对精神生活富裕的影响也尤为明显。

综上所述，本书提出如下政策启示：

第一，在全面建成小康社会的新时代背景下，政府既要关注农民物质生活富裕层面的可持续发展，强化富民增收的内生动力和提升农民生活品质及生活便利度；又要加强对农民精神生活层面的有效保障，特别是农民社会保障和社会公共服务的有效供给，以提高农民生活质量，进而提升居民幸福感和获得感。农民生活富裕不仅是乡村振兴的要义所在，也是推动城乡融合发展、缩小城乡差距、摆脱城乡二元结构制约的重要体现。

第二，政府应完善城乡联动的基础设施建设，积极推动城镇化建设和城乡融合发展，特别是注重以产业发展促进农村居民收入的增长，加快城乡融合产业发展与城乡融合的体制机制建设，推动城乡要素市场的双向流动，进一步为城乡融合与农村经济高质量发展提供有利的外部环境。

第三，积极实施精准扶贫和乡村振兴战略的有效协同。政府在财政上要多向有关农民生计福利保障方面倾斜，缩小城乡收入差距，协调地区发展，逐渐实现社会公平；在要素流动和市场资源配置层面，积极推动农村产权制度和农民收入分配体制的深入改革，实现农民收入增长和收入分配两者的有机协同，走出区域发展不平衡、不充分的现实困境。

第四，强化农民收入增长内生动力和创建农村内置金融村社联合体。政府应积极引导农民由追求农产品数量增长收益转向追求农产品效益（价值、价格），提高农民生产性收入；扩大对农民的技能培训力度和金融扶持水平，特别是加强对外出务工的农民的金融支持，促进其收入增长；不断在农民的村社内部建立合作金融模式，允许农民用承包权或成员权抵押贷款，让农民拥有更多的"活钱"，强化与农民财产权相匹配的金融支撑，增加农民财产性收入，做强村社内置金融，将农村可经营性房屋的使用权"租"给城市人或机构，增加收入来源（李昌平，2018）；落实惠民政策，深化改革，创新机制，切实增加农民政策性收入；使公共财政更大力度地向"三农"倾斜，促进农民持续增收，不断提升农民的获得感、幸福感、安全感。

第六章 中国乡村生态宜居发展指数研究

第一节 问题的提出

随着全球化、工业化和城市化的发展，中国乡村发展的空间范式发生了转变，大量年轻、受过良好教育的劳动力迁移到城市，而留在乡村地区的劳动力通常是老年人、妇女和受教育不足者（Long et al.，2016；Zhu et al.，2019；Qi et al.，2019）。这种乡村"人才流失"现象使乡村失去了最活跃的人口群体，改变了乡村人口结构和人力资源配置，造成了人才缺乏、人力资源教育不足、村庄的"空心化"和衰落，城乡居民之间的收入差距扩大、农地废弃等诸多问题（Li et al.，2014；Wu et al.，2019；Wang et al.，2019；Xu et al.，2019），最终导致城乡发展不平衡。考虑到乡村的现状，如何发展乡村？乡村是具有众多人口的发展中国家的重要组成部分。作为发展中国家的代表，我国乡村人口众多。乡村发挥着经济缓冲作用，承担着农产品供给功能，这关系到国家的粮食安全（Li et al.，2016）。因此，乡村不能衰落。要拯救乡村衰退的现象，就必须振兴乡村，实现可持续的高质量发展（Yang et al.，2016；Li et al.，2018；Yin et al.，2019）。

根据世界环境与发展委员会（WCED）1987年在《我们共同的未来》中的定义，可持续发展是既能满足当代人的需要，又不对后代人满足其需要的能力构成危害的发展。联合国可持续发展目标的首要任务是消除贫困（UN，2015），中国实现这一目标的方案则来自乡村振兴（Yin et al.，2019）。为了应对我国乡村发展的困境，中国政府在2017年10月提出了乡村振兴的国家战略，为解决城乡发展不平衡提供了思路。乡村振兴战略是多维度的，具体表现为产业兴旺、生态宜居、乡风文明、治理有效、生活富裕。每一个维度都是有机协调、相互促进的，涵盖了乡村发展的方方面面，指明了乡村未来的发展蓝图（Jia et al.，2018）。

在乡村振兴战略中，生态宜居是体现可持续发展的关键要素。这主要体现在两个方面：一方面是乡村自然资源（乡村环境）的可持续发展，另一方面是乡村人力资源（乡村居民）的可持续发展。为了推进乡村生态宜居建设，中共中央、国务院及相关部门出台了一系列的政策措施，投入了大量的财政资源。然而，作为世界上最大的发展中国家，我国幅员辽阔，不同省份之间的自然条件和社会经济基础存在显著差异（Huang et al.，2016；Liu et al.，2019），乡村经济的区域发展差异也随着经济的快速发展有着逐步扩大的趋势（He et al.，2019）。因此，为有效推进乡村生态宜居建设，国家在出台相应指导意见的同时，还需因地制宜制订实施方案，避免"一刀切"问题的发生。因此，全面了解中国不同省份间的乡村生态宜居发展现状及其特点，具有较强的现实必要性。

为了解中国乡村生态宜居发展现状，建立相应的评价指标体系尤为重要。乡村生态宜居涉及乡村生活诸多层面，是自然生态环境、社会文化环境和区域空间环境共同作用的结果（Wang et al.，2019）。然而，现有的研究大多集中在其中一个方面，讨论了某一特定环境在促进生态宜居方面的作用（Wang，2010；Chrysochoou et al.，2012；Yu et al.，2013；Zhang et al.，2018；Zheng，2018；Hu et al.，2018；Chang et al.，2019）。虽然这些讨论具有很强的针对性，但由于对现实考虑不充分，因此不利于人们全面把握乡村实际情况，人们难以对乡村生态宜居的发展现状及其特点进行整体判断。从乡村可持续发展视角来看，我们应充分考虑乡村生态宜居各层面的影响因素。

本书在充分探讨乡村可持续发展与生态宜居之间的互动关系的基础上，结合现有的关于乡村生态宜居的指标体系研究，构建了基于可持续发展理念的乡村生态宜居发展评价指标体系。在此基础上，本书对 2017 年中国 31 个省份的乡村生态宜居水平进行实证测度，并根据得分情况对中国乡村生态宜居的发展现状及其特点进行了总结。

第二节 研究方法

一、乡村生态宜居指标体系的构建

可持续发展和生态宜居之间存在着复杂的多维度关系。可持续发展作为全球共识性的发展目标，为乡村生态宜居指明了发展方向，促使生态宜居的实施内容更加精准。乡村生态宜居作为践行可持续发展理念的重要载体，可分解为生态可持续性和宜居可持续性。就生态可持续性而言，良好的乡村生态环境是可持续发展的基础，是创造可持续发展的场所（Neama，2012），为乡村的生产活动和生活活动提供了空间载体。就宜居可持续性而言，乡村居民是促进乡村发展的必要生产要素，为可持续发展提供了劳动力资源。宜居环境的打造为乡村居民提供了基本的生活保障，满足了人们的生存和发展需求。就两者间的关系而言，一方面，可持续发展作为目标和方向，激励和引导决策者采取有针对性的措施，改善生态宜居水平；另一方面，生态宜居作为践行可持续发展理念的场所，其改善可进一步增强乡村发展的可持续性。

本书以可持续发展理念为目标层，将可持续发展理念融入乡村生态宜居指标体系的构建过程中。为了更好地衡量这一目标，我们进一步确定了实现这一目标的基本准则，包含生态可持续性与宜居可持续性。考虑到可持续发展理念是一个动态理念，我们不能从静态视角对乡村生态宜居进行衡量。因此，生态可持续性被定义为乡村居民与环境之间的良性互动关系；宜居可持续性被定义为对乡村居民生存和发展的需求满足情况。两者之间相互联系，但又各有侧重，共同构成了乡村可持续发展框架。

为了更精准地践行上述准则概念，我们进一步构建了子准则层。对生态可持续性而言，乡村不仅是居民生产的土地，也是居民生活的土地。因此，我们把乡村生态分解为绿色生产和绿色生活这两个子准则层。就宜居的可持续性而言，乡村生活环境应具备安全、健康、方便和舒适的特点（Fu et al.，2019）。宜居可持续性是指不但要满足人们对基本公共服务的需求，使人们能够在这里继续生活，还应开辟居民和外界交互的渠道。因此，乡村宜居可以分为公共服务和外界交互这两个子准则层。综上所述，基于可持续发展理念的乡村生态宜居指标体系被分解为四个子准则层。以下是对各个子准则层的说明：

绿色生产是指以节能、降耗、减污为目标，对生产过程进行污染控制的生产方式。我们以乡村居民的主要生产活动，即农业生产活动为对象，对农业生产过程中污染控制的行为进行测量。

绿色生活是指自然环保的可持续生活方式（Binder et al., 2017）。我们以乡村居民的主要生活活动为对象，对其过程中可能发生的破坏环境的行为进行测量。

公共服务是指为满足居民日常生活提供的公共服务设施建设。我们对政府为乡村居民提供的公共服务进行测算，涵盖了供水供电、园林绿化、文化教育、医疗卫生、社会福利与保障等领域。

外界交互是指乡村与外界环境的道路联通情况。这里的道路是广义的道路，包括人流、物流和信息流的渠道建设。

指标层的选择则应该遵循基本规则（Yu et al., 2014）。首先是全面性。这意味着一个完整的指标体系要充分反映子准则层的具体情况。其次是可行性，即所选指标应具有可量化性。最后是可比性，即不同层次的指标应具有可比性（Fu et al., 2019）。在本书中，我们对每个子准则层选取了 3~5 个具有代表性的指标，总共选择了 17 个指标（见表 6-1）。这些指标数据来源于《中国统计年鉴》《中国农村统计年鉴》《中国城乡建设统计年鉴》《中国社会统计年鉴》《国家基本公共服务统计指标》《中国第三产业统计年鉴》等。

二、指标分析

（一）指标权重

根据乡村生态宜居指标体系的特点，本书结合了相关文献综述及专家意见，选择使用层次分析法确定权重。通过层次分析法的判断矩阵，我们邀请了来自高校、科研机构以及政府部门相关领域的专家进行打分，计算指标层各指标的权重。此外，我们将指标的属性分为正指标（指标值越大越好）和逆指标（指标值越小越好）两种。指标的具体属性及权重如表 6-1 所示。

表 6-1　基于可持续发展理念的乡村生态宜居指标体系及权重分布

目标层	准则层	子准则层	指标层	属性	权重
基于可持续发展理念的乡村生态宜居指标体系	乡村生态	绿色生产	化肥施用密度/吨·公顷	逆指标	0.076
			农用塑料薄膜使用密度/吨·公顷	逆指标	0.046
			农药使用密度/吨·公顷	逆指标	0.100
			节水灌溉率/%	正指标	0.076
		绿色生活	处理农业废弃物沼气占比/%	正指标	0.038
			卫生厕所普及率/%	正指标	0.027
			污水处理率/%	正指标	0.064
			生活垃圾处理率/%	正指标	0.084
	乡村宜居	公共服务	燃气普及率/%	正指标	0.045
			供水普及率/%	正指标	0.105
			绿化覆盖率/%	正指标	0.018
			每万人乡村卫生技术人员数/人·万人	正指标	0.025
			每万人养老机构数/个·万人	正指标	0.090
			农村九年义务教育生师比	逆指标	0.052
		外界交互	人均村内道路面积/平方米·人	正指标	0.096
			乡村互联网普及率/%	正指标	0.028
			农村每周平均投递次数/次·周	正指标	0.029

（二）指标标准化

由于不同指标的单位、数量以及指标属性之间存在差异，为了统一标准，我们对各个指标进行标准化处理。

正指标的标准化处理公式为：

$$Y_{ij} = \frac{X_{ij} - \min(X_j)}{\max(X_j) - \min(X_j)}, (i = 1, 2, \cdots, 31; j = 1, 2, \cdots, 17)$$

逆指标的标准化处理公式为：

$$Y_{ij} = \frac{\max(X_j) - X_{ij}}{\max(X_j) - \min(X_j)}, (i = 1, 2, \cdots, 31; j = 1, 2, \cdots, 17)$$

式中，X_{ij}表示为第 i 个省份的第 j 个指标的取值，Y_{ij}为经过标准化处理后的取值。

（三）综合指标得分测算

对乡村生态宜居指标体系的得分测算方法如下：

$$H_i = 100 \times \sum_{j=a}^{b} \left(Y_{ij} \times \frac{W_j}{\sum\limits_{j=a}^{b} W_j} \right) \qquad (6-1)$$

式中，H 代表综合指标得分，具体可以表示为绿色生活（GL）、公共服务（PS）、外界交互（EI）、乡村生态（RE）、乡村宜居（RL）、乡村生态宜居（REL）。i 代表省份，j 代表指标，a、b 表示这一综合指标包含的指标范围，Y_{ij} 代表指标 j 经标准化处理后的取值，W_j 代表权重。指标的取值在 0~100，取值越大表示发展水平越高。

第三节　研究结果

一、各省份生态宜居发展情况

运用式（6-1），我们计算了 2017 年 31 个省份的乡村生态宜居指数（见图 6-1）。北京（79.3）、上海（75.3）、江苏（68.4）的生态宜居指数位列前三名；天津（59.1）、山东（59.0）、浙江（58.5）三个东部地区省份的生态宜居指数综合得分紧随其后；西部地区的宁夏（57.7）、陕西（53.5）、四川（53.4）分别位列第 7~9 名；内蒙古（52.4）、山西（52.1）分别位列第 10、11 名，得分均大于 50 分；福建（49.9）、河北（49.7）、重庆（49.2）、黑龙江（48.3）、辽宁（48.3）、甘肃（47.1）、青海（46.9）、吉林（46.5）、贵州（46.5）、广东（46.1）、新疆（45.8）位列第 12~22 名，得分均大于 45 分；湖北（42.4）、西藏（42.0）、海南（40.4）、广西（39.9）、云南（39.6）、江西（39.2）、安徽（37.9）、湖南（35.4）、河南（35.2）的生态宜居指数综合得分位列第 23~31 名。

根据乡村生态宜居（REL）的指数值（见图 6-1），将 31 个省份按系统聚类法划分为四个等级，即相对较低（35.2~42.4）、中等（45.8~53.5）和相对较高（57.7~59.1）到较高（68.4~79.3）。乡村生态宜居指数"相对较低"的省份有湖北、西藏、海南、广西、云南、江西、安徽、湖南、河南9个省份；"中等"的省份有陕西、四川、内蒙古、山西、福建、河北、重庆、黑龙江、辽宁、甘肃、青海、吉林、贵州、广东、新疆15个省份；"相对较高"的省份有天津、山东、浙江、宁夏4个省份；"较高"的省份有北京、上海、江苏3个省份。每个等级的省份数量占总数的比例分别是29.0%、48.4%、12.9%和9.7%。此外，为了更直观地探究生态宜居指数的空间分布，我们对各省份所在的等级以及相应的乡村生态（RE）水平和乡村宜居（RL）水平的得分情况进行了分析。

从得分分布来看，位于"较高"和"相对较高"两个等级的7个省份共同组成了中国乡村生态宜居发展的"优等生"序列。发展水平"较高"的省份包括北京（79.3）、上海（75.3）和江苏（68.4）。这3个省份的乡村生态宜居综合指数得分远高于其他等级的省份，在生态与宜居上均具有较为均衡的发展水平，代表着中国乡村生态宜居发展的最高水平，为其他省份提供了学习样板。发展水平"相对较高"的省份包括天津（59.1）、山东（59.0）、浙江（58.5）和宁夏（57.7）。从得分来看，"相对较高"的4个省份在生态和宜居两个方面均落后于"较高"的3个省份，特别是在乡村宜居的比较上表现出了较大的发展差距。从区域分布来看，除宁夏外，发展水平"较高"和"相对较高"的其他6个省份的区位相对集中，都处于中国经济发达的东部地区。

乡村生态宜居处于"中等"发展水平的有15个省份，在四个等级中的数量占比最高，具有较强的空间连片特征，主要分为三个地区。第一个地区是中国西部地区。这一地区包含的省份最多，且大多经济欠发达。在中国西部地区，由于城市化的"虹吸效应"（乡村的资源要素向城市转移），城镇化建设对乡村建设的带动作用相对较小，在发展中存在对乡村"人"的可持续发展重视度不够的问题（Feng et al.，2019），因此处于"中等"水平的原因主要在于乡村宜居上的发展不足。第二个地区是中国东北地区。这一地区是中国传统的重工业基地，也是国家重要的商品粮基地，具有较高的农业生产现代化水平。然而，随着资源的枯竭及知识经济的快速发展，这一地区的经济发展活力相对较差（贾占华 等，2017），在乡村宜居方面存在明显短板。第三个地区是东南沿海地区，包括福建和广东。这一地区的经济发展水平较高，在发展中通常也更注重以人为本（Feng et al.，2019），因此具备较高的乡村宜居发展水平，处于"中等"水平的原因主

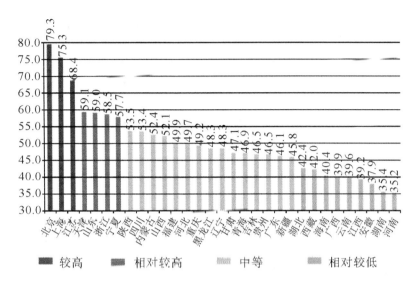

图6-1 各省份乡村生态宜居指数的聚类结果

要在于乡村生态上的"偏科"。

乡村生态宜居发展水平"相对较低"的有9个省份，得分均值不足40分，发展现状堪忧，在地理上主要分为两个地区。第一个地区是中国西南地区，包括西藏、云南和广西。这个区域的少数民族较多，生态环境复杂，交通发展受阻，经济发展落后，因此对乡村人力资源的可持续发展仍须下硬功夫。第二个地区是中国中部地区。这个地区长期以来是中国的粮食主产区，为国家粮食安全做出了巨大贡献。然而，由于乡村产业的萧条和乡村基础设施的短缺，这些地区的劳动力外出务工的比例很高，乡村"空心化"问题严重，造成这些地区的社会经济转型相对滞后（Li等，2014），导致乡村生态和乡村宜居指数均较低。

总体而言，沿海地区的乡村生态宜居整体发展水平要优于内陆地区。大多数沿海地区的省份都存在着乡村宜居水平高于乡村生态水平的"偏科"发展现象；多数地处中部地区的省份在乡村生态水平和乡村宜居水平这两个方面的发展都不尽如人意；地处西部地区及东北地区的省份则大多表现出乡村生态水平高于乡村宜居水平的另一种"偏科"发展现象。这种地域间和地域内部的差异，充分体现了乡村生态宜居水平在省域间发展的不平衡和不充分以及乡村生态和乡村宜居的资源在省域内部分配的不平衡和不充分。

二、各省份乡村生态以及乡村宜居的具体发展情况

我们运用同样的方法，计算出了乡村生态指标和乡村宜居指标的得分，运用系统聚类的方法，分别对这两个综合指标进行等级划分（见图6-2和图6-3）。

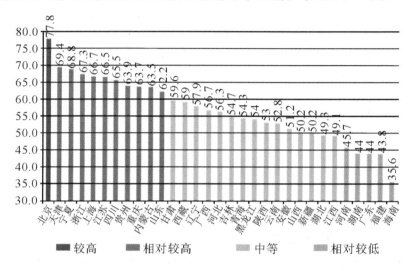

图6-2　各省份乡村生态指数的聚类结果

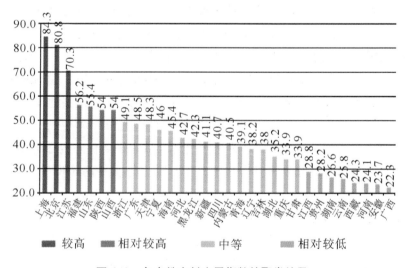

图6-3　各省份乡村宜居指数的聚类结果

　　我们根据乡村生态这一指标的值，将 31 个省份分为了 4 个等级。发展水平"较高"的省份仅有北京；发展水平"相对较高"的省份有天津、宁夏、浙江、上海、江苏、四川、贵州、重庆、内蒙古、山东 10 个省份；发展水平"中等"的省份有甘肃、西藏、辽宁、广西、河北、吉林、青海、黑龙江、陕西、云南、安徽、山西、新疆、湖北、江西 15 个省份；发展水平"相对较低"的省份有河南、湖南、广东、福建、海南 5 个省份。发展水平"较高"的省份仅有 1 个，占样本总数的 3.22%；发展水平"相对较高"的省份有 10 个，占样本总数的 32.26%；发展水平"中等"的省份数量最多，有 15 个，占样本总数的 48.39%；发展水平"相对较低"的省份有 5 个，占样本总数的 16.13%。发展水平"相对较高""中等"的省份数量占了样本总数的 80.65%，除了发展水平"较高"的北京得分大幅领先外，发展水平"相对较高""中等""相对较低"的省份之间的分数差距不大。

　　我们根据乡村宜居这一指标的值，将 31 个省份分为了 4 个等级。发展水平"较高"的省份有上海、北京、江苏 3 个省份；发展水平"相对较高"的省份有福建、山东、陕西、山西 4 个省份；发展水平"中等"的省份有浙江、广东、天津、宁夏、海南、河北、黑龙江、新疆、四川、内蒙古、青海、辽宁、吉林、湖北、重庆、甘肃 16 个省份；发展水平"相对较低"的省份有江西、贵州、湖南、云南、西藏、河南、安徽、广西 8 个省份。发展水平"较高"的省份仅有 3 个，占样本总数的 9.68%，且分数大幅领先其他等级的省份；"相对较高"的省份有 4 个，占样本总数的 12.90%；"中等"的省份最多，有 16 个，占样本总数的 51.61%，"相对较低"的省份有 8 个，占样本总数的 25.81%。

　　在乡村生态指标中，除了位于两端的北京和海南外，位于中间部分的 29 个省份的得分呈现出平稳下降的发展态势，发展差距不大。而乡村宜居的指数得分与乡村生态宜居综合指标得分构成较为一致，发展水平"较高"的上海、北京和江苏三省与其他省份之间存在显著的差距。乡村宜居发展水平"相对较高"的省份得分均处于 60 分以下，并且发展水平"相对较低"的省份得分均不足 30 分。相较于乡村生态，中国各省份在乡村宜居方面存在显著的发展不均衡问题。这表明，中国乡村生态宜居中表现出来的发展不均衡问题，在很大程度上是由乡村宜居的发展不均衡所引起的。

　　乡村宜居的 4 个等级的空间布局更加接近于乡村生态宜居指数的空间布局。

这再次印证了当前不均衡的乡村生态宜居发展现状是由乡村宜居的不均衡发展引起的，而不是由乡村生态导致的。乡村宜居的不均衡发展问题更应受到关注。

我们发现，除了少数中部地区省份以及少数东南沿海地区省份外，乡村生态在全国范围内的整体发展水平较好，但在地域内部，绿色生产和绿色生活的资源分配存在较为严重的"偏科"现象。沿海地区的省份往往具有较高的绿色生活发展水平，而内陆地区的省份则相对具有较高的绿色生产发展水平，这些省份都没有实现绿色生产和绿色生活的协同发展。总体呈现出绿色生产的发展水平由沿海地区向内陆地区递增而绿色生活的发展水平由沿海地区向内陆地区递减的趋势。

乡村宜居指数得分分布与各地区社会经济发展水平分布具有较强的一致性。乡村宜居水平展现出较为明显的区域分化现象。东部沿海地区整体水平较高，在公共服务和外界交互两方面发展较为均衡；内陆地区整体水平较低，在公共服务和外界交互两方面均呈现出发展的不平衡和不充分。

三、乡村生态宜居指标的相关性分析

在表 6-2 中，我们对乡村生态宜居水平各维度之间的相关性进行了分析，发现乡村生态和乡村宜居之间存在着显著的正向相关关系，这表明在总体上，乡村生态和乡村宜居之间是协同发展的。同时，绿色生活和公共服务、外界交互三者之间都存在着显著的正向关系。因此，这三个方面的发展现状是协同促进的。然而，绿色生产和绿色生活之间存在着显著的负向关系，与公共服务和外界交互之间也呈现出负向但是不显著的关系。

表 6-2　乡村生态宜居指标的 Pearson 相关性分析

项目	乡村生态	乡村宜居	绿色生产	绿色生活	公共服务	外界交互
乡村生态	1					
乡村宜居	0.412*	1				
绿色生产			1			
绿色生活			-0.488**	1		
公共服务			-0.086	0.550**	1	
外界交互			-0.021	0.381*	0.591**	1

注：** 表示相关性在 0.01 水平显著（双侧），* 表示相关性在 0.05 水平显著（双侧）。

从理论上讲，绿色生产与其他三个维度应该是相互促进的。但事实上，它们不但没有实现协同发展，而且表现出一定的负相关关系。从前面的分析中我们也可以发现，大部分省份在绿色生产和绿色生活之间都存在着严重的发展"偏科"现象。这表明，在促进中国乡村生态宜居建设的过程中，如何有效实现绿色生产与其他三个维度的协同发展，是当前亟待解决的重要问题。

第四节　进一步地讨论

中国是个幅员辽阔、地理类型多样的国家，不同省份之间的乡村发展差异很大。总体来说，由于各省份之间乡村生态宜居指数存在较大差距，特别是发展水平"较高"的省份和其他省份之间的差距较大，中国乡村生态宜居面临较为严重的发展不均衡问题。就地域特性来看，各个等级的省份的空间分布具有较强的连片特征，沿海地区的乡村生态宜居整体发展水平要优于内陆地区。此外，我们还发现乡村宜居水平的不平衡发展是导致乡村生态宜居水平不平衡发展的主要原因。也就是说，内陆地区相对较低的乡村宜居发展水平是其乡村生态宜居发展水平相对较差的主要原因。

鉴于上述研究发现，我们应注意实施有地域区别的乡村生态宜居建设方针。考虑到连片性，我们应充分利用有利的空间分布形式，加强省域间的合作与交流，实现生态宜居高水平地区带动周边地区发展，把高生态宜居水平的省域的"朋友圈"做大做强，实现从沿海地区到内陆地区的正向辐射，使全国范围内的乡村生态宜居水平得到提高。内陆地区的乡村在发展过程中应提高对"人"的可持续发展的重视程度，做到以人为本。

在现阶段推进生态宜居的过程中，从农村生态方面看，各省份存在着绿色生产与绿色生活尚未协调发展的问题。对于经济发展较好的东部沿海地区而言，其绿色生活的发展水平普遍要高于绿色生产的发展水平。对于经济发展条件不太好的内陆地区而言，其在绿色生产方面反而做得比较好。因此，在未来的区域提升路径上，我们应深入查找薄弱环节，筑牢底板，在做优区域长板的基础上，补齐短板。东部沿海地区应努力提高绿色生产发展水平，西部地区及东北地区应努力提高绿色生活发展水平，中部地区应在坚持协调发展绿色生产和绿色生活的基础上，对这两方面的发展进一步提高。全国要做到统筹兼顾，避免把绿色生产和绿色生活对立起来，实现全国范围内绿色生产和绿色生活协调发展的格局。

在乡村生态宜居发展水平"较高"和"相对较高"的省份中，社会经济发展水平位于全国前列是大部分省份的共同特征，这为打造区域乡村生态宜居的优良品质提供了坚实的物质支撑。宁夏作为这两个等级中的一个特例，2017年人均国内生产总值在31个省份中排名第15位，社会经济发展处于中等水平，却依然能够跻身乡村生态宜居发展水平"相对较高"的行列，这说明社会经济发展基础不足并不是制约各省份乡村生态宜居水平提升的必然因素。

考虑到乡村生态宜居发展水平"较高"的省份与其他省份的巨大得分差距，其他省份如要达到"较高"的得分水平，那么一定的社会经济发展支撑是必要的。发展水平"相对较高"和"中等"的省份的得分差距较小，加之有社会经济发展水平一般的宁夏达成的得分成就做示范，我们有理由相信"相对较高"的发展水平是现阶段多数省份能够达成的乡村宜居发展水平。当前有大量经济发展水平高于宁夏的省份，却在乡村生态宜居发展水平上低于宁夏，说明乡村生态宜居发展的重要性仍未得到相应省份的重视。进一步地，部分省份未能达到自身应该达到的发展水平，说明中国乡村生态宜居也面临较为严重的发展不充分问题。

第七章 2018 年四川省特色村、农业基地和农产品品牌发展报告

为深入贯彻落实《中共中央 国务院关于实施乡村振兴战略的意见》、四川省委一号文件精神，进一步推动实施乡村振兴战略，2018 年 5 月以来，在四川省农业农村厅、中共四川省委组织部、四川省人力资源和社会保障厅等单位的指导下，在各地农业农村局的大力支持下，课题组通过构建四川省特色村、农业基地和农产品品牌评价指标体系，并严格按照评选指标，经过市（州）推荐、网络投票、专家评审、材料查阅、实地核查、网络公示等环节，在四川省符合条件的行政村中，评选了 2018 年四川省产业兴旺村、生态宜居村、乡风文明村、治理有效村、生活富裕村等特色村各 10 个（共 50 个）。课题组对 50 个特色村、10 个农业基地、10 个农产品区域公用品牌和 10 个名优特农产品品牌影响力进行研究分析，形成了 2018 年四川省特色村、农业基地和农产品品牌发展报告。

第一节 四川省特色村、农业基地和农产品品牌评价指标体系构建

一、四川省特色村指标体系构建

课题组将四川省特色村评价指标体系分为两级指标。其中一级指标从五个方面对四川省特色村发展情况进行涵盖，分别是产业兴旺、生态宜居、乡风文明、治理有效、生活富裕；二级指标是对一级指标的进一步细化，包括全村总产值、全村新产业新业态产值、村域内新型经营主体总收入、本村劳动力留守占比等 22 个二级指标。

（一）产业兴旺

产业兴旺突出质量效益，即产业效益凸显、生产设施健全、三次产业融合发展。该指标主要采用2017年全村总产值、2017年全村新产业新业态产值、2017年村域内新型经营主体总收入和本村劳动力留守占比这四个指标进行测算。

（1）全村总产值（25分）。全村总产值是反映全村产业整体规模的重要指标。评分标准如下：将所有参选村的数据进行排位，1~5名得25分，6~10名得20分，11~15名得15分，16~20名得10分，21名及以后得5分。

（2）全村新产业新业态产值（25分）。全村新产业新业态产值是反映全村新产业新业态产值规模的重要指标。评分标准如下：将所有参选村的数据进行排位，1~5名得25分，6~10名得20分，11~15名得15分，16~20名得10分，21名及以后得5分。

（3）村域内新型经营主体总收入（25分）。村域内新型经营主体总收入是反映全村村域内新型经营主体经营规模的重要指标。评分标准如下：将所有参选村的数据进行排位，1~5名得25分，6~10名得20分，11~15名得15分，16~20名得10分，21名及以后得5分。

（4）本村劳动力留守占比（25分）。本村劳动力在农村产业和经济发展过程中起到积极的推动作用。在促使资金、技术、信息、人才等流向农村的同时，有效解决农村留守儿童、留守老人问题，对乡村振兴的推动和实现具有重要的意义。评分标准如下：将所有参选村的数据进行排位，1~5名得25分，6~10名得20分，11~15名得15分，16~20名得10分，21名及以后得5分。

（二）生态宜居

生态宜居突出绿色发展，即生态环境良好、村容村貌整洁、人与自然和谐共生。该指标主要采用2017年全村绿化覆盖率、2017年全村空气优良天数、2017年全村生活设施配套情况、2017年全村生活垃圾无害化处理率、2017年全村生活污水处理达标率和2017年全村水冲式卫生厕所占比这六个指标进行测算。

（1）绿化覆盖率（15分）。绿化覆盖率是反映一个国家或地区生态环境保护状况的重要指标。绿化覆盖率是居住区内全部绿化覆盖面积与区域总面积之比。绿化覆盖面积指村域内的森林、乔木、灌木、草坪等所有植被的垂直投影面积，包括公共绿地、居住区绿地、防护绿地、生产绿地、道路绿地、风景林地的绿化种植覆盖面积、屋顶绿化覆盖面积以及零散树木的覆盖面积。评分标准如下：将所有参选村的数据进行排位，1~5名得15分，6~10名得12分，11~15名得9分，16~20名得6分，21名及以后得3分。

（2）空气优良天数（15分）。空气优良天数是反映农村空气质量情况的重要指标。相关数据以农村所在区（县）环保局统计数据为准。评分标准如下：将所有参选村的数据进行排位，1~5名得15分，6~10名得12分，11~15名得9分，16~20名得6分，21名及以后得3分。

（3）生活设施配套情况（25分）。生活设施配套情况是反映农村生活垃圾无害化的重要指标。评分标准如下：参选村提供水、电、气、网、道路交通、医院、学校等情况说明，由专家组根据相关证明材料评出优（25分）、良（20分）、中（15分）、次（10分）、差（5分）共五个等级。

（4）生活垃圾无害化处理率（15分）。农村生活垃圾无害化处理率是反映农村生活垃圾处理情况的重要指标。评分标准如下：将所有参选村的数据进行排位，1~5名得15分，6~10名得12分，11~15名得9分，16~20名得6分，21名及以后得3分。

（5）生活污水处理达标率（15分）。生活污水处理达标率是反映农村生活污水处理情况的重要指标。评分标准如下：将所有参选村的数据进行排位，1~5名得15分，6~10名得12分，11~15名得9分，16~20名得6分，21名及以后得3分。

（6）水冲式卫生厕所占比（15分）。就推进"厕所革命"问题，习近平总书记多次做出重要指示，要求"努力补齐影响群众生活品质短板"。评分标准如下：将所有参选村的数据进行排位，1~5名得15分，6~10名得12分，11~15名得9分，16~20名得6分，21名及以后得3分。

（三）乡风文明

乡风文明突出社会主义核心价值观深入人心、农村传统文化传承发扬、公共文化蓬勃发展、农民精神面貌良好。该指标主要采用2017年全村移风易俗推动情况、2017年全村文明细胞创建情况、2017年村级文化活动开展次数和2017年全村文明载体建设情况四个指标进行测算。

（1）移风易俗推动情况（25分）。中宣部、中央文明办召开推动移风易俗树立文明乡风会议，提出坚持以社会主义核心价值观为引领，把反对铺张浪费、反对婚丧大操大办作为农村精神文明建设的重要内容，推动移风易俗，树立文明乡风。评分标准如下：参选村是否建立红白理事会并发挥明显作用，参选村是否做到厚养薄葬，丧事简办；崇尚节俭，婚事新办；破旧立新，倡树新风；爱护公物，保护环境。参选村提供相关情况说明，由专家组根据相关证明材料评出优（25分）、良（20分）、中（15分）、次（10分）、差（5分）共五个等级。

（2）文明细胞创建情况（25分）。文明细胞包含文明家庭、好人、好媳妇、好公婆、好妯娌等道德模范。评分标准如下：每获得一项全国荣誉称号的得10分，省级荣誉称号得5分，市级荣誉称号得2分。累计不超过25分。

（3）村级文化活动开展次数（25分）。村级文化活动开展次数是反映村级活动展开情况的重要指标。评分标准如下：参选村每年开展全村综合性活动次数（以影像资料为准），每开展一次得5分，总分不超过25分。

（4）文明载体建设情况（25分）。文明载体建设情况是反映乡风文明传承情况的重要指标。评分标准如下：参选村是否传承乡土文明，是否建有村史馆、村文化博物馆等。参选村提供相关情况说明，由专家组根据相关证明材料评出优（25分）、良（20分）、中（15分）、次（10分）、差（5分）共五个等级。

（四）治理有效

治理有效突出基层治理，包括现代乡村治理机制基本形成、基层党组织坚强有力、村民自治发挥作用、依法治理氛围浓厚、德治机制建立健全。该指标主要采用2017年党员队伍带动情况、2017年村民社会组织建设情况、2017年村民自治组织建设情况和党务、村务、财务公开情况四个指标进行测算。

（1）党员队伍带动情况（25分）。党员队伍带动情况是反映村级党组织建设情况的重要指标。评分标准如下：党员队伍结构合理程度如何（结构合理是指现有党员中有女党员、35岁以下党员、大专以上学历党员），是否把文化素质高、致富带动能力强、群众基础好的青年农民吸收到党内来，党员干部每年是否进行系统培训等。参选村提供相关情况说明，由专家组根据相关证明材料评出优（25分）、良（20分）、中（15分）、次（10分）、差（5分）共五个等级。

（2）村民社会组织建设情况（25分）。村民社会组织建设情况是反映村民社会组织建设情况的重要指标。评分标准如下：村民社会组织建设完善程度和村规民约执行力强弱程度。参选村提相关情况说明，由专家组根据相关证明材料评出优（25分）、良（20分）、中（15分）、次（10分）、差（5分）共五个等级。

（3）村民自治组织建设情况（25分）。村民自治组织建设情况是反映村民自治组织建设情况的重要指标。评分标准如下：村"两委"班子建设情况。参选村提供相关情况说明，由专家组根据相关证明材料评出优（25 分）、良（20 分）、中（15 分）、次（10 分）、差（5 分）共五个等级。

（4）党务、村务、财务公开情况（25 分）。党务、村务、财务公开情况是反映村内党务、村务、财务公开情况的重要指标。评分标准如下：村党务、村务、财务是否公开。参选村提供相关情况说明，由专家组根据相关证明材料评出优（25 分）、良（20 分）、中（15 分）、次（10 分）、差（5 分）共五个等级。

（五）生活富裕

生活富裕突出民生保障，教育、医疗、社保均衡发展，农民素质得到提升，基础设施提档升级，农民收入增长速度较快。该指标主要采用 2017 年村民人均可支配收入、2017 年全村集体经济总收益、2017 年每百户拥有汽车数量和收入基尼系数这四个指标进行测算。

（1）村民人均可支配收入（25 分）。村民人均可支配收入是反映全村收入水平的重要指标。评分标准如下：将所有参选村的数据进行排位，1~5 名得 25 分，6~10 名得 20 分，11~15 名得 15 分，16~20 名得 10 分，21 名及以后得 5 分。

（2）集体经济总收益（25 分）。集体经济总收益是反映集体经济发展情况的重要指标。评分标准如下：将所有参选村的数据进行排位，1~5 名得 25 分，6~10 名得 20 分，11~15 名得 15 分，16~20 名得 10 分，21 名及以后得 5 分。

（3）每百户拥有汽车数量（25 分）。每百户拥有汽车数量是反映村民财富情况的重要指标。评分标准如下：将所有参选村的数据进行排位，1~5 名得 25 分，6~10 名得 20 分，11~15 名得 15 分，16~20 名得 10 分，21 名及以后得 5 分。

（4）收入基尼系数（25 分）。收入基尼系数是反映村民收入差距的重要指标。收入基尼系数 = 域内村民前 20% 高的年收入总和占总收入百分比。收入基尼系数越低，村民收入差距越小。评分标准如下：将所有参选村的数据进行排位，1~5 名得 25 分，6~10 名得 20 分，11~15 名得 15 分，16~20 名得 10 分，21 名及以后得 5 分。

（六）四川省特色村评分计算方法

参选特色村总得分 = 主要维度得分 × 60% + 其他四个维度得分 × 10%。

我们认为，乡村振兴战略"二十字"方针体现的五大目标任务是相互联系的有机体，因此制定乡村振兴战略评价指标体系时不仅要准确把握这"二十字"

方针的科学内涵和要求，还要把握好这"二十字"方针所包含的五大目标任务的内在逻辑性和相互关联性。具体而言，在乡村振兴战略推进过程中，首先，我们要把实现乡村百姓"生活富裕"作为乡村振兴的根本性目标。其次，我们要把乡村"治理有效"与"乡风文明"建设紧密结合起来，通过"治理有效"促进"乡风文明"建设，通过"乡风文明"建设提高乡村德治水平，实现"三治合一"的乡村"善治"格局。最后，我们要把"产业兴旺"与"生态宜居"有机结合起来，使"生态宜居"既成为乡村百姓"生活富裕"的重要特征，又成为"产业兴旺"的重要标志。

基于此，我们在对特色村进行评分考核时，仍然从"二十字"方针出发，对重点考核维度赋予较高权重（60%）的同时，从整体对其进行全面评价（其他四个维度分别赋予10%的权重）。例如，十佳产业兴旺村总得分=产业兴旺维度得分×60%+生态宜居维度得分×10%+乡风文明维度得分×10%+治理有效维度得分×10%+生活富裕维度得分×10%。

二、四川省特色农业基地指标体系构建

四川省特色农业基地突出经济效益明显，农民收入增加。其中，主导产业突出，特色产业适度发展；特色农产品品牌知名，科技创新成果突出；技术装备现代化，产品安全有保障。课题组将四川省特色农业基地评价指标体系从五个方面对四川省特色农业基地发展情况进行涵盖，分别是产业特色情况、产出效益情况、产业经营方式、产业设施情况、带动农民增收五个指标。

（一）产业特色情况（20分）

产业特色情况包括布局发展粮油、蔬菜、水果（干果）、茶叶、花卉苗木、食用菌、蚕桑、中药材、烟叶、林竹、生猪、禽兔、肉（牦）牛、水产、蜂业等优势特色产业，开发生产技术先进，具有地方特色的土特农产品，形成具有区域特色的优势特色产业带和集中发展区。评分标准如下：参选基地提供相关情况说明，由专家组根据相关证明材料评出优（20分）、良（15分）、中（10分）、次（5分）、差（0分）共五个等级。

（二）产出效益情况（20分）

产出效益情况用农业基地2017年总产值相关数据反映。评分标准如下：将所有参选基地的数据进行排位，1~10名得20分，11~20名得15分，21~30名

得10分，31~40名得5分，40名以后得0分。

（三）产业经营方式（20分）

目前，国家要求以放活土地经营权为重点，落实"三权分置"改革，通过土地股份合作、土地托管、代耕代种、农业共营等经营方式，加快发展土地流转型、土地入股型、服务带动型等多种形式适度规模经营，促进规模经营与带动一般农户相结合，减少农村土地撂荒。评分标准如下：参选基地提供相关情况说明，由专家组根据相关证明材料评出优（20分）、良（15分）、中（10分）、次（5分）、差（0分）共五个等级。

（四）产业设施情况（20分）

产业设施情况包括基地生产设施配套是否完善、水利建设情况、是否构建完备的农产品现代物流体系。评分标准如下：参选基地提供相关情况说明，由专家组根据相关证明材料评出优（20分）、良（15分）、中（10分）、次（5分）、差（0分）共五个等级。

（五）带动农民增收（20分）

带动农民增收用村民从农业产业基地获得收入情况反映。评分标准如下：将所有参选基地的数据进行排位，1~10名得20分，11~20名得15分，21~30名得10分，31~40名得5分，40名以后得0分。

三、四川省特色农产品品牌指标体系构建

四川省特色农产品品牌分为农产品区域公用品牌和名优特农产品品牌两大类别。其中，农产品区域公用品牌指标体系由品牌价值、品牌传播、品牌效益、品牌历史、品牌保护五个指标构成。名优特农产品品牌指标体系由价值评价、市场评价、效益评价、带动评价、质监评价五个指标构成。

（一）农产品区域公用品牌指标体系构建

1. 品牌价值（20分）

品牌价值用2017年农产品区域品牌价值估值反映。评分标准如下：将所有参选品牌的数据进行排位，1~10名得20分，11~20名得15分，21~30名得10分，31~40名得5分，40名以后得0分。

2. 品牌传播（20分）

品牌传播由知名度、认知度、好感度三个基于消费者认知和态度层面的因素构

成。评分标准如下：参选品牌提供相关数据材料，由专家组根据相关证明材料评出优（20分）、良（15分）、中（10分）、次（5分）、差（0分）共五个等级。

3. 品牌效益（20分）

品牌效益用2017年产品市场年销售额反映。评分标准如下：将所有参选品牌的数据进行排位，1~10名得20分，11~20名得15分，21~30名得10分，31~40名得5分，40名以后得0分。

4. 品牌历史（20分）

品牌历史是指关于农产品区域公用品牌在生产、管理、创建、经营过程中发生的相关事件、记载、阐释、说明等反映品牌历程的长期性、特殊性的资源综合。该指标体现一个品牌的年龄、品牌的独特历史价值。评分标准如下：参选品牌提供相关数据材料，由专家组根据相关证明材料评出优（20分）、良（15分）、中（10分）、次（5分）、差（0分）共五个等级。

5. 品牌保护（20分）

品牌保护是指反映农产品区域公用品牌管理单位为保护品牌共有人共同的品牌利益而采取排他性合法措施的行为。在农产品品牌发展的各个阶段，品牌保护的意识和措施有效性都显得尤为重要。评分标准如下：参选品牌提供相关数据材料，由专家组根据相关证明材料评出优（20分）、良（15分）、中（10分）、次（5分）、差（0分）共五个等级。

（二）名优特农产品品牌指标体系构建

1. 价值评价（20分）

价值评价用2017年名优特农产品品牌价值估值反映。评分标准如下：将所有参选品牌的数据进行排位，1~10名得20分，11~20名得15分，21~30名得10分，31~40名得5分，40名以后得0分。

2. 市场评价（20分）

市场评价由市场占有水平、知名度、信誉度和消费者满意度等因素构成。评分标准如下：参选品牌提供相关数据材料，由专家组根据相关证明材料评出优（20分）、良（15分）、中（10分）、次（5分）、差（0分）共五个等级。

3. 效益评价（20分）

效益评价用2017年农产品市场年销售额反映。评分标准如下：将所有参选品牌的数据进行排位，1~10名得20分，11~20名得15分，21~30名得10分，

31~40 名得 5 分，40 名以后得 0 分。

4. 带动评价（20 分）

带动评价用 2017 年农民从该品牌获得收入情况反映。评分标准如下：将所有参选品牌的数据进行排位，1~10 名得 20 分，11~20 名得 15 分，21~30 名得10 分，31~40 名得 5 分，40 名以后得 0 分。

5. 质监评价（20 分）

质监评价包括质量安全风险程度、管理体系和产品质量认证、产品监督检测和质量投诉情况。评分标准如下：参选品牌提供相关数据材料，由专家组根据相关证明材料评出优（20 分）、良（15 分）、中（10 分）、次（5 分）、差（0 分）共五个等级。

第二节　四川省特色村、农业基地和农产品品牌评选结果

课题组依据各参选村、参选基地和参选农产品品牌提供的申报材料，按照公开、公平、公正的原则，对其评选条件进行核查；将没有满足评选方案中要求具备的基础条件的参选单位予以剔除，对剩余符合参选条件的参选单位提交的数据进行汇总，按评选方案中的评分标准进行评分；汇总参选单位各项得分，最终评选出四川省特色村、农业基地和农产品品牌名单。

一、四川省特色村评选结果

（一）四川省产业兴旺十强村

四川省产业兴旺十强村如表 7-1 所示。

表 7-1　四川省产业兴旺十强村

产业兴旺村	得分	排名
成都市青白江区城厢镇十八湾村	95.9	1
德阳市广汉市三水镇友谊村	89	2
自贡市荣县鼎新镇西堰村	85.5	3

表7-1（续）

产业兴旺村	得分	排名
成都市温江区寿安镇天星村	81.5	4
泸州市纳溪区护国镇梅岭村	81.4	5
巴中市平昌县江口镇大运村	81.2	6
凉山州冕宁县复兴镇建设村	80.4	7
攀枝花市东区银江镇阿署达村	78.5	8
眉山市彭山区黄丰镇丰华村	77.5	9
达州市宣汉县庙安乡八庙村	76.7	10

（二）四川省生态宜居十强村

四川省生态宜居十强村如表7-2所示。

表7-2　四川省生态宜居十强村

生态宜居村	得分	排名
凉山州西昌市西乡乡凤凰村	85.5	1
阿坝州黑水县沙石多乡羊茸村	83.5	2
宜宾市高县大窝镇大屋村	79	3
眉山市洪雅县高庙镇七里村	77.6	4
内江市市中区永安镇尚腾新村	76.4	5
广安市武胜县白坪乡高洞村	75	6
雅安市名山区万古乡红草村	74.5	7
甘孜州乡城县青德镇仲德村	74	8
广元市利州区白朝乡月坝村	73.5	9
达州市万源市太平镇牛卯坪村	73	10

（三）四川省乡风文明十强村

四川省乡风文明十强村如表 7-3 所示。

表 7-3 四川省乡风文明十强村

乡风文明村	得分	排名
内江市东兴区田家镇正子村	92.5	1
南充市仪陇县新政镇安溪潮村	90.5	2
巴中市恩阳区明阳镇高店子社区	90	3
甘孜州泸定县冷碛镇团结村	89.7	4
资阳市雁江区东峰镇大田村	89.5	5
绵阳市北川县桃龙乡大鹏村	89.5	6
宜宾市筠连县腾达镇春风村	86	7
乐山市沙湾区沙湾镇三峨村	85.7	8
德阳市中江县集凤镇石垭子村	84.2	9
阿坝州理县古尔沟镇丘地村	83	10

（四）四川省治理有效十强村

四川省治理有效十强村如表 7-4 所示。

表 7-4 四川省治理有效十强村

治理有效村	得分	排名
成都市蒲江县西来镇两河村	91	1
宜宾市珙县上罗镇代家村	90.5	2
资阳市乐至县孔雀乡空雀寺村	90.5	3
阿坝州金川县卡拉脚乡二普村	87.2	4
自贡市沿滩区黄市镇农丰村	86	5
达州市大竹县庙坝镇长乐村	84.5	6
遂宁市射洪县太和镇白马庙村	83.7	7
雅安市雨城区合江镇魏家村	82	8
凉山州德昌县巴洞镇松柏村	78.7	9
甘孜州炉霍县宜木乡虾拉沱村	76.7	10

（五）四川省生活富裕十强村

四川省生活富裕十强村如表 7-5 所示。

表 7-5 四川省生活富裕十强村

生活富裕村	得分	排名
成都市彭州区龙门山镇宝山村	97.5	1
攀枝花市仁和区总发乡立新村	96.5	2
成都市郫都区唐昌街道战旗村	82.5	3
泸州市泸县云锦镇稻子村	80.2	4
绵阳市江油市方水镇白玉村	78	5
甘孜州稻城县香格里拉镇亚丁村	78	6
自贡市富顺县东湖镇椿坝村	77	7
宜宾市屏山县锦屏镇锦屏村	76.5	8
眉山市青神县南城镇兰沟村	76	9
广安市广安区龙安乡群策村	75.9	10

二、四川省特色农业基地评选结果

四川省特色农业基地评选结果如表 7-6 所示。

表 7-6 四川省特色农业基地评选结果

四川省特色农业基地	得分	排名
雅安市乡村振兴茶产业带基地（名山区部分）	84	1
成都市双流永安天府红提园	80	2
自贡市荣县菜稻轮作产业示范园区	80	3
广元市旺苍三合现代农业园区茶产业示范基地	80	4
凉山州会理县鹿厂镇铜矿村农业产业特色基地	78	5
巴中市平昌县三十二梁生态富硒茶叶基地	78	6
宜宾市宜宾县油樟特色基地	76	7
绵阳市梓潼天宝蜜柚核心示范基地	76	8
眉山市七里坪森林康养基地	76	9
泸州市董允坝现代农业示范园区	74	10

三、四川省特色农产品品牌评选结果

（一）四川省农产品区域公用品牌评选结果

四川省农产品区域公用品牌评选结果如表7-7所示。

表7-7　四川省农产品区域公用品牌评选结果

四川省农产品区域公用品牌	得分	排名
成都市郫县豆瓣	100	1
凉山州大凉山特色农产品	100	2
巴中市巴食巴适	95	3
广元市广元七绝	95	4
眉山市味在眉山	90	5
资阳市安岳柠檬	90	6
遂宁市遂宁鲜	85	7
雅安市雅安藏茶	85	8
甘孜州圣洁甘孜	85	9
南充市嘉作	85	10

（二）四川省名优特农产品品牌评选结果

四川省名优特农产品品牌评选结果如表7-8所示。

表7-8　四川省名优特农产品品牌评选结果

四川省名优特农产品品牌	得分	排名
攀枝花市锐华攀枝花芒果	80	1
乐山竹叶青	80	2
阿坝州高原红原牦牛奶粉	80	3
绵阳市圣迪乐村生态食品股份有限公司	75	4
自贡市美乐香辣酱	75	5
内江市黄老五	70	6
宜宾市碎米芽菜	70	7
达州市"东汉"牌醪糟系列产品	65	8
广元市苍溪红心猕猴桃	65	9
南充市华珍牛肉	65	10

第三节　四川省特色村、农业基地和农产品品牌发展情况

一、四川特色村发展情况

（一）四川省特色村总体情况分析

从地域分布来看，五大经济区各拥有特色村数量占比情况为成都平原经济区占比38%，川东北经济区占比24%，川南经济区占比18%，攀西经济区占比6%，川西北生态经济区占比14%（见图7-1）。

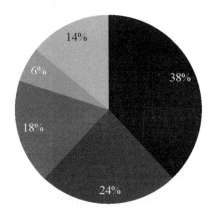

- ■ 成都平原经济区(38%)　■ 川东北经济区(24%)　■ 川南经济区(18%)
- ■ 攀西经济区(6%)　■ 川西北生态经济区(14%)

图7-1　五大经济区各拥有特色村数量占比

按四川省五大经济区划分，各项经济指标如图7-2~图7-5所示。

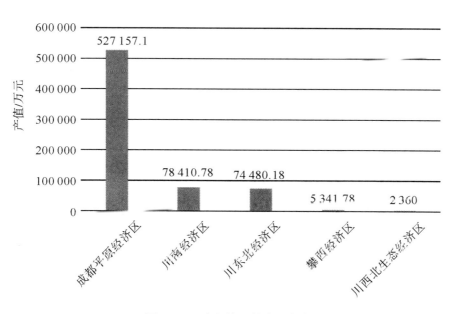

图 7-2　五大经济区村域总产值

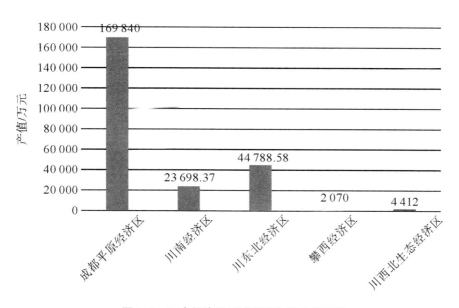

图 7-3　五大经济区村域新产业新业态产值

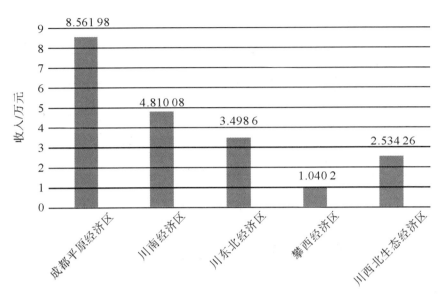

图7-4　五大经济区村民人均可支配收入

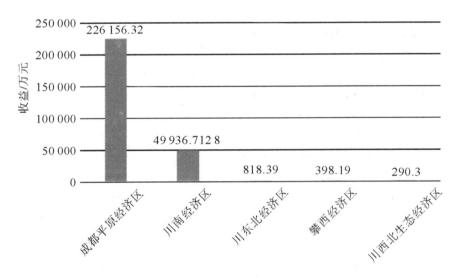

图7-5　五大经济区村集体经济总收益

具体以村为单位来看，各项经济指标统计如下：

特色村集体资产总额为 68.77 亿元。其中，村集体资产 1 亿元以上的村有 13 个；5 000 万元以上 1 亿元以下（含 1 亿元）的村有 8 个；1 000 万元以上 5 000 万元以下（含 5 000 万元）的村有 20 个；500 万元以上 1 000 万元以下（含 1 000 万元）的村有 4 个；100 万元以上 500 万元以下（含 500 万元）的村有 5 个（见图 7-6）。

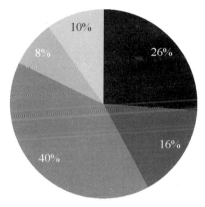

- ■ 1 亿元以上(26%)
- ■ 5 000 万~1 亿元(含 1 亿元)(16%)
- ■ 1 000 万~5 000 万元(含 5 000 万元)(40%)
- ■ 500 万~1 000 万元(含 1 000 万元)(8%)
- ■ 100 万~500 万元(含 500 万元)(10%)

图 7-6　四川省特色村集体资产分布

特色村新产业新业态产值为 24.08 亿元。其中，村新产业新业态产值 1 亿元以上的村有 6 个；50 000 万元以上 1 亿元以下（含 1 亿元）的村有 5 个；1 000 万元以上 5 000 万元以下（含 5 000 万元）的村有 17 个；500 万元以上 1 000 万元以下（含 1 000 万元）的村有 2 个；100 万元以上 500 万元以下（含 500 万元）的村有 10 个；100 万元以下（含 100 万元）的村有 10 个（见图 7-7）。

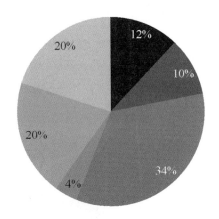

- 1亿元以上(12%)
- 5 000万~1亿元(含1亿元)(10%)
- 1 000万~5 000万元(含5 000万元)(34%)
- 500万~1 000万元(含1 000万元)(4%)
- 100万~500万元(含500万元)(20%)
- 100万元以下(含100万元)(20%)

图7-7 四川省特色村新产业新业态产值分布

特色村新型经营主体总收入8.9亿元。其中，村域内新型经营主体收入1亿元以上的村有2个；5 000万元以上1亿元以下（含1亿元）的村有3个；1 000万元以上5 000万元以下（含5 000万元）的村有12个；500万元以上1 000万元（含1 000万元）以下的村有10个；100万元以上500万元以下（含500万元）的村有12个；100万元以下（含100万）的村有11个（见图7-8）。

特色村集体经济总收益达到41.44亿元。其中，村集体经济收入1亿元以上的村有6个；1 000万元以上5 000万元以下（含5 000万元）的村有2个；500万元以上1 000万元以下（含1 000万元）的村有4个；100万元以上500万元以下（含500万元）的村有8个；10万元以上100万元以下（含100万元）的村有15个；1万元以上10万元以下（含10万元）的村有15个（见图7-9）。

从发展水平看，截至2017年年底，四川省特色村经济发展态势良好。从民生水平看，四川省特色村移风易俗情况、文化细胞创建情况、文化活动开展情况良好。从绿色水平看，绝大多数特色村的全村绿化覆盖率、空气优良天数等情况良好，生活垃圾无害化处理率、生活污水处理达标率接近100%。从治理水平看，四川省特色村都拥有健全的社会组织、村民自治组织。

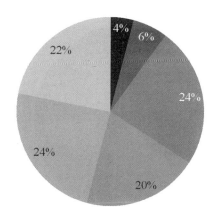

■ 1亿元以上(4%)　　　　　　　　　■ 5 000万~1亿元(含1亿元)(6%)

■ 1 000万~5 000万元(含5 000万元)(24%)　　■ 500万~1 000万元(含1 000万元)(20%)

■ 100万~500万元(含500万元)(24%)　　■ 100万元以下(含100万元)(22%)

图 7-8　四川省特色村新型经营主体总收入分布

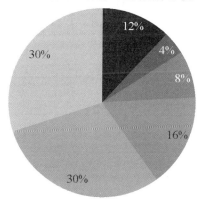

■ 1亿元以上(12%)　　　　　　　　　■ 1 000万~5 000万元(含5 000万元)(4%)

■ 500万~1 000万元(含1 000万元)(8%)　　■ 100万~500万元(含500万元)(16%)

■ 10万~100万元(含100万元)(30%)　　■ 1万~10万元(含10万元)(30%)

图 7-9　四川省特色村集体经济总收益分布

（二）四川省特色村具体情况分析

1. 十佳产业兴旺村情况分析

从四川省十佳产业兴旺村地域分布来看，成都平原经济区占比为 40%，川东北经济区占比为 20%，川南经济区占比为 20%，攀西经济区占比为 20%（见图 7-10）。

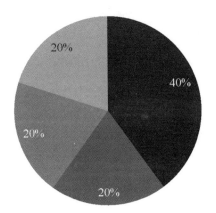

图 7-10　五大经济区拥有产业兴旺村数量占比

　　四川省五大经济区十佳产业兴旺村平均全村总产值、平均新产业新业态产值、平均新型经营主体总收入、平均劳动力留守占比情况分别如图 7-11 ~ 图 7-14所示。

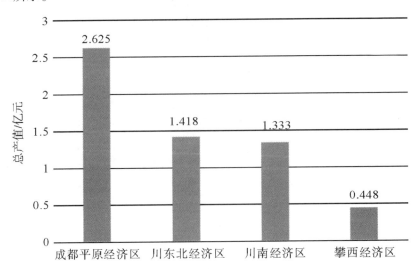

图 7-11　五大经济区十佳产业兴旺村平均全村总产值

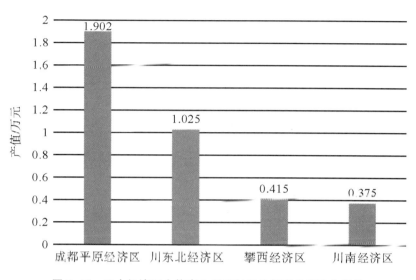

图 7-12　五大经济区十佳产业兴旺村平均新产业新业态产值

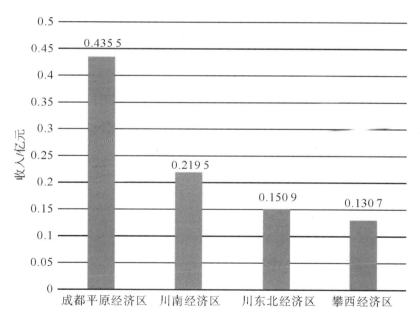

图 7-13　五大经济区十佳产业兴旺村平均新型经营主体总收入

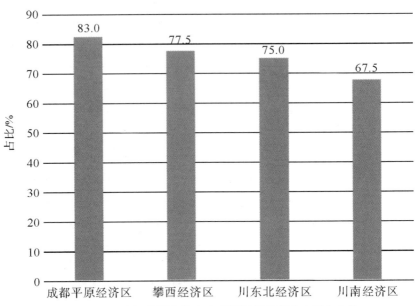

图 7-14　五大经济区十佳产业兴旺村平均劳动力留守占比

十佳产业兴旺村全村总产值共计 16.9 亿元。其中，全村总产值 1 亿元以上的村有 5 个；5 000 万元以上 1 亿元以下（含 1 亿元）的村有 3 个；1 000 万元以上 5 000 万元以下（含 5 000 万元）的村有 2 个。

十佳产业兴旺村平均全村新产业新业态产值为 1.12 亿元。其中，新产业新业态产值 1 亿元以上的村有 2 个；5 000 万元以上 1 亿元以下（含 1 亿元）的村有 3 个；1 000 万元以上 5 000 万元以下（含 5 000 万元）的村有 4 个；1 000 万元及以下的村有 1 个。

十佳产业兴旺村平均全村新型经营主体年收入 2 744.15 万元。其中，新型经营主体总收入 5 000 万元以上的村有 1 个；1 000 万元以上 5 000 万元以下（含 5 000 万元）的村有 4 个；500 万元以上 1 000 万元以下（含 1 000 万元）的村有 4 个；500 万元及以下的村有 1 个。

十佳产业兴旺村平均劳动力留守占比为 77%。其中，本村劳动力留守占比 95% 以上的村有 2 个；80% 以上 95% 以下（含 95%）的村有 2 个；70% 以上 80% 以下（含 80%）的村有 4 个；60% 以上 70% 以下（含 70%）的村有 2 个。

2. 十佳生态宜居村情况分析

从四川省十佳生态宜居特色村地域分布来看，成都平原经济区占比为 20%，川南经济区占比为 20%，川东北经济区占比为 30%，攀西经济区占比为 10%，川西北生态经济区占比为 20%（见图 7-15）。

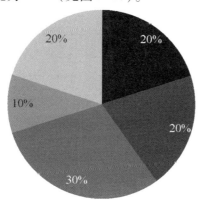

■ 成都平原经济区(20%)　　■ 川南经济区(20%)

■ 川东北经济区(30%)　　■ 攀西经济区(10%)

■ 川西北生态经济区(20%)

图 7-15　五大经济区拥有生态宜居村数量占比

以村为单位来看，各项生态宜居指标统计情况如图 7-16～图 7-19 所示。

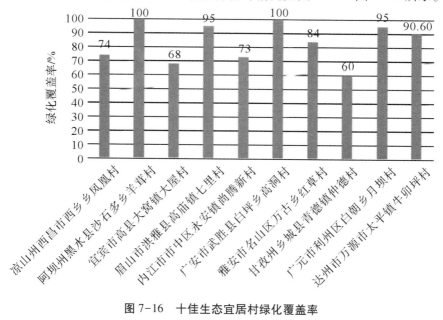

图 7-16　十佳生态宜居村绿化覆盖率

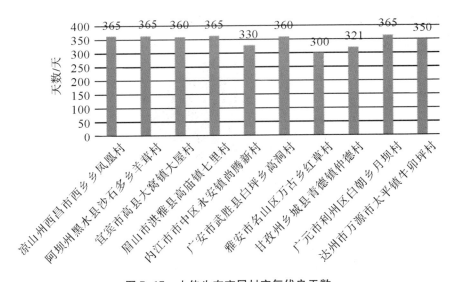

图 7-17 十佳生态宜居村空气优良天数

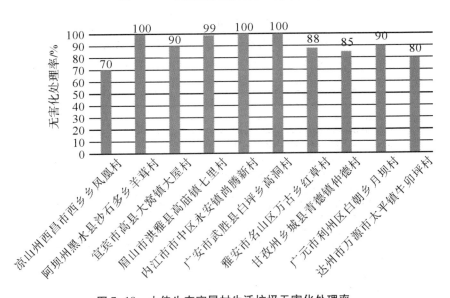

图 7-18 十佳生态宜居村生活垃圾无害化处理率

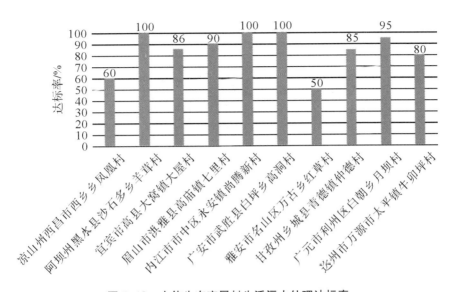

图 7-19 十佳生态宜居村生活污水处理达标率

从民生水平看，十佳生态宜居村生活设施配套较为完善，水冲式卫生厕所占比基本达到 90%。从绿色水平看，十佳生态宜居村平均绿化覆盖率达到 85%，其中全村绿化覆盖率达到 100% 的有 2 个；空气优良天数平均达到 348 天，其中空气优良天数 365 天的有 4 个；生活垃圾无害化处理率达到 100% 的有 3 个；生活污水处理达标率达到 100% 的有 3 个。

3. 十佳乡风文明村情况分析

从四川省十佳乡风文明村地域分布来看，成都平原经济区占比为 40%，川东北经济区占比为 20%，川南经济区占比为 20%，川西北生态经济区占比为 20%（见图 7-20）。

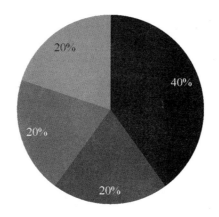

图7-20　五大经济区拥有乡风文明村数量占比

　　从全村移风易俗推动情况来看，十佳乡风文明村有效开展了破旧立新、倡树新风、抵制迷信、重视科普等一系列活动；全部建立了红白理事会，主管全村红白事各项事宜，并按标准严格执行；一些村制定了村规民约及村民道德公约，根据本村特色开设道德讲堂宣传优良家风家训。从文明细胞创建情况来看，十佳乡风文明村获得过国家、省、市、区各级文明村，四好村等相关荣誉称号。在文化活动开展和文明载体建设方面，十佳乡风文明村开展了各类既具有当地特色又贴近生活的优质文化活动，还修建了村史馆来传承乡土文明。除此之外，法治德治广场、社会主义核心价值观宣传长廊、文化院坝等多种文化学习中心的建设也成为各村增强文明载体建设的主要措施。

　　4. 十佳治理有效村情况分析

　　从四川省十佳治理有效村地域分布来看，成都平原经济区占比为40%，川东北经济区占比为10%，川南经济区占比为20%，攀西经济区占比为10%，川西北生态经济区占比为20%（见图7-21）。

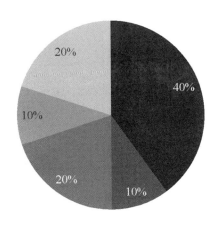

成都平原经济区(40%)　　川东北经济区(10%)

川南经济区(20%)　　　　攀西经济区(10%)

川西北生态经济区(20%)

图 7-21　五大经济区拥有治理有效村数量占比

从村党组织建设情况来看，十佳治理有效村村党组织坚强有力，党员队伍结构较为合理，其中女党员的占比约为 25%，35 岁以下党员、大专以上学历党员各村情况不一，但占比不高。党员干部每年进行多次系统培训，也会发展年轻新党员，增添新鲜血液。从村民社会组织建设来看，十佳治理有效村村民委员会机制健全，村规民约执行力强，村党务、村务、财务及时公开。从村民自治组织建设来看，十佳治理有效村村域内矛盾纠纷调处成功率达 95% 以上，群众对普法教育和社会治安的满意度达 90% 以上。从村民社会组织建设来看，十佳治理有效村开展以德治为主题的各类活动，充分调动新乡贤治理乡村的积极作用。

5. 十佳生活富裕村情况分析

从四川省十佳生活富裕村地域分布来看，成都平原经济区占比为 40%，川东北经济区占比为 10%，川南经济区占比为 30%，攀西经济区占比为 10%，川西北生态经济区占比为 10%（见图 7-22）。

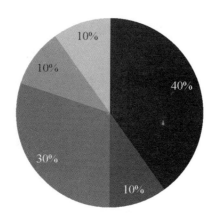

图 7-22　五大经济区拥有生活富裕村数量占比

从村民人均可支配收入来看，十佳生活富裕村人均可支配收入水平较高，人均可支配收入在 2 万元左右。从每百户拥有汽车数量来看，50 辆及以下的有 5 个村，70 辆及以上的有 5 个村。其中，甘孜藏族自治州稻城县香格里拉镇亚丁村的每百户汽车数量达到了 100 辆，反映了该村村民基本上每户都拥有汽车。从收入基尼系数来看，十佳生活富裕村的基尼系数在 0.2~0.4。

二、四川省特色农业基地发展情况

从四川省十佳特色农业基地地域分布来看，成都平原经济区占比为 40%，川南经济区占比为 30%，川东北经济区占比为 20%，攀西经济区占比为 10%（见图 7-23）。

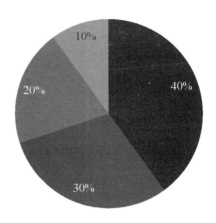

■ 成都平原经济区(40%)　　■ 川南经济区(30%)

■ 川东北经济区(20%)　　■ 攀西经济区(10%)

图 7-23　五大经济区拥有特色农业基地数量占比

四川省十佳特色农业基地产值情况如图 7-24 所示。

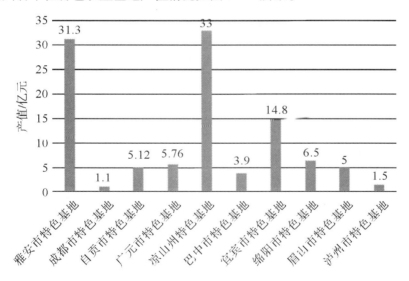

图 7-24　特色农业基地产值

从发展水平看，农民人均从特色农业基地获得收入超过 2 500 元，该项成为农户增加收入的重要来源。从科技创新水平看，特色农业基地主导产业产品数量较多、科学种养殖规模基本达到万亩左右；农业机械化、信息化建设不断完善。从农产品质量安全来看，十佳特色农业基地农产品质量安全抽检合格率100%；农药、化肥使用减量显著。

三、四川省特色农产品品牌发展情况

（一）四川省十佳农产品区域公用品牌情况分析

从四川省十佳农产品区域公用品牌地域分布来看，成都平原经济区占比为50%，川西北生态经济区占比为30%，川东北经济区占比为10%，攀西经济区占比为10%（见图7-25）。

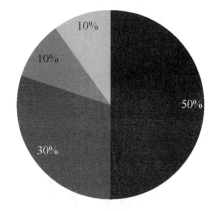

■ 成都平原经济区(50%)　　■ 川东北经济区(10%)
■ 川西北生态经济区(30%)　　■ 攀西经济区(10%)

图7-25　五大经济区拥有十佳农产品区域公用品牌数量占比

十佳农产品区域公用品牌价值估值共计2 043.18亿元。其中，农产品区域公用品牌价值估价500亿元以上的有2个；100亿元以上500亿元以下（含500亿元）的有4个；100亿元及以下的有4个。

十佳农产品区域公用品牌年销售额共计1 531.43亿元。其中，年销售额500亿元以上的地区有1个；100亿元以上500亿元以下（含500亿元）的有3个；100亿元及以下的有6个。

十佳农产品区域公共品牌在全国具有较高的市场认可度并在同类产品中占据领先地位。十佳农产品区域公共品牌几乎没有发生过滞销的情况，仅在个别特殊年份发生且滞销率在5%以下。绝大多数十佳农产品区域公共品牌在产品质量管

控中达到产品出厂合格率 100%、顾客投诉处结率 100%、市场重大质量事故发生率为 0 的高标准。

（二）四川省十佳名优特农产品品牌情况分析

从四川省十佳名优特农产品品牌地域分布来看，成都平原经济区占比为20%，川东北经济区占比为 30%，川南经济区占比为 30%，攀西经济区占比为10%，川西北生态经济区占比为 10%（见图 7-26）。

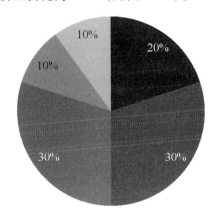

■ 成都平原经济区(20%)　■ 川东北经济区(30%)
■ 川南经济区(30%)　■ 攀西经济区(10%)
■ 川西北生态经济区(10%)

图 7-26　五大经济区拥有十佳名优特农产品品牌数量占比

从品牌价值方面来看，十佳名优特农产品品牌价值均在 1 亿元以上，品牌价值估值高，是行业内的标杆。其中，品牌价值估值在 10 亿元以上的有 5 个，广元市苍溪红心猕猴桃的品牌价值达到了 62 亿元。从市场评价来看，十佳名优特农产品品牌的产品品质优良，深受广大消费者的喜爱和支持，客户满意度高，市场评价好。

从效益评价方面来看，十佳名优特农产品的收益水平总体较高。其中，总体收益 1 亿元以上的有 7 家，10 亿元以上的有 1 家。广元市苍溪红心猕猴桃的总体收益最高，达到 40 亿元。

从带动评价方面来看，十佳名优特农产品品牌带动农民就业，使农民取得较为可观的收入，并促进了当地农村经济发展。例如，广元市苍溪红心猕猴桃产业带动 22 万人就业，猕猴桃种植户人均收入比全县农民人均纯收入高出 2 354 元。

从质量管控方面来看，十佳名优特农产品的产品出厂合格率在98%以上，顾客投诉处结率100%，市场重大质量事故发生率为0，产品质量管控到位。

第四节　四川省特色村、农业基地和
农产品品牌发展经验总结

一、四川省特色村发展经验总结

（一）产业兴旺村发展范式分析

1. 科学规划，以改革吸引项目，以项目带动产业

四川省产业兴旺村坚持科学规划引领，聘请专业规划设计机构，在广泛征求各方意见的基础上，完善农业项目产业带布局及乡村旅游规划；以产业聚集为支撑、乡村旅游为动能、新村建设为依托、改革创新为保障，构建完善的农村发展体系；通过"集体经济股份制改革"，将村内可经营性资产进行量化，实行清产核资、股份制改革、统筹经营、融合发展，推动农业产业集群的大变化和乡村旅游的大发展。

2. 培育新型经营主体推动产业发展

四川省产业兴旺村立足于当地的区位优势和资源禀赋，全面深化产权制度改革。在此基础上，坚持产业先行、产村相融、整村推进，通过实施回引创业工程，引导在外务工人员回乡从事农业相关工作；通过加快土地流转，培育新型农业经营主体，让农户通过打工赚取收入的同时，获得土地租金和入股分红；加强培育专业合作社、农业企业、专业大户等，推行"公司（专业合作社）+基地+农户"的发展模式，将参与土地流转或入股的农民发展成为社员，合作社实行入股分红、盈余二次分配。土地流转后，农民可在当地园区务工，解决就业问题。

3. 大力发展集体经济

四川省产业兴旺村坚持创造条件发展集体经济，提高为民办事能力，对村集体领办合作组织、发展农业产业项目，同等条件下给予优先扶持。四川省产业兴旺村鼓励和支持农业适度规模经营、高标准农田建设。农业产业发展扶持政策等财政专项转移支付资金和项目向农村集体经济倾斜。在有条件的情况下，政府开

展扶持村级集体经济发展财政奖补试点，除专门安排试点资金对土地流转、零散土地整治、发展为农服务、物业经营等进行补助外，统筹安排现代农业生产发展资金、农田水利设施建设补助资金、农业科技推广与服务补助资金等扶持农业生产类财政支农资金，支持试点村级集体经济发展。

（二）生态宜居村发展范式分析

1. 绿色发展，和谐融通

四川省生态宜居村强化政策引导，坚持党的十九大提出的"坚持农业农村优先发展"的要求，突出发展各地的特色主导产业，特别是在实现农业农村主导产业的发展过程中，实现生态与经济的融合。四川省生态宜居村保护生态环境，坚持绿色发展。生态环境保护是前提，在保护生态环境的基础上进行开发，在开发过程中不忘保护生态环境。四川省生态宜居村坚持把生态农业体系、绿色产业体系和现代化乡村交通体系进行融合，最终实现经济发展和生态环境保护的有机结合。

2. 依托资源，合理规划

四川省生态宜居村大力实施城乡环境综合治理，在治理过程中，充分体现乡村的特点，注重保留乡土味道和乡村风貌，让居民看得见山，看得到水，记得住乡愁。四川省生态宜居村进一步完善乡村基础设施建设，实现通路、通水、通电、通网；加快医疗、卫生、教育等事业发展；加快人居改造，开展居民农房整治。四川省生态宜居村坚持规划引领，委托专业机构编制乡村规划方案，实现"生态宜居、产村相融"的理念，科学整合自然、人文、农业等资源，系统规划，将新理念、新思想贯穿乡村建设中。

3. 乡村治理，依法依规

四川省生态宜居村把基层党建创新引领示范工程作为重要抓手，推进村级自治、德治和法治的"三治"融合创新发展。四川省生态宜居村创新党建引领机制，把基层党组织建立在村内的产业链上，通过发挥党员干部在产业发展中的示范带动作用，让基层党建与产业发展实现有效结合；创新民主管理机制，制定村规民约，强化监督管理，建立奖惩机制；实现基层事项公开透明，坚持事中监督检查和公开透明，让群众及时了解工作动态。

（三）乡风文明村发展范式分析

1. 抓住关键环节，推动乡风文明建设重点突破

四川省乡风文明村强化乡村的正能量宣传，营造文明社会氛围。四川省乡风

文明村通过利用会议、板报、标语以及文艺演出等宣传载体，开展多种形式的倡导新风、抵制迷信、重视科普的宣传活动；与党风廉政相结合，建设文化长廊，绘制文化墙等。四川省乡风文明村强化组织引领，开展志愿服务，充分调动社区和群众参与志愿服务的积极性，建立村志愿者服务队，组建红白理事会、老年人协会和义务巡逻队。四川省乡风文明村树立身边榜样，带动乡风民风，开展"传家训、立家规、扬家风"活动，开展文明新风进家园活动，开展五好家庭户、最美脱贫致富人、好邻居、好儿媳、好公婆评选活动等。

2. 营造良好风气，形成乡风文明建设长效机制

四川省乡风文明村积极培育"和善、仁义、廉洁、孝道"文化，营造良好社会风气。四川省乡风文明村让群众从厚重的历史文化中汲取乡风文明的精华，在潜移默化中养成好的生活习惯、好的生活方式；坚持鼓励群众积极参与，通过自我约束机制来促进文明素质的提升；制定社会主义核心价值观建设发展规划，开展社会主义核心价值观主题教育活动，建立以村规民约为主的系列管理制度，切实做到居民生活有规可依、有章可循。四川省乡风文明村发挥村民自治组织的作用，引导居民参与建设的积极性；充分利用老年协会的职能，发挥老年人的优势来解决社区问题；通过老年人的文明劝导和文明引领来提升群众的文明素质。

3. 注重习惯养成，构筑乡风文明建设群众保障体系

四川省乡风文明村坚持定期开展群众性精神文明创建活动，用活动引导居民养成文明意识和习惯。在文明出行方面，四川省乡风文明村引导村民轮流开展文明交通劝导，不乱穿马路、不乱停乱放、不乱晾乱晒。在生活习惯方面，四川省乡风文明村开展文明新风进家庭活动，引导居民不赌博、不参与邪教等。在敬老爱老方面，四川省乡风文明村通过孝星评选、好儿媳和好公婆的评选活动，引导群众形成妻贤子孝、敬老爱老的风气。

（四）治理有效村发展范式分析

1. 民主自治是核心

四川省治理有效村加强了党组织的建设，党员队伍结构较为合理。通过保障村民委员会的公开透明选举，村民得以行使民主权利。通过村务公开、民主评议，村民表达利益诉求有畅通的渠道。四川省治理有效村通过派驻第一书记、驻村工作队和壮大集体经济等措施，强化了村党支部的堡垒作用，密切了党同广大农民的血肉联系，巩固了党在村民当中的威信。因此，治理有效就是要加强村务

监督委员会的建设，健全务实管用的村务监督机制，开展以村民小组、自然村为基本单元的村民自治试点工作，发挥好村规民约在乡村治理中的积极作用。

2. 基层法治是保证

治理有效要求建设"三治合一"的乡村治理体系，这是在全面依法治国的当下加强基层民主法治建设的应有之义，法治是健全乡村治理体系的保证。四川省治理有效村的乡村治理体系能平稳运行取决于乡村治理法治化的进展水平较高，其村域内矛盾纠纷调处成功率达95%以上，群众对普法教育和社会治安的满意度达90%以上。四川省治理有效村的成功在于其涉农立法速度快、立法质量高，乡村法律服务体系较为完善，普法力度较大，基层干部群众的亲法、信法、学法、用法的思想较为自觉，法律在化解矛盾中的权威地位较高。

3. 社会德治是支撑

德治是健全乡村治理的支撑。乡村是人情社会和熟人社会，将人情与道德和习俗相连，通过利用和引导可形成与法治相辅相成的德治。四川省治理有效村传承了农耕文明的精华，塑造了乡村德治秩序，培育和弘扬社会主义核心价值观，形成新的社会道德标准，有效整合社会意识；注重树立宣传新乡贤的典型，用榜样的力量带动村民奋发向上，用美德的感召带动村民和睦相处；大力提倡和推广移风易俗，营造风清气正的淳朴乡风。四川省治理有效村开展以德治为主题的各类活动，充分发挥了新乡贤在乡村治理中的积极作用。

（五）生活富裕村发展范式分析

1. 依托特色资源实现农民增收

四川省生活富裕村依托当地旖旎的自然山水风光和原生态田园风貌，依靠当地丰富的特产资源和旅游资源，大力发展旅游业，并发展当地特色农产品，促进了当地农民增收。例如，稻城县亚丁村努力将特色旅游与产业发展相融合，统筹发展，一体推进，形成旅游产业链规模化、标准化发展，提升旅游业发展的综合效益和总体收入水平。又如，锦屏村依托当地丰富的茶叶、梨、李子等特色资源，以茶梨套种、茶李套种为主，发展立体农业，其中茶园面积2 500余亩（投产茶园1 500亩），并已全部通过国家级无公害茶叶生产基地认证；无公害优质梨基地1 800亩，20余万株（投产树18万株），年产梨1 500吨，产值300余万元；优质半边红李子2 000亩。

2. 三次产业融合发展

四川省生活富裕村坚持通过建基地、创品牌、搞加工，探索新业态新模式，实行三次产业融合发展，全面提升现代农业附加值，增加农民收入。例如，锦屏村农业生态园区万亩无公害生态茶叶基地以"茶文化"为核心，以采茶节、梨花节、品果节为支撑，以"土、野、乐、趣"为特色，打造集人文、历史、自然景观、农业观光和休闲旅游为一体的休闲农业产业，依托第一产业和第三产业融合发展，通过电商、微商等多渠道促进农民增收。2017年，锦屏村人均可支配收入达24 800元。2017年，锦屏村举办四川花卉生态旅游节分会场暨锦屏梨花文化旅游节，吸引游客达7.76万人次，实现农副产品及旅游收入2 716万元，2018年3月17日，屏山县乡村旅游节暨第八届锦屏梨花节吸引游客达6.2万人次，实现农副产品及旅游收入5 100万元。

3. 培育壮大新集体经济

四川省生活富裕村以生活富裕为目标，培育壮大新型集体经济，拓展就地务工、股份分红、房屋租赁、土地流转等多种集体经济增收路径，让村民享受到由集体经济发展带来的红利。例如，郫都区战旗村为了让集体经济在村域发展中起到更好的引领作用，制订了一套符合自身实际的分配方案。战旗村每年从净利润中提取50%的公益金用于扩大再生产，提取30%的公益金用于发展全村的公益事业，如文化活动开展、治安巡逻管理、困难救助等。目前，战旗村每月向60岁以上的老年人发放养老补助，并且统一为老人购买城乡居民医疗保险的基础部分。

二、四川省特色农业基地发展经验总结

（一）开发高新品种，突出区域特色

四川省特色农业基地加强与各大高校及科研院所的合作，引进具有示范效应的高品质新品种，为推动农业产业升值、促进农业产业向高端发展打下坚实的基础。例如，成都永安天府红提园建设鲜食葡萄品种资源圃，与四川省农科院、四川农业大学合作，永安红提葡萄专业合作社与四川省自然资源科学研究院合作，在该园选育了新品种"蜀葡1号"，这是四川省第一个拥有自主知识产权的葡萄品种，现已推广种植300余亩。四川省特色农业基地依托区域优势，打造区域品牌。例如，荣县菜稻轮作产业示范园以"菜—稻—菜"复合特色产业作为主导

产业，以鼎新镇学堂村、鼎新村、西堰村、鲤鱼村和乐德镇回龙殿村、磨子村、南华村等为核心，打破了过去传统的区域界线，进行统一规划、系统推进，建设了3.2万亩连片产业基地。

（二）融合发展，做大做强产业

四川省特色农业基地做优第一产业，实现三次产业融合发展。例如，宜宾油樟特色基地在2016—2017年新建油樟基地2万亩，低改丰产培育3万亩，新建林区产业道路88条，总里程240.6千米，新建和改建蓄水池达10.5万立方米；带动全县16个乡镇、30个贫困村1 200户、5 000余人脱贫。宜宾油樟特色基地延长油樟产业链，建立一流的油樟研发中心，开发终端产品，延长产业链条，提高附加值。宜宾油樟特色基地积极引进了台湾雨利行、葵花药业、南京同仁堂、建中香料等知名企业在医药、化工等领域搞好精深加工。

（三）培育新型市场主体，创新机制模式

四川省特色农业基地积极发展农村新型集体经济组织、家庭农场、现代农庄等市场经营主体，创新发展模式，完善利益联结方式，带动农民持续稳定增收。四川省特色农业基地大力推行"公司+基地+农户""公司+专业合作社+基地+农户""地租+分红+劳务收入"等模式，加快推进特色基地向龙头企业、业主、大户和专业合作社集中，实现规模化经营。四川省特色农业基地完善科技研发推广体系，提升现代化水平，创新发展模式，提升产业效益，推进"互联网+"，创新产品营销模式。

三、四川省特色农产品品牌发展经验总结

（一）农产品区域公用品牌发展范式分析

1. 严格制定准入标准

（1）制定品牌准入门槛。四川省农产品区域公用品牌根据产业特点和发展水平，按照高于国家相关标准的要求，制定品牌准入条件。

（2）制定领先国内行业标准。四川省农产品区域公用品牌突出"严于国标、领先国际"，制定品牌产品生产、加工、包装规范。

（3）严格监管。四川省农产品区域公用品牌构建完备的追溯体系，建立农产品质量安全监管信息化平台，并扩大监管网络的覆盖范围，形成品牌农产品"从田间到餐桌"的全程质量管理追溯体系。

2. 增强产品品牌影响力

四川省农产品区域公用品牌丰富品牌整体内涵，实施品牌整体打造，努力建设国家级农业产业化龙头企业；扩大县级区域品牌优势，坚持一县一主业、一县一品牌，提升当地多品类品牌的影响力；助力企业品牌走向全国，在全国同行业内达到领先地位，带动品牌知名度。

3. 打造强大产业集群

四川省农产品区域公用品牌引导区域公用品牌相关企业集群发展，以本区域优质农产品为龙头，聚集产业链上下游企业，带动原料基地、科研创新、博览展销、文化旅游一体发展；大力推进重点项目落地。四川省农产品区域公用品牌通过重大项目落地带动本区域农产品品牌跨越式发展，提升产业集群质量；引入资本市场新活力，支持区域品牌内相关企业上市和挂牌融资，增加支持资金；提升科研水平，聚集研发人员建设相关农产品技术研究院，提升科技成果转化带动效益的能力。

（二）名优特农产品品牌发展范式分析

1. 树立品牌意识，打造驰名品牌

四川省名优特农产品品牌以强烈的品牌建设和推广意识，利用线上与线下工具，加大品牌宣传力度和推广力度，加快提高产品影响力。为了进一步提升品牌知名度和美誉度，四川省名优特农产品品牌坚持提升企业自主创新能力，响应国家号召，积极参与"一带一路"建设，拓展东南亚国家及部分东欧国家市场，致力于将中国制造推向国际，并实现品牌驰名化、生产规模化、经营国际化、产品高端化、产业基地化。例如，黄老五、苍溪红心猕猴桃等经过多年不懈努力，建立了覆盖中国的强大经销网络并将产品推广至北美洲、欧洲、东南亚等地区的近20个国家，在市场上赢得了良好的声誉，深受国内外广大消费者的青睐。

2. 坚守"高品质"，严把质量安全

质量即生命，品质保障发展。四川省名优特农产品品牌制定标准化的质量生产规章制度，把提高农产品的质量安全作为核心。同时，四川省名优特农产品品牌以市场需求为导向，改善生产基地的生态环境，着力建设绿色食品基地。在生产过程中，四川省名优特农产品品牌以源头控制为切入点，加强绿色食品生产、贮藏全过程的监督，推进绿色食品的标准化生产和品牌经营。四川省名优特农产品品牌加大与政府主管部门联合的力度，组成质量监察小组定期巡视检查，严格把握生产情况，积极发现问题、纠正问题。四川省名优特农产品品牌定期组织农户进行相关技术培训，实现农户的高标准技术掌握，保证生产技术达标、生产质量优质。四川省名优特农产品品牌严格执行国家和地方制定的生产标准，加大生产全流程监管力度，确保产品质量。

3. 科技创新，助推企业增长

四川省名优特农产品品牌瞄准行业动态，利用参加各类专业展会的机会，引进相关技术，积极开发外延产品。同时，四川省名优特农产品品牌鼓励相关技术人员提高创新能力，加强研发合作。例如，圣迪乐村生态食品股份有限公司先后与加拿大国际开发署、中国农业大学、湖南农业大学、四川农业大学、四川大学、四川省畜牧科学研究院、西南科技大学等建立起长期紧密联系的产学研合作关系。公司承担的国家和省部级科研项目达30多项，拥有发明专利6项、实用新型专利33项，并在核心期刊发表论文50余篇。圣迪乐村生态食品股份有限公司依托技术创新，销售额连续5年保持着25%以上的高速增长。

第八章 乡村振兴战略下乡村发展场景指数研究——以四川省崇州市为例

崇州市深入贯彻党中央、四川省委、成都市委关于乡村振兴战略部署，坚持农业农村优先发展，紧扣乡村振兴"二十字"方针，全面落实五大振兴要求，把城乡融合发展作为根本路径，把农民增收作为根本目的，提升功能统筹、产业融合能力，探索公园城市的乡村表达，绘制当代乡村振兴的实景画面。本书通过梳理六大乡村场景建设实效，对崇州市推进乡村高质量发展的探索与实践进行总结，并构建了相应的指标体系对崇州市 15 个乡镇（街道）进行量化评估。

第一节 基本情况

崇州，古称蜀州，可考建制史 4 300 余年，地处成都平原西部，"天府之国"的腹心地带，素有"蜀中之蜀""蜀门重镇"美誉。崇州市面积 1 090 平方千米，呈"四山一水五分田"格局，辖 6 个街道办事处和 9 个镇，常住人口 66 万人，是距成都天府广场最近的郊区新城，是四川省首批命名的历史文化名城，是国家新型工业化产业示范基地（大数据特色）、国家智慧城市试点城市、国家家具质量提升示范区、国家全域旅游示范区创建单位、国家农业综合标准化示范市、全国乡村治理体系建设试点单位，并入选 2019 年中国西部百强县（市）名单与 2019 年中国创新百强县（市）、全国乡村治理体系建设试点单位。崇州市以"产业新城、品质崇州"为城市发展定位，以"生态宜居的现代田园城市典范"为城市发展目标，以"明日之城·翡翠之城"为城市品牌形象。崇州市 2018 年实现地区生产总值 340.0 亿元，人均地区生产总值 51 126 元，城镇和农村居民人均可支配收入分别达 32 875 元、19 543 元，城乡收入差距远低于全国平均水平。

第二节 主要探索与实践

一、打造乡村"一针四器",做大乡村产业场景

现代乡村产业体系是产业兴旺的重要载体,是全面展示乡村产业场景的重要切入点。未来乡村产业将突破狭义的农业产业范畴,在产业结构、空间布局上进行整体优化调整,区域产业蓝图更加清晰,产品特色更加鲜明。作为乡村产业的发展内核,农业现代化将得到深入推进,基础设施和社会化服务体系建设更加完备。农业生产经营方式将适应生产力发展而不断实现迭代创新。在规模化经营的高标准农田上,科技化、机械化、信息化、组织化将成为农业生产经营的新常态。随着农业产业链条的持续延伸、多功能性的不断拓展,乡村产业形态和业态将更加丰富,促使乡村第二产业和第三产业发展将释放更强的活力。

(一)重构乡村产业结构布局,做准乡村产业"指南针"

崇州市以推进现代农业园区建设为载体,构建了特色鲜明的现代农业产业体系,建成优质粮油和稻田综合种养、优质蔬菜、优质生猪、现代林竹、农产品冷链物流"5+1"产业体系,推动优势特色产业全产业链融合发展,大力培育现代农业产业集群,打造"崇字号"知名品牌,形成"南(西)粮(渔)北林东菜"特色优势产业发展格局,实现了产业结构、布局的再优化,农业生产格局实现由"粮油独大"向多产业竞相发展转变,产业整体协同水平和发展能级不断提升。

(二)不断夯实现代农业基础,做好乡村产业"加速器"

崇州市通过做强基础设施建设,推动现代生产要素的集约化、高效化使用,推广普及先进适用的农业科学技术和机械装备,夯实了现代农业发展基础,使得旱涝保收、高产稳产成为当地农业生产经营新的代名词。崇州市以"藏粮于地、藏粮于技"战略为基本遵循,通过做强基础设施建设,大力推进高标准农田"七网"建设,集成推广先进农业装备,推进农业科技化、机械化、信息化深度融合发展,加快农机推广和农技示范,完成农机智能化协作服务平台、农业物联测控平台等多个平台的建设和应用。崇州市已建成高标准农田占比达64.33%,主要农业作物耕种收综合机械化水平达91.3%,夯实了现代农业发展基础,有效

展示了未来乡村农业生产经营的发展全貌。

（三）着力推进农业产业融合，做强乡村产业"扩容器"

崇州市以农产品加工为引领，以农产品流通为纽带，以"农商文旅体"跨界融合为核心，充分结合内部融合发展基础、外部消费需求趋势以及山水田园生态本底，科学选择"农业内部融合+多业态复合"产业融合发展模式，破解由土地规模受限等客观阻碍因素造成的乡村产业增长空间难题。崇州市通过加强农产品加工主体培育，建成 1 000 亩成都粮油-食品加工区，农业产业化企业达 279家，各类农产品加工经营主体达 2 448 家，并以重大项目建设为抓手，建成集农产品交易中心、展销中心、物流中心、农业硅谷"四位一体"的"成都·崇州润恒城"，打造区域冷链物流中心，形成"产储加销服"成链发展新态势。同时，崇州市坚持"策投规建营"和"农商文旅体"矩阵式发展，不断深化"农商文旅体"融合发展平台，组建公园城市乡村表达泛设计联盟，加强对外项目投资布局，面向全国开展乡村人才培训，积极输出发展模式及管理经验。2018 年，崇州市休闲农业与乡村旅游收入达 66.2 亿元，获评全国农村产业融合发展示范县。

（四）创新农业经营组织方式，做优乡村产业"处理器"

崇州市在探索形成"农业共营制"、实现"三权分置"和土地适度规模化经营的基础上，解决了"谁来种地"的难题，并通过引导土地股份合作社以土地经营权再入股农业产业化企业的方式，进一步放活了农村土地经营权，有效解决了生产力发展带来的组织难题。崇州市深化提升土地股份合作社+农业职业经理人+农业综合服务的"农业共营制"新型经营体系，土地股份合作社入社面积达31.6 万亩，全市土地适度规模经营率达 75%。崇州市探索保底分红、二次返利、保险购买、风险补助、应急资金支持等多种形式的利益联结机制。为进一步深化农业经营组织方式创新，崇州市探索形成土地经营权入股农业产业化企业经营"土地股份合作社+农业公司""土地股份合作社+农业公司"联合经营，全市近40 家土地股份合作社再入股农业企业 13 家，土地经营权再入股面积 6 万亩，实现了农村土地经营权的再放活。

（五）加快完善社会化服务体系，做实乡村产业"连接器"

崇州市以推进农业产前、产中、产后各环节作业的社会化服务为重点，着力育主体、促整体、建机制，构建新型农业生产性服务社会化体系，促进小农户步入现代农业发展轨道。崇州市以粮食生产为主要抓手，坚持主体多元化、服务专业化、运行市场化，通过整合财政投入和社会投入，加大培育专业服务公司、服务型合作社等多元经营性服务主体的力度，制定农业生产性服务"十步流程法"，初步形成覆盖粮食生产全产业链的农业生产性服务业，构建政府购买服务和主体提供服务、公益性服务与经营性服务、专项服务与综合服务相协调的新型农业社会化服务体系，服务农户覆盖面达98%以上。为主动共享农业生产性服务体系成果，崇州市建成集农业专业化服务、数字乡村服务、农业科技成果转化"三位一体"农村社会化服务总部崇州中心，搭建服务四川省的农业生产社会化服务共享平台，极大地释放了社会化服务体系建设的溢出效应，实现从"产自崇州"到"服务全川"的跨越式发展。

二、践行绿色发展理念，绘美乡村生态场景

厚植生态本底，是实现乡村振兴的硬性要求。坚持绿色发展理念，践行"绿水青山就是金山银山"的核心发展观，意味着乡村居民从生产方式到生活方式的全面变革。未来的乡村将走出一条产出高效、产品安全、资源节约、环境友好的农业现代化道路，为整个生态环境资源保护和可持续发展提供有效支撑。乡村生态环境承受的超负荷压力得以解除，已被破坏的生态环境得以修复，人与自然实现和谐共处。乡村风貌和人居环境得以持续整治，美丽乡村串珠成链、连片成景，形成全域景区化的新面貌。

（一）大力推行绿色生产方式，助力传统农业转型升级

崇州市以绿色可持续发展为目标，全面推进农业面源污染治理，提高农业废弃物资源化利用及回收处置率。崇州市强化落实"一控两减三基本"，实施节肥节约、化肥农药负增长行动，提高农资利用率。崇州市通过开展农业生产废弃物处理，推进农业生产废弃物、禽畜粪污、农作物秸秆、农业投入品包装等资源化利用和回收处置利用，推广"就地循环"等禽畜粪污综合利用模式，推动种养有机结合、资源循环生态发展，农业废弃物资源化利用及回收处置率达95%。崇州市积极推进种养循环农业发展，紧扣优质粮油产业生态圈建设，深化拓展"一水两用、一田双收，以水改土、水土共治"循环农业模式，加快发展稻田综合循环种养、粮经复合种植，推动农业生产绿色转型。

（二）有效推进人居环境治理，建设绿色生态美好家园

崇州市通过实施农村污水处理"三年攻坚行动"，做到农村生活污水"应集

尽集、应治尽治"，实现农村生活污水有效处理。崇州市不断完善农村生活垃圾运收处置体系，健全"户分类、村收集、镇转运、县处理"生活垃圾收运处置模式，实现农村生活垃圾治理"五有标准"（有齐全的设施设备、有完善的治理技术、有稳定的保洁队伍、有长效的资金保障、有完善的监管制度）。崇州市探索形成"一元钱"农村环境清洁基金等群众参与机制，确保居民享有干净清爽的生活环境。崇州市农村生活垃圾得到有效处理的村占比达100%。崇州市村民小组保洁员配备实现全覆盖，落实保洁员补贴，实行包组、包路、包公共场所"三包"责任制，调动保洁员积极性。

（三）强化生态环境保护修复，扩展绿色版图覆盖范围

崇州市全面实施河（湖）长制，构建完成市、乡、村"两级党政领导、三级河长管理"的河长制管理体系，形成制度体系，落实"河长+警长+法官"工作模式，确保环保涉水违法案件得到及时有效处置。崇州市通过调配水资源，确保水网通畅，保障重点区域生态用水。崇州市积极推进土壤改良治理，实施耕地质量保护和提升行动，崇州市开展农产品产地重金属污染综合防治技术示范，提高耕地土壤有机质，土壤酸化和重金属污染得到有效遏制。崇州市开展土壤肥力质量和产地环境质量定位监测，完成农用地土壤环境质量数据库建设，为全市农用地土壤环境质量类别划定提供依据。崇州市按照"蜀风雅韵、百村百态"的理念，按照"整田、护林、理水、改院"思路，实施川西林盘保护修复工程。崇州市首批启动川西林盘保护修复32个，其中3个主题林盘获批AAA级林盘景区，带动区域价值整体提升。

（四）探索郊区新城建设模式，诠释公园城市乡村表达

崇州市通过公园城市乡村表达引领乡村发展方式变革，统筹空间、规模、产业三大结构，在公园中营建乡村。崇州市按照"植绿筑景、引商成势、产业聚人"发展思路，把生态价值作为区域经济最持久的竞争力，把特色镇、川西林盘、天府绿道作为生态价值转化最重要的载体，高标准建成164千米绿道、2个万亩湿地和30万亩大田景观，林在田中、院在林中、人在画中的美丽宜居乡村图景加快形成。崇州市把"农商文旅体"融合发展作为最重要的抓手，打通生态价值转化通道，发起成立"公园城市乡村表达泛设计联盟"，服务川西林盘保护修复、特色镇、"农商文旅体"融合发展项目、乡村景观节点等美丽宜居乡村建设要素，让乡村既有美丽颜值，更有生活品质。

三、完善物质文明和精神文明建设，夯实乡村生活场景

实现生活富裕是乡村振兴战略的重要目标，也是我国小康社会全面建成的关键密钥。实现生活富裕需要坚持以人为本，把握物质生活和精神文明双重坐标，引领乡村居民实现从"生存"到"生活"的本质转变。未来乡村生活将以保障农民增收为切入点，以促进就业、激活资源、融合资本的形式，实现农民多元化、循环式收入增长。乡村配套设施齐全，为农民生活提供良好的环境载体，展现干净、舒适、美丽的乡村风貌。乡村基本公共服务建设充分体现现代化、品质化和均等化的理念，为农村居民提供一个多样化、多层次、多维度的生活空间。农民生活气质得到有效转变，村民科学意识、文化意识、安全意识取代乡村落后的传统观念，形成思想上与时俱进、行为上向善崇德的良好社会风气。

（一）创新农民增收方式，保障农民生活物质空间

崇州市以推进农业供给侧结构性改革为主线，坚持以项目为中心组织农村经济工作，立足产业产能发展，以多业态、多层次、创新性农村产业模式促进农民持续增收。崇州市鼓励金融机构与农民进行多形式合作，提升农村居民金融参与率，增加农民创业可行性条件。崇州市加快推进城乡资本流动，引导社会资本投资方向，以城乡资本交融来激发农村经济活力，实现农民收入循环增长。崇州市挖掘农村就业潜力，提升城乡企业对农村劳动力的吸纳程度，切实保障农民工劳动报酬权益，定期发布劳动力市场工资指导价位和企业工资指导线。崇州市立足土地增值收益以及农村集体资产股份分红，进一步激活农村"沉睡"资源，提升农民财产性收入占比。

（二）加强农村基础设施建设，打造农民舒适生活空间

崇州市遵循先共识后共建、先生态后项目、先公建后产业的理念，坚持不大拆大建、不挖山填塘、不过度设计、不冒进求洋的"四不"方式，推进农村基础设施建设改造。崇州市最大限度地保护原生态、留下原居民、保留原住房、尊重原产权、使用原材料。崇州市针对乡村内部基础设施建设现状，着力补齐公共配套设施短板，重点突出人均拥有量较少公共设施的建设力度，打造乡村"应有尽有"的乡村空间。崇州市对乡村原始落后的厨、厕、围墙进行大力整改，推进现代化农民生活，全市农村公共厕所占比达 100%，农村卫生厕所覆盖率达 97.63%。崇州市加快乡村自来水、天然气、互联网、排污设施和道路的联通网

络建设，构建互联互通的乡村公共设施网络，实现农村自来水、电、公路和互联网的100%覆盖。

（三）完成基本公共服务覆盖，巩固农民便捷生活空间

崇州市着眼满足新老村民发展型、现代型、服务型需求，探索实施"居站分离"改革，构建新型社区管理服务体制。崇州市以"15分钟社区基本公共服务圈"为半径，打破村级行政区划界限，根据农村社区"散居、聚居、混居"三种生活形态建立对应的社区工作站。崇州市推行"平台+管家"智慧服务模式，健全农村公共法律服务体系，开展民主法治示范村（社区）创建、送法进村（社区）等活动。崇州市构建便民、惠民社区服务体系，打造无盲区安全防护网，实现全市"一村一法律顾问"全覆盖。崇州市依托国家智慧城市试点建设，实施智慧教育、智慧医疗、智慧社区，推动高品质公共服务向新型社区"布点"，实现乡村健康生活、优质医疗、幸福养老的美好生活形态。

（四）大力传承乡土文化，构筑农民精神文明空间

崇州市以多元文化构筑乡村社会风气，重塑公共文化生态，形成覆盖城乡、布局合理、功能健全、实用高效的公共文化服务体系。崇州市推动"文化e管家"公共服务大数据平台建设，打造"文化管家"模式升级版；以文化惠民、文化富民、文化乐民为宗旨，建立多层级、立体化的文化资源调配网络。崇州市加强平安乡村建设，推进农村"雪亮工程"，严厉打击农村黑恶势力。崇州市充分结合非物质文化遗产，传承乡土精神，形成各地独具特色的地域文化。崇州市通过开展"好公婆""好媳妇"评选等活动，营造争典型、创示范的氛围。提升邻里互助风气，以开放的社区形态，构筑邻里公共平台。崇州市保障邻里互动机制，打造邻里交流空间，形成邻里精神共同体，促进邻里互帮互助文化精神再生。

四、强化体制机制创新，激活乡村改革场景

农业农村改革是破除乡村发展障碍的重要举措，是激活乡村发展的动力引擎、提升乡村振兴的重要驱动力。未来乡村改革将进一步突破农业农村发展瓶颈与制约，释放农业农村发展活力，激发内在发展动力，实现农业农村优先发展。乡村改革以产权制度创新为主要突破口，实现农村闲置土地资源的盘活和利用，变资源为资本，实现农村发展动力不断增强；以资金市场创新为切入点，促进城

乡资源双向流动，为乡村振兴提供资金支持。乡村改革可有效解决农业谁来经营、农村谁来种地、生产谁来服务的三大难题，促使农业生产效率和服务水平得到不断提升，乡村振兴基础得以夯实。行政管理体制实现扁平化和高效化，服务水平和服务效率不断提升，成为乡村振兴的重要推动力量。

（一）推进产权制度创新，盘活乡村土地资源

崇州市以"三块地"改革为抓手，通过推进产权制度创新，整合利用土地资源，为乡村振兴注入强劲动力。崇州市深入推进承包地"三权分置"，在充分保障农民土地流转收入的前提下，鼓励发展经营权"再入股"机制，组建土地股份合作社，以农民为主体形成内生动力，推动农业产业化经营。崇州市以集体建设用地入市改革为契机，着力构建完善的政策体系，建设"集体土地征收与安置补偿信息化管理平台"，形成土地综合治理方式，开展集体建设用地入股联营试点和集体资产股份化改革。崇州市以土地综合整理为依托，围绕退出、使用等关键环节，探索宅基地收储、规划管控、用途管制等机制，以"集体土地征收与安置补偿信息化管理平台"盘活农村宅基地。

（二）加强资金市场创新，激活乡村内生动力

崇州市建设坚持财政资金优先保障、社会资金积极参与、金融资金重点倾斜多元投入格局，实现涉农资金高效整合与集成使用。崇州市以"大专项+任务清单"管理方式，推进财政涉农资金"五补五改"和整合使用；以"基金+产业""PPP（政府和社会资本合作）+园区"等方式，引导鼓励社会资本加大投入。在"老五权"和"新六权"应确尽确的基础上，不断扩大农村产权抵押贷款规模，以农村信用体系为核心，以农村产权抵押担保收储平台、农贷通平台和"互联网+"农村金融三大平台为依托，整合政、银、保、担、企的政策资源、资金资源、项目资源、服务资源，健全流转交易、价值评估、风险防控、担保收储、政策支持等机制，打通金融下乡制度瓶颈，显著提升农村金融服务能力。

（三）深化经营体制创新，破解农业生产难题

崇州市创新提出以"土地股份合作社+农业职业经理人+农业综合服务"为基本架构的农业共营制。农业共营制以农村土地综合整治、建设用地指标交易、集体建设用地开发利用、集体经营性建设用地入市等改革探索为先导，以农村要素市场改革的深入推进为基础，形成了"土地股份合作社+龙头企业""现代农业园区+龙头企业+土地股份合作社"折股联营、入股经营、合作联营等主要经

营模式，以入股、保底、二次分红为主要利益联结机制。崇州市以农业共营制为蓝本，进一步探索建立以放活林地经营权为主攻方向，以"林地股份合作社+林业职业经理人+林业综合服务"为基本框架，以"保底+二次分红""佣金+股份分红""纯收益按比例分红"为利益分配方式的林业共营制，以破解集体林业发展面临的经营规模小、管理水平低、服务跟不上的难题，促进林业专业化、集约化和产业化经营。

（四）探索管理体制创新，提高行政服务效率

崇州市以产业功能区为抓手，推进行政管理体制改革，打破条块分割的管理体制，创建扁平高效的管理组织架构。崇州市以产业功能区为基本单元，通过行政管理、城乡空间布局、要素供给体系、产业生态圈、社区治理体系"五个重构"，推动一体化管理体制、规划建设管理体制、要素配置体制、产业发展体制和社区发展治理体制"五个一体化"。崇州市以主体功能区为基本单元，构建"管委会+街道+社区"的"两级政府、三级管理"机制和"管委会+农村投资公司+共营制"经济运行模式，实现区域产业发展、规划建设、要素供给的统筹管理和城乡空间布局重构，为粮油产业功能区全产业链发展提供专业化和精准高效的服务。

五、多措并举精准服务，补齐乡村人才场景

乡村人才是乡村振兴过程中最具有活力的因素。未来乡村应该是各类人才的汇集之地与向往之地，具有吸引创新创业人才源源不断涌入的强大动力。乡村人才引入机制不断完善，高端人才、技术人才、实用型人才、融合型人才等各种类型的人才齐聚，呈现出百花齐放的特点。乡村人才培育体系日益健全，为人才素养和能力的提升奠定了坚实的基础，为乡村振兴培育了一大批能力突出、经验丰富的实用型人才。配套服务措施的完善是乡村人才大展身手、有所作为的重要保障条件，政府应发挥服务型政府的作用为乡村人才提供高效便捷的创业就业环境。

（一）创新人才引入机制，激发乡村创新创业活力

崇州市通过乡村人才引进和培育机制的创建，源源不断地吸引人才入驻，健全乡村人才智库。崇州市相继出台"人才新政20条""乡村培根计划"等政策措施，创新"人才+项目+基金+基地"方式，建设"人才110平台"，完善高端人才聘用和引进机制，以此形成"虹吸效应"，吸引和集聚更多乡村人才。崇州市通过引进清华大学、同济大学、中央美术学院、香港观酌等规划设计专家团

队，吸引爱马仕设计师、巴金文学院签约作家等创意人才入驻崇州市，形成带动效应。崇州市实施人才优先发展战略，开展"品质崇州·英才汇聚"行动计划，支持青年大学生、急需紧缺人才和高端人才创新创业；通过对科研创新平台、人才创新载体的建设吸引创新团队入驻。崇州市支持机关单位多渠道引入人才、企事业单位走出去引进人才和人才中介机构的发展。

（二）健全培育管理体系，夯实乡村振兴人才基础

崇州市分类型、分层次重点开展以农业职业经理人、乡村融合型人才、从业型新型职业农民三类人为主要对象的人才培养工作，在原有基础上，实现农业人才的总量增加、素质提升与结构改善。崇州市建成川西林盘学院、城乡融合发展研究院、农村党员教育学院等培训机构，通过搭建乡村振兴人才培育载体，推进"校、院、企、地"深度融合发展，培养专业强、技术精、能引领的乡村能工巧匠和技能型人才。崇州市通过建立推荐选拔、培训培养、认定管理、人才服务和政策扶持等方面相互衔接配套的新型职业农民培育制度体系，突出精准性、针对性、时效性，并不断健全管理机制、完善服务机制、强化激励机制，以培养大量农村实用人才。崇州市通过建立职业农民"双培训"机制和农业职业经理人初、中、高"三级贯通"晋升评定制度、管理制度和考核制度，构建形成"农业职业经理人+职业农民"的专业化生产经营管理团队。

（三）完善配套服务措施，营造良好便捷就业环境

崇州市以"四大平台"建设为抓手和主要着力点，完善乡村人才配套服务体系，为乡村人才提供良好的就业创业环境，真正做到乡村人才引进来和留下来。一是搭建服务四川省的农业科技共享服务平台。崇州市以科技成果转化、人才服务"两化"基地为核心，以农业科技团队为核心，提升农业科技成果转化率和推广应用，实现农业科技的全要素、全过程、全产业链公共服务，以农业科技发展和共享服务于乡村人才。二是搭建创新创业孵化平台。崇州市通过以土地股份合作制为主的多种适度规模经营，多渠道为农业职业经理人提供创业和发展的平台，吸引了一大批有创业意愿的务农青年、返乡农民工、农业农机能手、经商人员等到农业一线创业兴业。崇州市依托各类协会和经济组织联合会，采用现场示范、观摩交流、专题研讨等方式，促进相互交流，不断提升生产经营管理水平。此外，崇州市建立和推行"蓉城人才绿卡·崇州卡"，以提供特色服务方式和策略，打造立体化服务环境，为高精尖人才创造良好的工作和生活环境。

六、调动多元主体活力，筑实乡村治理场景

乡村治理作为国家治理的重要组成部分，是实现乡村振兴的重要基石。推进乡村治理能力提升，关键在于健全现代乡村治理体系。农村基层党组织全面领导乡村治理，充分调动多元主体参与治理的积极性，引领多方力量共同打造充满活力、和谐有序的乡村。集体经济组织作为乡村振兴发展新业态的重要体现，将进一步创新发展机制，促进农民增收，壮大集体经济，为乡村治理提供更坚实的物质保障。农村社会组织作为乡村治理重要的内源性组织资源，将在党组织的领导下不断发展，积极激发农民内生动力。在党组织的核心领导下，多元主体共建共享共治，充分发挥各方力量在"三治合一"乡村治理体系建设中的重要作用。

（一）红色引领绿色，助推乡村善治

崇州市积极探索乡村治理有效形式，以党组织为核心，红色引领绿色，助推乡村治理振兴，构建"党组织+社会组织+经济组织"三大组织共建的社会化治理体系，形成在党组织核心领导下的多元共治良好局面。崇州市通过创新基层党组织建设形式，把党支部建在产业链上，让党支部下沉到林盘中，实现由自上而下为主的工作模式向纵横交错、交叉融入的工作模式的转变，将基层党组织的领导核心作用落到实处。崇州市围绕发挥党组织核心引领作用，着眼突破传统纵向控制为特征的"单一党建模式"，深化完善基层党组织建设方法，探索形成"联合支部+产业平台+农户""联合支部+林盘管委会+创新社区发展促进会"等具体实现形式，把党组织建在项目上、新型社区中，以创新机制释放、激发乡村振兴发展的新动能。

（二）共享经营活力，发展集体经济

崇州市以实现和维护农民利益为根本前提，着力创新农村集体经济发展机制，用好财政补贴资金、盘活集体资源资产、撬动社会资本参与，探索形成农村集体经济"共享经营"发展模式，有效提升了农村集体经济发展和乡村治理能力现代化水平。崇州市以开展财政支农补助资金形成资产股权量化改革试点为切入点，采取竞争立项、锁定股东、资产移交、制订方案、形成决议、颁发股权、股权管理、收益分配"八步工作法"，对财政补助村级集体经济组织资金形成的资产进行股份量化，固化财政补助资金形成资产产权和权益，明晰财政支农项目形成资产的所有权、盘活使用权、放活经营权，破解财政投入形成资产经营管理难、农民筹资难、农民受益难等问题。崇州市引导集体经济组织盘活集体建设用

地，开展农村集体建设用地入股（联营）改革，有效破解和盘活集体资源资产难的问题，实现资源资产联营收益共享。崇州市引导村股份经济合作联合社通过租赁、参股、联营等方式，引入社会资本开发和利用村级集体所有的建设用地、房屋等资源资产，实现社会资本经营收益共享。

（三）三社联动共营，构建共治机制

崇州市准确把握多元化治理是新时代乡村治理发展的必然趋势，在党组织的领导下，积极发展社会组织，充分引导社会组织参与乡村共治。为形成"一核三治"乡村治理格局，崇州市积极强化基层党组织引领和自治组织建设，大力发展社会组织建设，建立多元主体共商共融机制，推动民主协商"下沉"基层。崇州市积极出台扶持社会组织发展的政策措施，支持社会组织参与社区治理文化传承、创意设计、教育培训等各项工作，推动政府治理和社会调节、居民自治良性互动，夯实基层社会治理基础。崇州市以社区为平台、社会组织为载体、专业社会工作队伍为支撑，三社联动共营，推动多方共同参与，大力开展城乡社区可持续总体营造行动，形成三社资源共享、优势互补、相互促进的良好局面，加快形成政府和社会之间互联、互动、互补的社会治理新格局。

第三节 指标体系构建

一、指标选择

（一）基本原则

第一，指标体系遵循科学性与普适性。区别于部分政府部门构建指标体系的实践逻辑，本书首先结合乡村振兴战略的目标，对乡村发展的具体场景进行了解构，以此确保指标体系既能全面地体现乡村振兴战略的"二十字"方针，又能有针对性地突出乡村发展的重点任务内容。同时，本书构建的指标体系尽量照顾到每个类别的乡镇，确保所有乡镇的优点和缺点都不能被过分放大，既能够适用于在既定区域范围内进行横向比较，也能够对某一乡镇在不同年度进行纵向比较，从不同视角反映每个乡镇乡村振兴的实际水平。

第二，指标内容具有延续性与综合性。在制定"乡村场景"建设的评价指标体系时，本书既参考了部分学者建立的乡村振兴战略的评价指标体系，也参考了不同省、市、县的乡村振兴区域指标体系内容。同时，为发挥乡村中的先进示范效应，各地出台了一系列示范单位的创建标准，如"四川省乡村振兴战略先进单位考核办法"等，并以此评比出了一大批示范单位。本书充分借鉴已有的创建标准，并把部分评选结果作为乡村振兴战略的评价元素纳入考核范围。

第三，指标选择注重可比性与可操作性。构建指标体系的目标在于对各乡镇的乡村场景建设水平进行横向比较，需要考虑指标在一定时期内的相对稳定性，并确保指标体系口径一致，核算和综合方法要统一。特别是考虑到乡镇之间的发展规模存在显著差异，我们需要针对每个指标的经济含义做标准化处理，确保指标体系的可比性。构建指标体系的目的在于指导实际评价，我们要尽可能利用现有统计数据，对不可获取数据采取相似替代的方法，既要保证指标的经济含义明确，也要避免理论可行却无法用于实践，确保指标评价结果的可操作性。

（二）指标体系

根据前面对乡村场景的发展解构，本书构建了相应的评价指标体系。考虑到改革场景与人才场景的建设情况难以进行简单量化，加之部分内容与其他场景存在交叉，未单独作为评价维度放在指标体系中，因此本书构建的评价指标体系仅把产业场景、生态场景、生活场景以及治理场景四个维度作为评价准则层。为了进一步细化评价准则，本书将准则层目标进行再细化，并选择了相应的指标进行衡量，具体指标选择如表8-1所示。

表8-1　四大乡村场景建设评价指标体系

准则层	子准则层	指标层	贡献	目标值	权重
产业场景	现代农业	多种形式土地适度规模经营占比/%	+	80	0.090
		高标准农田占比/%	+	50	0.079
	产业融合	每千户农产品加工企业个数/个	+	2	0.021
		每千户乡村旅游年接待人次/人	+	60 000	0.035
		每千户商品交易市场（粮油、蔬菜、水果）/个	+	0.6	0.016
	经营组织方式	每千户农民专业合作社数量/个	+	5	0.046
		每千户农户家庭农场数量/个	+	6	0.030
		构建经营性主体带动小农户机制的村占比/%	+	100	0.026

表8-1(续)

准则层	子准则层	指标层	贡献	目标值	权重
生态场景	绿色生产	每公顷化肥施用量/千克·公顷	−	0.02	0.046
		每公顷农药施用量/千克·公顷	−	0.00	0.044
		农业废弃物资源化利用及回收处置率/%	+	85	0.032
	绿色生活	生活垃圾得到集中处理的村占比/%	+	95	0.046
		生活污水得到集中处理的村占比/%	+	80	0.053
		农村户用卫生厕所普及率/%	+	95	0.041
生活场景	公共服务	农村自来水普及率/%	−	95	0.057
		小学生师比	+	17	0.032
		每千户职业（助理）医师数/人	+	2	0.056
		每千户社会福利收养性单位数/个	+	0.5	0.015
	社会保障	城乡居民医疗保险覆盖率/%	+	100	0.023
		城乡居民养老保险覆盖率/%	+	100	0.015
	居民收入	农村居民人均可支配收入/万元	+	2.5	0.073
治理场景	治理效果	镇域内村民违法犯罪发生率/%	−	0	0.036
		乡镇党委政府职能职责发挥 (1=不合格；2=合格；3=较好；4=好)	I	4	0.027
		居民人均从村集体获得的收益分红/元	+	20	0.026
	治理行为	配备"一村一法律顾问"的村占比/%	+	100	0.017
		有村规民约的村占比/%	+	100	0.019

二、指标分析

（一）指标权重

本书结合了相关文献综述及专家咨询，选择使用层次分析法确定权重。通过层次分析法的判断矩阵，我们邀请了来自高校、科研机构以及政府部门相关领域的专家进行打分，计算指标层各指标的权重。此外，我们将指标的属性分为正指标（指标值越大越好）和负指标（指标值越小越好）两种。指标的具体属性以及权重见表 8-1。

（二）指标标准化

由于本书选取的评价指标存在不同的量纲，不适合进行综合评价。为了更好地结合既定的乡村发展目标，本书用单目标渐进法对各指标进行标准化处理。单目标渐进法标准化采用每个指标的唯一目标值作为参考，通过每个指标趋近目标值的程度，对相应指标的要求进行赋值。其具体公式如下：

$$D_{ij} = \begin{cases} \dfrac{X_{ij}}{S(X_{ij})}, & 0 \leqslant X_{ij} \leqslant S(X_{ij}) \ , \ (X_{ij} \text{ 为正指标}) \\ 1, & X_{ij} \leqslant S(X_{ij}) \end{cases}$$

$$D_{ij} = \begin{cases} 1 - \dfrac{X_{ij}}{S(X_{ij})}, & X_{ij} \geqslant S(X_{ij}) \ (X_{ij} \text{ 为负指标}) \\ 1, & 0 \leqslant X_{ij} \leqslant S(X_{ij}) \end{cases}$$

其中，X_{ij} 为 i 乡镇（街道）的第 j 个评价指标的原始值，D_{ij} 为 i 乡镇（街道）的第 j 个评价指标数据进行标准化处理后的标准值。当 $D_{ij}<0$ 时，取值为 0；当 $D_{ij}>100$ 时，取值为 100。$S(X_{ij})$ 为 i 乡镇（街道）的第 j 个评价指标的目标值。目标值设置主要依据我国及各部门行业标准中的相关规定、国家相关规划或其他要求以及《崇州市乡村振兴规划（2018—2022 年）》。具体目标值的选取如表 8-1所示。

（三）综合指标得分测算

指标体系的得分测算方法如下：

$$H_i = \sum_{j=a}^{b} \left(Y_{ij} \times \frac{W_j}{\sum_a^b W_j} \right)$$

其中，H 代表综合指标得分，具体可以表示为产业场景、生态场景、生活场景、治理场景的分项得分。i 代表乡镇（街道），j 代表指标，a、b 表示这一综合指标包含的指标范围，Y_{ij} 代表指标 j 经标准化处理后的取值，W_j 代表权重。指标的取值为 0~100，取值越大表示发展水平越高。

第四节　指数测算结果

我们根据上述方法测算的崇州市 15 个乡镇（街道）的四大乡村场景得分情况如表 8-2 所示。就总得分而言，崇州市有 4 个乡镇的得分超过 80 分，分别为隆兴镇（93.8）、元通镇（90.5）、白头镇（84.7）和道明镇（81.9）；有 6 个乡镇（街道）的得分为 70~80 分，分别为文井江镇（78.8）、街子镇（78.6）、羊马街道（75.0）、怀远镇（73.9）、廖家镇（71.2）和江源街道（70.1）。总得分超过 70 分的乡镇（街道）数量达 10 个，占比为 66.7%。这表明崇州市乡镇一级的乡村振兴发展整体水平较高，具有坚实的微观数据基础支撑。

就产业场景而言，该指标得分的均值和差异系数分别为 69.9 和 0.254，就其他指标而言表现得并不理想。白头镇（96.3）、隆兴镇（95.7）、元通镇（88.6）和道明镇（83.4）的得分超过了 80 分，与总得分排名前四位的结果相一致。江源街道（79.4）、街子镇（74.8）、怀远镇（71.8）、观胜镇（71.3）、羊马街道（70.0）的得分为 70~80 分，不论是从数量还是得分分布来看，该分数段的整体表现均弱于总体水平。就各子准则层得分而言，拉低产业场景整体得分的原因在于产业融合得分均值仅为 51.4。

就生态场景而言，该指标得分的均值和差异系数分别为 83.3 和 0.109，在四大乡村场景中的表现最为优异。9 个乡镇（街道）的得分超过了 80 分，分别为文井江镇（98.8）、元通镇（97.2）、隆兴镇（91.7）、崇阳街道（90.4）、街子镇（87.9）、道明镇（84.8）、三江街道（82.0）和羊马街道（81.1），占比高达 60%，并且仅有 1 个乡镇（街道）的得分低于 70 分。就当期目标值而言，崇州市不论是在绿色生产还是在绿色生活上，均取得了较高的得分均值，并且内部发展相对均衡。这表明，崇州市在乡村生态场景的打造方面已经取得了显著成效。

就生活场景而言，该指标得分的均值和差异系数分别为 77.9 和 0.131，同样取得了较好的表现。文井江镇（94.5）、元通镇（91.2）、隆兴镇（90.4）、怀远镇（85.6）、羊马街道（84.7）和街子镇（82.8）的得分超过了 80 分，崇阳街道（79.2）、道明镇（77.4）、白头镇（76.6）、崇庆街道（72.0）、廖家镇（71.7）和大划街道（70.6）的得分为 70~80 分。就各子准则层的得分来看，崇州市多数乡镇（街道）在公共服务供给方面仍存在较大的提升空间，相应的得分均值仅为 68.2。

就治理场景而言，该指标得分的均值和差异系数分别为 61.0 和 0.259，在四大乡村场景中的表现相对较差。仅有 2 个乡镇的得分超过了 80 分，分别为隆兴镇（100.0）和道明镇（80.6），并且得分介于 70~80 分的乡镇也仅有元通镇（79.2）和白头镇（71.2）。特别地，多数乡镇（街道）的得分未能达到 60 分。从各乡镇（街道）治理场景的得分构成来看，治理行动的得分并未拉开显著差距，而在治理效果，特别是镇域内村民违法犯罪发生率和居民人均从村集体获得的收益分红这两个指标的得分较低。

表 8-2　崇州市 15 个乡镇（街道）的四大乡村场景得分情况

	产业场景	生态场景	生活场景	治理场景	总得分
隆兴镇	95.7	91.7	90.4	100.0	93.8
元通镇	88.6	97.2	91.2	79.2	90.5
白头镇	96.3	84.1	76.6	71.2	84.7
道明镇	83.4	84.8	77.4	80.6	81.9
文井江镇	61.3	98.8	94.5	50.4	78.8
街子镇	74.8	87.9	82.8	59.9	78.6
羊马街道	70.0	81.1	84.7	54.2	75.0
怀远镇	71.8	75.6	85.6	50.4	73.9
廖家镇	66.0	79.1	71.7	67.4	71.2
江源街道	79.4	74.1	63.3	50.4	70.1
观胜镇	71.3	78.7	62.3	50.4	68.3
三江街道	60.0	82.0	66.4	39.8	65.1
崇阳街道	37.3	90.4	79.2	55.7	64.9
大划街道	52.5	79.7	70.6	52.7	64.6
崇庆街道	40.5	64.2	72.0	52.0	56.7
均值	69.9	83.3	77.9	61.0	74.5
差异系数	0.254	0.109	0.131	0.259	0.138

为进一步划分崇州市乡镇的发展类别，本书使用系统聚类法按照四大乡村场景的子项得分进行了分类分析，将 15 个乡镇（街道）划分为了 3 类，结果如表

8-3 所示。根据表 8-3 中的结果，乡镇类别的划分基本与排名保持一致。第一类为总得分排名前 4 位的乡镇，分别为隆兴镇、元通镇、白头镇和道明镇。这 4 个乡镇不论是总得分还是四大乡村场景的子项得分均取得了优异的表现，并且未出现明显的发展短板，能够全面地展示未来乡村振兴的实际场景。特别是隆兴镇，四大乡村场景的得分均高于 90 分，表现出高水平均衡发展状态，较好地发挥了乡村振兴示范乡镇的示范效应。第二类为总得分排名 5~12 位的文井江镇、街子镇、羊马街道、怀远镇、廖家镇、江源街道、观胜镇、三江街道以及 14 名的大划街道。这类乡镇（街道）多数在总得分上介于 70~80 分，具有较好的乡村振兴基础，但发展不均衡问题仍较为突出，在四大乡村场景中或多或少存在着发展短板。第三类为崇阳街道和崇庆街道。这两个街道的行政村均属于崇州市郊区，相较于其他区域，社会经济发展基础更好，但在四大乡村场景的打造上未能取得相应的成绩。城市区域扩张虽然对乡村发展表现有显著的挤出效应，但乡村立足于都市近郊这一禀赋优势，仍能打造出"小而精、精而全"的乡村振兴场景，为其他乡镇提供示范。

表 8-3　崇州市 15 个乡镇（街道）的发展类别划分

分类	乡镇（街道）名称
第一类	隆兴镇、元通镇、白头镇、道明镇
第二类	文井江镇、街子镇、羊马街道、怀远镇、廖家镇、江源街道、观胜镇、三江街道、大划街道
第三类	崇阳街道、崇庆街道

我们根据划分结果对各类别的得分均值进行计算，绘制出了相应的雷达图（见图 8-1）。图 8-1 显示，三类乡镇（街道）在生态场景和生活场景的打造上并不存在显著差距，与表 8-1 的结果分析一致，而在产业场景和治理场景的打造上的差异才是发展分层的重要原因。崇州市要进一步提升乡村振兴的整体水平，还需在产业场景和治理场景的打造上下"硬功夫"。

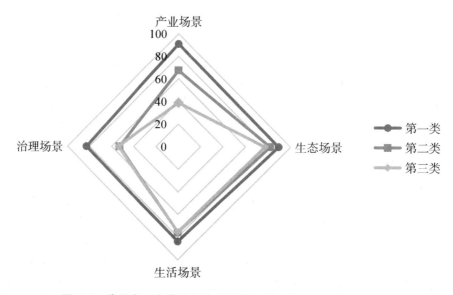

图 8-1　崇州市三大类别乡镇（街道）的四大乡村场景得分情况

第九章　乡村振兴战略下乡村
"三生"功能综合评价及类型识别研究

第一节　问题的提出

党的十九大报告提出始终把解决好"三农"问题作为全党工作的重中之重，并作出乡村振兴战略重大决策部署。中共中央、国务院印发的《乡村振兴战略规划（2018—2022 年）》明确提出优化乡村发展布局，打造集约高效生产空间，营造宜居适度生活空间，保护山清水秀生态空间，延续人和自然有机融合的乡村空间关系，即通过优化生产、生活、生态（简称"三生"）的空间布局来提高乡村发展水平。探究乡村自身要素格局转化，通过乡村资源有机整合或空间重构来实现自然、社会与人相协调，推动"三生"空间的适度平衡，成为乡村振兴有机协同的重要基础。已有研究大多针对"三生"空间的理论内涵、分类以及时空格局等做了大量的分析，体现出"三生"空间对于优化社会主义生态文明空间布局具有重要意义。

识别与定位"三生"功能是优化"三生"空间布局的基础和关键。目前，以土地利用多功能视角、乡村地域多功能视角等来探究区域的社会、生产与生态等方面发展状况的研究已经取得了较多的成果。学者们围绕乡村地域功能的内涵与分类、空间格局、时空演变及其驱动因素、多功能之间的相互作用关系等开展了较为深入的研究。威勒曼（Willemen，2010）探究了土地利用的多功能性之间的相互作用，为优化乡村空间提出了理论和实证建议。土地作为生产、生活和生态功能的综合载体，土地利用系统又以生产功能、生活功能、生态功能为核心功能，为"三生"功能的进一步探究提供了思路。但是，专门着重于"三生"功能视角的文献仍相对较少，特别是针对乡村"三生"功能的研究更为稀缺，对"三生"功能的识别和界定也很难有统一的标准，如何通过"三生"功能来优化乡村空间也值得进一步深入探讨。虽然有学者对"三生"功能视角进行了分区优化，从而实现国土空间利用协调，但对于乡村"三生"功能方面的综合评价仍显不足。

针对"三生"功能的识别和界定，张红旗等（2015）重点从国家层面反映土地的"三生"功能。席建超等（2016）提出了更适用于乡村地区的"三生"功能分类体系。李广东（2016）主要从理论和实践两个层面借助生态系统服务、景观功能和土地功能分析方法构建城市"三生"空间功能体系，定量测度"三生"空间功能价值量；同时，通过城市生态—生产—生活功能分类体系较好地反映了不同地类的功能类型，发现"三生"空间存在整体毗邻性较低、空间功能的互补和融合性较差的问题，"三生"空间功能存在一定的空间集聚性。为探究"三生"空间功能的分异特征，安悦（2018）提出了在生产功能、生活功能和生态功能的综合作用下，乡村地区发挥各自在地区乡村功能空间分异方面的作用，基于优化主导优势功能、提升中等功能、改善弱势功能的原则，提出各功能分区的调控路径与发展策略。李欣（2019）从土地利用的社会生产、基本物质生活保障、生态保育等方面选取了粮食单产、交通用地密度等"三生"功能评价指标，研究发现江苏省的"三生"功能呈现显著的空间分异特征，区域经济发展水平、生活承载能力、生态因素共同驱动"三生"功能空间格局；同时，探究了选取的细分指标与"三生"功能之间的关联性，但未能指出"三生"功能之间的相互关系并进行分析。

由于"三生"功能涉及生产、生活、生态等多方面的因素，具有很强的复杂性、不确定性，空间的重合、交错，导致"三生"功能在地理位置方面会形成空间依赖、空间关联。"三生"功能之间的相关性对于"三生"功能的相互补充、相互协调、相互提升等方面也有着较高的研究价值，进而对优化"三生"空间布局也起着至关重要的作用。王成（2018）通过探究重庆市乡村"三生"空间功能的耦合协调度，得出乡村"三生"空间功能耦合协调的时空格局差异显著，乡村"三生"空间功能两两之间耦合协调状态差异明显，特别是"生活—生态"功能耦合协调情况较差。将乡村"三生"空间功能耦合协调及其两两之间耦合协调结合起来进行对比分析，突破了单一测算乡村"三生"空间功能或者以两两耦合协调关系的局限性。单薇（2019）提到"三生"功能的提升会导致"三生"功能组合比例得到调整，耦合协调程度得以提高。然而乡村空间是由自然资源、生态环境、经济社会构成的复杂系统，虽然其对"三生"功能之间的相关关系做了一定的阐释，但是缺乏对关联机制的具体描述。

本书解构乡村"三生"功能与乡村振兴战略的内在关联逻辑，构建测度指标体系，将"三生"功能具体化为乡村生产发展功能、生态保障功能、生活服务功能，再分别与产业兴旺、生态宜居、乡风文明、治理有效和生活富裕等联系起来，据此解析四川省乡村"三生"功能的空间分异特征，提炼乡村发展类型，以期为乡村发展布局的优化提供理论和方法借鉴。

第二节 乡村"三生"功能内涵与评价指标体系

一、乡村"三生"功能内涵解析

人类活动离不开一定的空间载体，而生产空间就是人类生产什么、如何生产的空间场域，是人们利用自然、改造自然的主要场所。生活空间则是人类居住、消费、交往和娱乐的主要场所，也是地域文化产生的主要场域。生态空间是自然基础存在的基本形式之一，凸显了人类活动的地形地貌、地理区位等场域内容。"三生"空间之间相互作用、相互联系，并遵循着一定的逻辑关联，共同构成了一个整体性系统。

"三生"空间的特点又决定了具有"三生"功能的一定结构的事物或系统在内外因素交互作用下表现出特有的性质和能力。"三生"功能从功能定位角度可划分为生产发展功能、生活服务功能与生态保障功能。其中，生产发展功能是指土地作为劳动对象直接获取或以土地为载体进行社会生产而产出各种产品和服务的功能，是"三生"功能的关键环节，决定生活服务功能和生态保障功能的状况；生活服务功能与保障人居环境有关，主要提供人类居住、消费、休闲和娱乐等条件，影响生产发展功能和生态保障功能；生态保障功能与自然本底有关，主要提供生态产品和生态服务等，为生产发展功能、生活服务功能提供保障并作为约束条件控制生产发展功能和生活服务功能的发展方向。"三生"功能相互联系、相互作用，并遵循一定的逻辑关联，共同构成一个整体性系统，任何一个可持续的生产发展、生活服务功能空间都具有一定的生态保障功能空间。生态如若恶化，将制约生产发展功能、生活服务功能的发挥。乡村生产发展功能、生活服务功能、生态保障功能的发展与协调是快速推进农业农村现代化的基础保障。"三生"空间与"三生"功能的相互关系如图9-1所示。

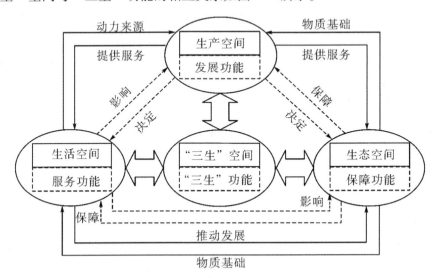

图9-1 "三生"空间与"三生"功能的相互关系

二、乡村振兴与乡村"三生"功能

（一）乡村振兴战略提出对乡村"三生"功能的新要求

从新农村建设到美丽乡村再到乡村振兴，"三农"问题成为关系国计民生的根本性问题。实施乡村振兴战略，就是按照产业兴旺、生态宜居、乡风文明、治理有效、生活富裕的总要求，建立健全城乡融合发展体制机制和政策体系，加快推进农业农村现代化，绘就乡村振兴的美好图景。《乡村振兴战略规划（2018—2022年）》提出对乡村"三生"功能的新要求，即坚持人口资源环境相均衡、经济社会生态效益相统一，打造集约高效生产空间，营造宜居适度生活空间，保护山清水秀生态空间，延续人和自然有机融合的乡村空间关系。

生产空间要统筹利用。乡村生产空间是以提供农产品为主体功能的国土空间，兼具生态保障功能。国家围绕保障粮食安全和重要农产品供给，充分发挥各地比较优势，重点建设以"七区二十三带"为主体的农产品主产区；落实农业功能区制度，科学合理划定粮食生产功能区、重要农产品生产保护区和特色农产品优势区，合理划定养殖业适养、限养、禁养区域，严格保护农业生产空间；适应农村现代产业发展需要，科学划分乡村经济发展片区，统筹推进农业产业园、科技园、创业园等各类园区建设。

生活空间要合理布局。乡村生活空间是以农村居民点为主体，为农民提供生产生活服务的国土空间。国家坚持节约集约用地，遵循乡村传统机理和格局，划定空间管控边界，明确用地规模和管控要求，确定基础设施用地位置、规模和建设标准，合理配置公共服务设施，引导生活空间尺度适宜、布局协调、功能齐全；充分维护原生态村居风貌，保留乡村景观特色，保护自然和人文环境，注重融入时代感、现代性，强化空间利用的人性化、多样化，着力构建便捷的生活圈、完善的服务圈、繁荣的商业圈，让乡村居民过上更舒适的生活。

生态空间要严格保护。乡村生态空间具有自然属性，是以提供生态产品或生态服务为主体功能的国土空间。国家加快构建以"两屏三带"为骨架的国家生态安全屏障，全面加强国家重点生态功能区保护，建立以国家公园为主体的自然保护地体系；树立山水林田湖草是一个生命共同体的理念，加强对自然生态空间的整体保护，修复和改善乡村生态环境，提升生态功能和服务价值；全面实施产业准入负面清单制度，推动各地因地制宜制定禁止和限制发展产业目录，明确产业发展方向和开发强度，强化准入管理和底线约束。

（二）生产发展功能体现的是产业兴旺

产业兴旺是乡村振兴的一个重要基础。农村活不活、农民富不富，关键取决于农村生产力的发展。农村产业兴旺是农业现代化发展的基石。在这一过程中，农村不仅要提升农业生产功能，还要实现生产、生活、生态"三生"功能的全面拓展。实现产业兴旺必须坚持高质量发展，走绿色发展的道路。农业生产的发展最终要坚持市场导向和消费导向。走质量兴农、绿色发展的道路，把发展绿色优质农产品作为农业发展的主攻方向，这是农业发展的阶段性所决定的。有了理念还要有绿色生产的方式，农业的绿色发展可以说是现代农业的鲜明标志。我国要努力形成与资源环境承载力相匹配，与生产、生活、生态相协调的农业发展格局。

生产发展功能体现了产业兴旺。生产发展功能是国土空间的主导功能，为人类提供基本的物质资料，在人类社会的存在和发展中起着决定作用，是创造物质财富和精神财富的根本力量，是"三生"空间发展的关键环节。农村生产发展功能代表了土地作为劳动对象直接获取或人类以土地为载体进行社会生产而产出各种产品和服务的功能，间接地为农村相关产业的发展提供了生产资料，使产业得以健康有序发展。

本书在生产发展功能选取了 6 个指标，分别为经营带动机制建设、农民合作社数量、农产品加工企业数量、农村电商主体发展、旅游经营主体发展、高标准农田占比、耕地规模经营占比。经营带动机制建设对产业发展具有重要意义，但在实践中我们也看到，无论是龙头企业带动型还是其他组织模式，都存在这样或那样的缺陷，从而影响了产业化的发展。因此，当前进一步完善经营机制是推动农业产业化再上新台阶的关键。农民合作社作为新型农业经营主体之一，其数量和质量对农业产业发展至关重要。在新型农业经营主体的带动下，规模化和集约化经营将有利于减少乡村土地抛荒，土地的利用效率得到提高。乡村非粮食作物种植面积占比显著增加，农村种植生产逐步转向多种作物种植的生产模式。乡村特色产业产值显著提升，乡村机械化程度显著提高。农产品加工业处于"粮头食尾""农头工尾"，是实现产业兴旺的重中之重，是统筹脱贫攻坚和乡村振兴的重要抓手。发展农产品加工企业，特别是壮大农业产业化龙头企业，有利于促进现代农业的规模化、基地化、标准化、安全化，有利于延长农业产业链、提升价值链、完善利益链。农村电商的蓬勃发展，成为推动乡村产业兴旺的主力军以及乡村振兴的新引擎，其本身具有的互联网基因和商业模式特征，改变了传统农业产业的供应链、价值链、信息链和组织链，在乡村产业发展、产业融合和乡村产业全面振兴等方面的作用日益凸显。结合乡村特色，发展旅游经营主体，带动乡村旅游业的发展，能够实现产业链的延伸，同时也实现了农业和乡村功能的扩展，乡村综合价值得到了充分体现。高标准农田占比、耕地规模经营占比能够直接反映产业现状。

（三）生态保障功能体现的是生态宜居

生态宜居是乡村振兴发展的目标要求。中国要美，农村必须美。实现生态宜居，关键要加强农村资源环境保护，构建节约资源和保护环境的空间格局与产业结构，优化生产方式和生活方式，建设人与自然和谐共生的农业农村现代化生态圈，让广大农民群众在良好生态环境中生产生活。

生态空间为生产空间、生活空间提供生态前提，并规定了生产空间、生活空间的发展方向。

生态空间为人类提供基本生产资料和生活资料。生态空间恶化的必然结果是自我恢复能力的下降，是功能性的丧失。经济效率提高、经济结构优化、经济规模扩大、科学技术进步等构成经济发展过程中的发展圈，土壤环境、水环境、大气环境和生物环境等就形成发展过程中的限制圈。因此，只有促进生态空间山清水秀，才能保障生态资源的稳定和持续性供给，才能满足人类的生存和发展需求。生态保障功能直接影响着区域的可持续发展、经济发展和社会进步。促进生态空间山清水秀是保障生态产品供给的必要条件，也是提高人类生活质量的必然要求，因此生态保障功能体现的是生态宜居。

本书在生态保障功能选取了 7 个指标，分别为环境整治机制建设、废弃物回收利用率、卫生厕所普及率、生活垃圾处理率、生活污水处理率、农用化肥施用量、农药施用量。生态宜居乡村要坚持"美"字当头，更加关注农村生态环境、人居环境的持续改善和可持续发展。环境整治对形成生态、宜居、宜业、宜游的凝聚力和辐射力，构建起清洁、优美、文明、和谐的生态家园具有重要意义。"垃圾革命""污水革命""厕所革命"是农村人居环境整治的"三大革命"，生活垃圾处理率、生活污水处理率、卫生厕所普及率三个指标便能直观反映环境整治情况。建设"无废社会"是建设生态文明和美丽中国不可或缺的要素。从源头上消除对人居生活环境的影响，促进生态宜居的美丽中国建设，废弃物回收利用率能够直观反映治理情况。纵观农业生产全过程，化肥和农药的重要性毋庸置疑，但长久以来，因化肥和农药多施、滥施带来的生态环境和农产品质量安全问题也不容忽视，农用化肥施用量、农药施用量能够直接反映农业生产是否达到科学化水平。

（四）生活服务功能体现的是乡风文明、治理有效和生活富裕

乡风文明是乡村振兴的一个重要途径。求治之道，莫先于正风俗。农村的协调发展、社会的全面进步，离不开文明乡风的助推、精神文化的培育。广大农村要促进农村文化教育、医疗卫生等事业发展，推动移风易俗、文明进步，弘扬优良传统，使农民综合素质进一步提升、农村文明程度进一步提高，让文明乡风吹遍乡村的每一个角落。

治理有效是乡村振兴的一个重要保证。乡村治理是国家治理的基石，是综合治理、源头治理的重要组成部分。乡村治理水平关系国家治理体系和治理能力的现代化，也关系农民的切身利益。实现有效治理，需要健全自治、法治、德治相结合的乡村治理体系。其中，自治为本、德治为基、法治为要，只有"三治并举"、有机结合，才能让自治运行更加高效，法治建设在农村落地生根，道德建设真正融入村民日常生活，人民获得感、幸福感、安全感才会更加充实、更有保障、更可持续，农村才会更加和谐、安定有序。

生活富裕是乡村振兴的一个重要目的。中国要富，农民必须富。生活富裕就是要让农民有持续稳定的收入来源、经济宽裕、衣食无忧、生活便利、共同富裕。近年来，我国农民收入增长较快，城乡收入差距总体缩小，但农民增收基础还比较脆弱，农村民生短板还很突出。当前和今后一个时期，我们必须顺应广大农民群众对美好生活的新期待，千方百计增加农民收入，保持农民持续增收好势头；加快补齐农村基础设施短板，提高公共服务水平，全面提升农民生活质量，全方位缩小城乡差距，让广大农民在共建共享发展中有更多获得感，过上幸福美满的好日子。

生活空间是人们吃、穿、住、用、行以及日常交往的空间存在形式。宜居适度的生活空间既要有生产空间的支持，也包含了对生态空间的要求，生产空间、生态空间最终都是为生活空间服务的，而生活服务功能与保障人居环境有关，主要提供人类居住、消费、休闲和娱乐等条件，辅以生产发展功能和生态保障功能。实现生活空间宜居适度是正确协调"三生"空间关系的重要纽带。只有实现生活空间的宜居适度，才能推动城乡、区域、民族关系融合发展，促进"三生"空间的和谐建构。因此，生活功能体现的是乡风文明、治理有效、生活富裕。乡村振兴战略与乡村"三生"功能关系如图9-2所示。

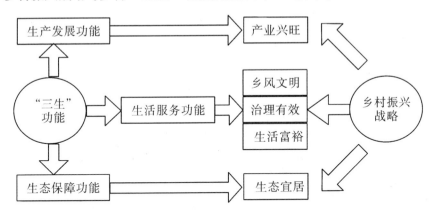

图9-2　乡村振兴战略与乡村"三生"功能

本书在生活服务功能选取了12个指标，其中文化传播载体建设、业余文化组织建设、文明村建设、文化服务中心建设为乡风文明的指标。乡风文明蕴含丰富的文化内涵，坚持强化社会主义核心价值观建设，以优秀文化引领乡村文化的前进方向，从根本上解决农民群众的思想问题，是乡村振兴战略中最基本、最深沉、最持久的力量；村民代表大会、组织领导作用、村干部专业化能力、综合服务站建设为治理有效的指标，治理有效要以强化基层党组织建设为抓手。农村富不富，关键看支部；支部强不强，关键看"头羊"。广大农村要加强农村基层党组织对乡村振兴的全面领导，不断夯实基层党组织在乡村治理中的领导核心作用，确保乡村振兴战略稳步推进。村民收入水平、医疗保险参保率、养老保险参保率、自来水普及率为生活富裕的指标。村民收入水平是生活水平最直接的体现，医疗保险参保率、养老保险参保率体现了社会保障程度，自来水普及率反映生活条件，综合体现农民富裕程度、获得感以及幸福感（见表9-1）。

表9-1 乡村"三生"功能评价指标体系

功能	指标	指标内涵	性质	权重
生产发展功能	经营带动机制建设	是否建立经营主体带动小农户机制（0=否；1=是）	+	0.091
	农民合作社数量	农民合作社数量/个	+	0.125
	农产品加工企业数量	农产品加工企业数量/个	+	0.177
	农村电商主体发展	是否有开展网上销售农产品的农户（0=否；1=是）	+	0.178
	旅游经营主体发展	是否有取得营业执照、开展休闲农业和乡村旅游的农户（0=否；1=是）	+	0.196
	高标准农田占比	高标准农田面积/耕地总面积/%	+	0.107
	耕地规模经营占比	规模经营的耕地面积/耕地总面积/%	+	0.126
生态保障功能	环境整治机制建设	是否落实"六有"环境整治长效管护机制（0=否；1=是）	+	0.134
	废弃物回收利用率	农业废弃物资源利用及回收处置率（1=70%以下；2=70%~85%；3=85%~95%；4=95%以上）	+	0.143
	卫生厕所普及率	使用卫生厕所的户数/总户数/%	+	0.158
	生活垃圾处理率	生活垃圾集中收集的户数/总户数/%	+	0.141
	生活污水处理率	生活污水进行了集中处理的户数/总户数/%	+	0.161
	农用化肥施用量	农用化肥施用量（折纯）/耕地总面积/千克·公顷	−	0.143
	农药施用量	农药施用量/耕地总面积/千克·公顷	−	0.121

表9-1（续）

功能	指标	指标内涵	性质	权重
生活服务功能	文化传播载体建设	是否有文化站或图书室（馆）（0＝否；1＝是）	+	0.064
	业余文化组织建设	是否有农民业余文化组织（0＝否；1＝是）	+	0.058
	文明村建设	是否属于县级以上文明村（0＝否；1＝是）	+	0.129
	文化服务中心建设	是否有综合性文化服务中心（0＝否；1＝是）	+	0.088
	村民代表大会	村民代表大会召开次数/次	+	0.078
	组织领导作用	基层党组织领导核心作用（1＝不合格；2＝合格；3＝较强；4＝强）	+	0.075
	村干部专业化能力	村"两委"班子专业化能力情况（1＝不合格；2＝合格；3＝较强；4＝强）	+	0.137
	综合服务站建设	是否有综合服务站（0＝否；1＝是）	+	0.075
	村民收入水平	农村居民人均可支配收入（1＝3 000元以下；2＝3 001~5 000元；3＝5 001~10 000元；4＝10 001~15 000元；5＝15 001~20 000元；6＝20 000元以上）	+	0.108
	医疗保险参保率	参加医疗保险的农户/常住人口数/%	+	0.061
	养老保险参保率	参加养老保险的农户/常住人口数/%	+	0.053
	自来水普及率	自来水用户数/总户数/%	+	0.073

第三节　数据说明与测算方法

一、研究区域概况

四川省位于中国西南地区，是承接华南、华中，连接西南、西北，沟通中亚、南亚、东南亚的重要交汇点和交通走廊。四川省辖21个市（州），183个县（市、区），面积48.6万平方千米，其中耕地面积673.07万公顷。四川省作为全国农业农村改革的发祥地之一，从农业经营体制改革、农村管理体制改革、乡镇企业发展改革、农产品流通体制改革到统筹城乡综合配套体制改革，都取得了显著的改革成效，为推进全国农业农村改革提供了宝贵经验。截至 2018 年年底，四川省常住人口 8 431 万人，其中乡村人口 3 979.5 万人，城镇化率 52.2%，农村居民人均可支配收入 13 331 元，一直是全国重要的农产品供给基地。目前，四川省正由农业大省向农业强省跨越，乡村发展已进入转型与重构的关键时期，乡村功能多元化与分异化特征显著，具有较强的研究代表性。

二、数据来源与整理

本书选择 2018 年为评价年度，使用的研究数据主要来源于由四川省统计局负责收集的乡村振兴战略统计监测数据。该项数据的统计监测内容为四川省县（市、区）社会经济基本情况，乡（镇、街道）社会经济基本情况，村（社区）社会经济基本情况等多个方面，对象覆盖四川省 21 个市（州）的 48 395 个行政村（社区），具有较强的权威性、完整性和时效性特征。此外，部分地级市数据还来源于《四川统计年鉴（2018）》。此外，考虑到四川省民族地区乡村社会经济发展状况与非民族地区存在较大差距，本书未将阿坝州、甘孜州和凉山州的行政村纳入研究范畴。在剔除社区样本和阿坝州、甘孜州、凉山州的行政村样本后，本书共获得其他 18 个市的 37 779 个行政村作为研究样本。

三、测算方法与权重赋值

本书采用主观与客观综合判定指标权重的方法。熵权法作为一种客观的综合赋权方法，根据各指标传递给决策者的信息量大小来确定权重，具有计算精度高、使用范围广等优点，被国内外学者广泛使用。考虑到乡村"三生"功能在乡村振兴发展过程中发挥着重要作用，将乡村"三生"功能进行简单加总难以展示乡村功能多元化与分异化特征，因此本书将乡村生产发展功能、乡村生态保障功能和乡村生活服务功能都看成一级指标进行单独赋权。以生产发展功能为例，熵权法的主要计算步骤如下：

第一，构建评价矩阵。本书被评价对象有 37 779 个行政村，每个被评价对象的评价指标有 7 个，因此构建评价矩阵 $X = (x_{ij})_{37\ 779 \times 7}$。

第二，无量纲化处理。由于本书选取的评价指标存在不同的量纲，不适合进行综合评价，因此本书采用极差变换法对选取的原始指标进行无量纲化处理，即通过下式将指标 x_{ij} 转换为指标 z_{ij}，以此形成规范评价矩阵 $\mathbf{Z} = (z_{ij})_{37\,779 \times 7}$。

当 x_{ij} 是正向指标时，$z_{ij} = \dfrac{x_{ij} - \min x_{ij}}{\max x_{ij} - \min x_{ij}}$。

当 x_{ij} 是负向指标时，$z_{ij} = \dfrac{\max x_{ij} - x_{ij}}{\max x_{ij} - \min x_{ij}}$。

第三，确定指标权重。在规范评价矩阵 Z 的基础上，计算第 j 个评价指标 x_j 的熵值 $E_j = -\dfrac{1}{\ln 37\,779} \sum\limits_{i=1}^{37\,779} f_{ij} \ln f_{ij}$，其中 $f_{ij} = \dfrac{z_{ij}}{\sum\limits_{i=1}^{37\,779} z_{ij}}$。需强调的是，如果 $f_{ij} = 0$，则令 $f_{ij} \ln f_{ij} = 0$，也可以表明该指标向决策者提供有用信息。随后，通过式 $Q_j = \dfrac{1 - E_j}{\sum\limits_{j=1}^{7} (1 - E_j)}$ 计算第 j 个评价指标 x_j 的权重。

通过熵权法测算得到相应的权重赋值后，为确保权重赋值的适用性，本书还通过专家赋值法，在四川省内选择了相关领域的 10 位学者和 10 位基层政府工作人员作为评审专家，将本书的研究背景以及指标体系相关内容以邮件形式或面访形式提交至 20 位评审专家，共收到 18 位评审专家的反馈意见。综合上述反馈意见，本书对相应的指标权重进行修正，最终确定乡村"三生"功能评价指标的权重赋值（见表 9-1）。

第四节　结果分析

一、乡村"三生"功能的空间分异特征

本书根据熵权法测算的权重赋值计算得到四川省 37 779 个行政村的"三生"功能得分。为更好地分析指标得分的空间分异特征，本书以行政村所在地级市为划分依据，计算得到各市的乡村"三生"功能得分均值，并采用自然断点分级法，将 18 个市分为优势区域、一般区域和滞后区域（见表 9-2）。

就生产发展功能而言，样本村的指标得分均值仅为 0.183，而变异系数高达

0.941，60.7%的村庄指标得分低于均值，意味着四川省乡村生产发展功能的整体表现并不理想，存在显著的发展不充分、不均衡特征，是乡村"三生"功能中的主要短板。在发展等级区域划分中，优势区域包括成都市、攀枝花市和雅安市，但即使是在优势区域内部，得分均值最高的成都市仅为0.349，而变异系数达到0.705，无论是区域整体发展水平还是协同发展程度方面，均难以发挥出应有的优势示范效应。一般区域的得分均值为0.159~0.256，包括德阳市、泸州市、广元市等7个市，均匀地分布在成都平原经济区、川东北经济区和川南经济区。滞后区域包括自贡市、内江市、南充市等8个市，覆盖20 735个样本村，占总样本的54.9%，不仅在得分均值方面表现较差，而且相应的变异系数较大，区域内部乡村发展存在更为显著的不均衡特征，是制约四川省乡村振兴产业升级发展的重点区域。

就生态保障功能而言，样本村的指标得分均值为0.562，接近中位数0.559，变异系数仅为0.290，并且得分频次分布形态近似正态分布。此外，18个市的指标得分均值的整体表现较为均衡，相应的变异系数也多数分布在0.2~0.3。就整体情况看来，不论是在村级层面还是在市级层面，四川省在塑造乡村生态保障功能方面取得了显著成效。在发展等级区域划分中，优势区域包括成都市和广安市，两者不论是在得分均值还是在变异系数上，均具有较强的优势示范效应。一般区域的得分均值为0.530~0.596，包括绵阳市、德阳市、乐山市等9个市，区位分布相对集中，与优势区域组合形成了四川省乡村生态保障连片区。滞后区域包括遂宁市、内江市、攀枝花市等7个市，覆盖12 455个样本村，但有38.9%的样本村得分高于0.529，结合7个市相对较高的变异系数得分表现，区域内部发展不均衡才是滞后区域乡村生态保障功能不足的主要因素。

就生活服务功能而言，样本村的指标得分的均值和变异系数分别为0.638和0.257，不论是整体水平还是差距控制都取得了较好的成效，在"三生"功能中的表现最为优异。在发展等级区域划分中，优势区域包括成都市、乐山市和攀枝花市，相应的得分均值都大于0.725，较之一般区域具有较大的优势，并且在变异系数控制方面同样位列前三，表现出极强的优势示范效应。一般区域的得分均值为0.604~0.687，包括绵阳市、德阳市、广元市等10个市，覆盖19 623个样本村，其中有45.3%的样本村得分高于0.687，表现出较强的发展赶超态势。滞后区域包括遂宁市、内江市、南充市等5个市，区域布局相对集中。相较于其他功能的滞后区域，生活服务功能优势区域的得分表现更为理想。需指出的是，有 10 966 个样本村的得分小于市级最小得分均值 0.544，这表明四川省在推进全省乡村生活服务功能进步的过程中仍面临着不小的难题。

表 9-2　四川省 18 个市乡村"三生"功能得分情况及区域类型划分

地区	生产发展功能			生态保障功能			生活服务功能		
	均值	变异系数	类型	均值	变异系数	类型	均值	变异系数	类型
成都市	0.349	0.705	优势区域	0.710	0.227	优势区域	0.745	0.191	优势区域
自贡市	0.200	0.835	滞后区域	0.593	0.226	一般区域	0.661	0.222	一般区域
攀枝花市	0.326	0.610	优势区域	0.529	0.395	滞后区域	0.726	0.160	优势区域
泸州市	0.235	0.757	一般区域	0.492	0.285	滞后区域	0.657	0.237	一般区域
德阳市	0.184	0.913	一般区域	0.581	0.224	一般区域	0.678	0.198	一般区域
绵阳市	0.158	0.968	滞后区域	0.596	0.221	一般区域	0.653	0.230	一般区域
广元市	0.231	0.710	一般区域	0.572	0.252	一般区域	0.624	0.314	一般区域
遂宁市	0.111	1.009	滞后区域	0.487	0.281	滞后区域	0.548	0.288	滞后区域
内江市	0.129	1.031	滞后区域	0.482	0.371	滞后区域	0.568	0.282	滞后区域
乐山市	0.201	0.831	一般区域	0.593	0.209	一般区域	0.730	0.167	优势区域
南充市	0.131	1.061	滞后区域	0.555	0.305	一般区域	0.603	0.274	滞后区域
眉山市	0.256	0.742	一般区域	0.587	0.233	一般区域	0.686	0.206	一般区域
宜宾市	0.198	0.854	一般区域	0.556	0.286	一般区域	0.648	0.262	一般区域
广安市	0.147	0.898	滞后区域	0.656	0.198	优势区域	0.632	0.231	一般区域
达州市	0.138	0.971	滞后区域	0.529	0.291	滞后区域	0.656	0.223	一般区域
雅安市	0.283	0.693	优势区域	0.565	0.292	一般区域	0.687	0.204	一般区域
巴中市	0.188	0.766	一般区域	0.456	0.307	滞后区域	0.589	0.243	滞后区域
资阳市	0.105	1.114	滞后区域	0.489	0.286	滞后区域	0.544	0.287	滞后区域

二、乡村"三生"功能的相关性分析

在"三生"功能指标的基础上，本书选取人均国内生产总值、第一产业国内生产总值占比和常住人口城镇化率作为衡量各市城乡经济发展差异的指标，采用 Pearson 相关性分析法计算得到各指标间的相关性，结果如表 9-3 所示。乡村生产发展功能与生活服务功能为显著的正相关关系，相关系数为 0.792 且最大。乡村产业转型升级为乡村产业兴旺注入了新的活力，为乡村全面振兴奠定了坚实的经济基础，既是营造乡风文明、治理有效等乡村"软环境"的重要保障，也是实现生活富裕的有效途径。乡村生活服务功能的配套发展，为各类优质资源，特别是人才资源在乡村"落地生根"提供了肥沃的土壤，是乡村产业转型升级的重要支撑。此外，乡村生活服务功能与生态保障功能为显著的正相关关系，这也在两类功能的样本村得分频次分布的相似性上有所反映。乡村生活服务功能的提升，将促进村民生产、生活方式的有益转变，为实现生态保障提供助力，而生态保障功能的提升又将进一步提高村民生活质量，更好地满足村民对美好生活的需求。然而，乡村生产发展功能与生态保障功能间并没有表现出显著的相关性。乡村产业转型升级不仅需要在规模化经营、新型经营主体培育等方面下功夫，也要注重农业生产的绿色生态转型，确保乡村产业发展的可持续性。因此，在进一步加强乡村生产发展功能建设时，四川省需要将乡村生态保障纳入重点任务范畴。

表 9-3 乡村"三生"功能间的 Pearson 相关

类别		生产发展功能	生态保障功能	生活服务功能	人均国内生产总值	第一产业占比	城镇化率
生产发展功能	相关系数	1	0.419	0.792 **	0.681 **	−0.775 **	0.675 **
	显著性	—	0.083	0	0.002	0	0.002
生态保障功能	相关系数	0.419	1	0.607 **	0.457	−0.399	0.424
	显著性	0.083	—	0.008	0.056	0.101	0.08
生活服务功能	相关系数	0.792 **	0.607 **	1	0.655 **	−0.660 **	0.623 **
	显著性	0	0.008	—	0.003	0.003	0.006

注：** 表示相关性在 0.01 水平显著（双侧）。

就衡量城乡经济发展差异的其他指标而言，乡村生产发展功能、生态保障功能与人均国内生产总值和常住人口城镇化率为显著的正相关关系，与第一产业国内生产总值占比为显著的负相关关系。人均国内生产总值越高，代表区域经济发展水平越高，对乡村生产发展功能和生活服务功能都能够提供更好的发展环境与经济支撑。第一产业占比越低，常住人口城镇化率越高，代表区域内城市及其生产部门对农村与农业的反哺能力越强。城市及其生产部门对农村和农业的反哺，不仅给农业提供足够的收入反哺，还提供要素反哺，并且提供的要素不仅是生产要素，还包括加强农村公共设施的建设，是全方位的反哺。重塑城乡关系，促进城乡融合发展，是乡村振兴战略实施的基本逻辑，其核心便在于打通城乡资源要素流通壁垒，加快城乡要素优化配置和人口流动，进而扩大城市对农村的反哺作用，促使城乡发展形成新的合力。

三、乡村"三生"功能发展类型划分

乡村"三生"功能组合形成的不同发展类型，反映了乡村社会经济发展的多元化方向以及资源要素配置与利用的差异化特征。本书利用 k 均值聚类算法将四川省 37 779 个行政村划分为 6 种发展类型（见表9-4）。除均衡示范型村庄外，其他 5 类村庄或多或少都有功能"偏科"的问题出现。其中，有两类存在一门"偏科"的村庄，可统称为"两生"协同型村庄；有两类存在两门"偏科"的村庄，可统称为"一生"支撑型村庄。

（一）均衡示范型村庄

该类村庄在乡村生产发展功能、生态保障功能和生活服务功能上均取得了较好的均值得分表现，意味着这类村庄不仅在乡村产业转型升级方面取得了较好成效，还兼顾了生态保障功能和生活服务功能的协同发展，对于实现乡村全面振兴具有较强的示范效应。同时，这类村庄的广泛存在表明乡村生产发展功能与生态保障功能间存在正向相关的可能性，并且能够为加强乡村"三生"功能的协同发展提供有益的经验借鉴。但该类村庄的数量相对有限，仅有 3 424 个样本村符合条件，占总样本的 9.1%，并且区位分布相对集中。这说明四川省在推进乡村振兴的过程中，以行政村为基本单位的微观主体，特别是具有优势示范效应的微观主体建设工作仍显滞后。

（二）生态滞后型村庄

该类村庄在乡村生产发展功能和生活服务功能上均取得了较好的均值得分表现，但在生态保障功能上的表现相对滞后。相较于均衡示范型村庄，该类村庄在乡村生态保障功能上的短板主要表现为对农业废弃物资源、生活垃圾及生活污水的处理程度不足。考虑到乡村污染治理、人居环境整治工作是现阶段乡村建设的重点领域，受到了各级政府的广泛重视，无论是在物力、财力还是人力方面都得到了有效保障，加之相应的工作见效速度较快，因此有理由相信会有大量的生态滞后型村庄在短期内成长为均衡示范型村庄，成为推进乡村振兴的新生力量。该

类村庄仅有 4 921 个，占总样本的 13.0%，能够提供的发展动能相对有限。

（三）生产收紧型村庄

该类村庄在乡村生态保障功能和生活服务功能上均取得了较好的均值得分表现，但在生产发展功能上的表现相对滞后。这类村庄与均衡示范型村庄在 7 个二级指标上存在巨大差距，难以在短期内完成赶超，因此在短期内以生态滞后型村庄为产业发展目标，将更具可行性和参考性。相较于生态滞后型村庄，生产收紧型村庄在以高标准农田建设、耕地规模经营为代表的产业硬件设施配置上的表现并不差，但在能够充分调动硬件设施运作的新型经营主体建设方面较为落后。考虑到乡村生活服务功能建设初具成效，产业发展基础又较为坚实，因此除加快村内新型经营主体培育外，加大外来人才资源引进力度是这类村庄快速实现产业转型升级的有效路径。

（四）文明治理型村庄

该类村庄共有 8 550 个，占总样本的 22.6%，仅在乡村生活服务功能上取得了较好的均值表现，而在生产发展功能和生态保障功能上的表现相对滞后。从这类村庄的生活服务功能二级指标的横向对比可以发现，除少数市辖区下辖的样本村外，其他样本村的比较优势并不在于生活富裕的实现，而是在于乡风文明和治理有效的乡村"软环境"营造上。这表明虽然生活服务功能可以不依托其他"两生"功能进行单独发展，但其发展空间相对有限。若要进一步发挥该功能在总样本中的示范效应，补齐生产发展功能显得尤为重要。

（五）生态巩固型村庄

该类村庄在乡村生态保障功能上的均值得分大于整体水平，具有一定的比较优势，但与同样具有生态保障功能优势的均衡示范型和生产收紧型村庄相比，其比较优势并不明显，在以生活垃圾、生活污水集中处理为代表的人居环境治理方面还需要下硬功夫。同时，该类村庄在乡村生产发展功能和生活服务功能上的表现，相较于前 4 类村庄而言几乎垫底，发展难度较大，而在总样本中的占比又较高，达到 18.2%，需要在进一步的发展规划中进行专项施策。

（六）全面衰退型村庄

该类村庄在乡村生产发展功能、生态保障功能和生活服务功能上的得分均值都低于整体水平，处于全方位发展滞后状态，并且数量较多，有 6 329 个样本村，占总样本的 16.8%，是四川省推进乡村振兴发展难啃的"硬骨头"。对于这类村庄，四川省既要充分发挥当地的资源比较优势，对具有发展潜力的村庄采取有针对性的补齐措施，也要对生存条件恶劣、生态环境脆弱、自然灾害频发等地区的村庄实施搬迁撤并，统筹解决村民生计问题。

表9-4　四川省乡村发展类型村庄划分及其"三生"功能得分均值

类别	均衡示范型	"两生"协同型		"一生"支撑型		全面衰退型
	均衡示范型	生态滞后型	生产收紧型	文明治理型	生态巩固型	全面衰退型
生产发展功能	0.55	0.36	0.16	0.1	0.09	0.09
生态保障功能	0.74	0.52	0.73	0.48	0.61	0.35
生活服务功能	0.83	0.66	0.75	0.71	0.48	0.44
数量	3 424	4 921	7 668	8 550	6 887	6 329
占比/%	9.1	13.0	20.3	22.6	18.2	16.8

在此基础上，本书还统计了四川省18个市各乡村发展类型村庄的数量及其占比（见表9-5）。就整体看来，四川省不同发展类型村庄的区位分布与18个市的"三生"功能均值得分表现较为一致。例如，成都市有40.2%的村庄属于均衡示范型，37.1%的村庄属于"两生"协同型，在推进乡村全面振兴的过程中具有坚实的微观主体支撑，因此在四川省乡村"三生"功能区划中处于优势区域；资阳市有51.9%的村庄属于"一生"支撑型，31.7%的村庄属于全面衰退型，区域内部的示范性村庄建设较为滞后，因此在四川省乡村"三生"功能区划中处于滞后区域。需要指出的是，各市在推进乡村振兴的过程中，都会选择部分基础条件较好的村庄作为示范点，投入大量资源进行着重打造，成为向外界集中展示当地乡村振兴成效的重要窗口。然而，这些示范点的建设成效并不能与当地乡村振兴的整体水平相挂钩。现实中不乏乡村振兴示范点建设报道火热，但乡村振兴的整体水平严重滞后的地级市。因此，示范点的建设，其目的不仅在于形态展示，更重要的是经验的集成展示，应更多地探索和总结具有普适性和可复制性的发展经验，着力防范乡村振兴示范建设的政绩倾向。

表9-5　基于"三生"功能的四川省乡村类型分布

地区	均衡示范型		生态滞后型		生产收紧型		文明治理型		生态巩固型		全面衰退型	
	数量/个	比例/%	数量/个	比例/%	数量/个	比例/%	数量/个	比例/%	数量/个	比例/%	数量/个	比例/%
成都市	1 047	40.2	284	10.9	681	26.2	243	9.3	270	10.4	78	3.0
自贡市	109	10.2	168	15.8	264	24.8	221	20.8	214	20.1	88	8.3
攀枝花市	80	23.0	85	24.4	52	14.9	81	23.3	5	1.4	45	12.9
泸州市	108	8.1	365	27.3	128	9.6	389	29.1	121	9.1	225	16.8
德阳市	104	7.5	232	16.7	327	23.5	415	29.9	216	15.6	95	6.8
绵阳市	219	6.8	347	10.8	825	25.6	813	25.3	739	23.0	276	8.6
广元市	300	12.5	421	17.6	472	19.7	292	12.2	473	19.8	436	18.2
遂宁市	17	0.9	138	7.4	129	6.9	493	26.3	509	27.2	588	31.4
内江市	63	3.2	189	9.5	265	13.3	414	20.8	371	18.6	688	34.6
乐山市	207	10.6	311	15.9	555	28.4	617	31.6	214	11.0	48	2.5
南充市	249	4.8	366	7.0	1 086	20.9	1 216	23.4	1 109	21.3	1 176	22.6
眉山市	172	16.4	238	22.7	214	20.4	224	21.4	140	13.4	60	5.7
宜宾市	267	9.6	446	16.0	534	19.2	640	23.0	471	16.9	429	15.4
广安市	138	5.1	182	6.8	1 077	40.2	330	12.3	779	29.0	176	6.6
达州市	90	3.3	286	10.5	587	21.6	928	34.1	303	11.1	525	19.3
雅安市	187	19.0	244	24.8	176	17.9	171	17.4	103	10.5	103	10.5
巴中市	48	2.2	458	20.8	150	6.8	567	25.7	316	14.3	664	30.1
资阳市	19	1.0	161	8.1	146	7.4	496	25.0	534	26.9	629	31.7

第五节　结论与讨论

为有效定位乡村"三生"功能，精准识别乡村发展类型，本书立足乡村振兴战略实施的背景，以四川省行政村为研究对象，解构乡村"三生"功能与乡村振兴战略的内在关联逻辑，构建测度指标体系，并据此解析四川省乡村"三生"功能的空间分异特征，提炼乡村发展类型，得到以下结论：

四川省乡村生产发展功能的整体表现并不理想，存在显著的发展不充分、不均衡特征，即使是在优势区域，无论是区域整体发展水平还是协同发展程度方面，均难以发挥出应有的优势示范效应，是乡村"三生"功能中的主要短板；乡村生态保障功能的得分频次分布形态近似正态分布，不论是在村级层面还是在市级层面均取得了显著成效，并且区位分布相对集中，优势区域与一般区域紧密相连，形成了四川省乡村生态保障连片区；乡村生态保障功能整体发展水平高且差距控制成效明显，在"三生"功能中的表现最为优异，并且其优势区域包含的成都市、乐山市和攀枝花市表现出极强的优势示范效应。

乡村生活服务功能在乡村"三生"功能中发挥着重要的串联作用，既是生产发展功能提升的必然结果，也为各类优质资源，特别是为人才资源在乡村"落地生根"提供了肥沃的土壤；既能够从生态保障功能提升中汲取成效以满足村民对美好生活的需求，也能够通过促进村民生产、生活方式的有益转变，助力营造乡村生态文明。如何实现乡村生产转型升级与生态保障联动，对优化农业生产向绿色生态转型提出了新的要求，是未来乡村"三生"功能建设的重要内容。此外，乡村"三生"功能的发展，离不开城市的带动，其核心便在于打通城乡资源要素流通壁垒，加快城乡要素优化配置和人口流动，进而加大城市对农村的反哺作用，促使城乡发展形成新的合力。

四川省乡村"三生"功能组合形式多样，呈现出多元化特征，包括均衡示范型、生态滞后型、生产收紧型、文明治理型、生态巩固型和全面衰退型6种功能类型。除均衡示范型村庄外，其他5类村庄或多或少都有功能"偏科"的问题出现，需进行针对性补齐。对于多数村庄而言，乡村生产发展功能提升不足是制约"三生"功能协同发展的共性问题，这些村庄需在产业基础建设、新型经营主体培育等方面进行重点突破。同时，乡村"三生"功能在市级层面的协同共进，不能仅依靠个别"明星村"的示范带动，而需要大量的均衡示范型和"两生"协同型村庄作为微观支撑。乡村振兴示范点的建设应着重探索和总结具有普适性和可复制性的发展经验，防范乡村振兴示范建设的政绩倾向。

本书从功能视角出发研究乡村"三生"空间系统，拓宽了"三生"功能的研究领域，丰富了乡村"三生"功能的研究内容，通过构建测度指标体系解析四川省乡村"三生"功能的空间分异特征、提炼乡村发展类型。但乡村"三生"空间之间相互作用、相互联系，并具有一定的逻辑关联，且各项功能间可能还存在"拮抗作用"、协同作用和兼容作用。因此，进一步厘清影响乡村"三生"功能发挥的关键因子，探究乡村"三生"功能的一般时序特征，明晰乡村"三生"功能间相互作用关系并提出功能协调共生措施，将是未来乡村"三生"功能研究的重要方向。

参考文献

［1］ BINGDER, MARTIN, BLANKENBERG, ANN-KATHRIN. Green lifestyles and subjective well-being: More about self-image than actual behavior? ［J］. Journal of Economic Behavior & Organization, 2017, 137: 304-323.

［2］ CARLEY S. Decarbonization of the US electricity sector: Are state energy policy portfolios the solution? ［J］. Energy Economics, 2011, 33 (5): 1004-1023.

［3］ CHADWICK C . Theoretic insights on the nature of performance synergies in human resource systems: Toward greater precision ［J］. Human Resource Management Review, 2010, 20 (2): 85-101.

［4］ CHRYSOCHOOU M, et al. A GIS and indexing scheme to screen brownfields for area-wide redevelopment planning ［J］. Landscape and Urban Planning, 2012, 105 (3): 187-198.

［5］ Evers M P. Strategic monetary journal of international money policy in inter-dependent economies: Gains from coordination reconsidered ［J］. Journal of International Money and Finance, 2013 (32): 360-376.

［6］ FENG W, LIU Y, QU L. Effect of land-centered urbanization on rural development: A regional analysis in China ［J］. Land Use Policy, 2019, 87: 104072.

［7］ FLEISCHER A, TCHETCHIK A. Does rural tourism benefit from agriculture? ［J］. Tourism Management, 2005, 26 (4): 493-501.

［8］ FU B, YU D, ZHANG Y. The livable urban landscape: GIS and remote sensing extracted land use assessment for urban livability in changchun proper, China ［J］. Land Use Policy, 2019, 87: 104048.

［9］ GAOD X, LIN Z, CAIXIA Z, et al. Assessing the multifunctionalities of land use in China ［J］. Journal of Resources and Ecology, 2010, 1 (4) : 311-318.

［10］HE S，LIAO F. H，LI G. A spatiotemporal analysis of county economy and the multi-mechanism process of regional inequality in rural China ［J］. Applied Geography，2019，111：102073.

［11］HOWLETT M，RAMESH M. Studying Public Policy：Policy Cycles and Policy Subsystems ［M］. Oxford：Oxford University Press，2003.

［12］HU X，XU H. A new remote sensing index for assessing the spatial heterogeneity in urban ecological quality：A case from fuzhou city，China ［J］. Ecological Indicators，2018，89：11-21.

［13］HUANG H，WEI Y D. Spatial inequality of foreign direct investment in China：Institutional change，agglomeration economies，and market access ［J］. Applied Geography，2016，69：99-111.

［14］KAMPAS A，PETSAKOS A，ROZAKIS S. Price induced irrigation water saving：Unraveling conflicts and synergies between European agricultural and water policies for a Greek water district ［J］. Agricultural Systems，2012，113：28-38.

［15］KIM Y H. International policy coordination mechanism with respect to the moral hazards of financial intermediaries ［J］. Economic Modelling，2011，28（4）：1914-1922.

［16］LEE K，LEUNG J Y T，INEDOP M L. Coordination mechanisms with hybrid local policies ［J］. Discrete Optimization，2011，8（4）：513-524.

［17］LI Y，JIA L，WU W，et al. Urbanization for rural sustainability - Rethinking Chinas urbanization strategy ［J］. Journal of Cleaner Production，2018，178：580-586.

［18］LI Y，LIU Y，LONG H，CUI W. Community-based rural residential land consolidation and allocation can help to revitalize hollowed villages in traditional agricultural areas of China：Evidence from dancheng county，henan province ［J］. Land Use Policy，2014，39：188-198.

［19］LI Y，WESTLUND H，ZHENG X，et al. Bottom-up initiatives and revival in the face of rural decline：Case studies from China and Sweden ［J］. Journal of Rural Studies，2016，47：506-513.

［20］LIU CATHY Y, et al. Towards inclusive urban development? New knowledge/creative economy and wage inequality in major Chinese cities ［J］. Cities, 2019 （6）.

［21］LONG H, TU S, GE D, et al. The allocation and management of critical resources in rural China under restructuring: Problems and prospects ［J］. Journal of Rural Studies, 2016, 47: 392-412.

［22］MATEI A, DOGARU T C. Coordination of public policies in Romania: An empirical analysis ［J］. Procedia-Social and Behavioral Sciences, 2013, 81: 65-71.

［23］QI W, DENG Y, FU B. Rural attraction: The spatial pattern and driving factors of China's rural in-migration ［J］. Journal of Rural Studies, 2019 （3）.

［24］SCHNEIDER ANNE, INGRAM HELEN. Behavioral assumptions of policy tools ［J］. The Journal of Politics, 1990, 52 （2）: 510-529.

［25］WANG S X, BENJAMIN F Y. Labor mobility barriers and rural-urban migration in transitional China ［J］. China Economic Review, 2019, 53: 211-224.

［26］WANG X. The research on the evaluation index system of livable rural areas in China—by the case of rural areas in henan province ［J］. Agriculture and Agricultural Science Procedia, 2010 （1）: 456-461.

［27］WANG Y, ZHU Y, YU M. Evaluation and determinants of satisfaction with rural livability in China's less-developed eastern areas: A case study of xianju county in zhejiang province ［J］. Ecological Indicators, 2019, 104: 711-722.

［28］WILLEMEN L, HEIN L, MARTINUS E F, et al. Space for people, plants, and livestock? Quantifying interactions among multiple landscape functions in a Dutch rural region ［J］. Ecological Indicators Landscape Assessment for Sustainable Planning, 2010, 10 （1）: 62-73.

［29］XU D, DENG X, GUO S, et al. Labor migration and farmland abandonment in rural China: Empirical results and policy implications ［J］. Journal of Environmental Management, 2019, 232: 738-750.

［30］YANG R, XU Q, LONG H. Spatial distribution characteristics and optimized reconstruction analysis of China's rural settlements during the process of rapid urbanization ［J］. Journal of Rural Studies, 2016, 47: 413-424.

［31］YU D, FANG C, XUE D, et al. Assessing urban public safety via indicator-based evaluating method：A systemic view of shanghai ［J］. Social Indicators Research, 2013, 117 (1)：89-104.

［32］ZHANG M, LIU Y, WU J, et al. Index system of urban resource and environment carrying capacity based on ecological civilization ［J］. Environmental Impact Assessment Review, 2018, 68：90-97.

［33］ZHENG H, WANG L, PENG F, et al. Design and implementation of an index calculation system for forestry ecological assessment in China ［J］. Computers and Electronics in Agriculture, 2018, 145：253-274.

［34］ZHU J, ZHU M, XIAO Y. Urbanization for rural development：Spatial paradigm shifts toward inclusive urban-rural integrated development in China ［J］. Journal of Rural Studies, 2019, 71：94-103.

［35］安悦, 周国华, 贺艳华, 等. 基于"三生"视角的乡村功能分区及调控：以长株潭地区为例 ［J］. 地理研究, 2018, 37 (4)：695-703.

［36］边慧敏, 张玮, 徐雷. 连片特困地区脱贫攻坚与乡村振兴协同发展研究 ［J］. 农村经济, 2019 (4)：40-46.

［37］蔡银莺, 朱兰兰. 生计资产差异对农民生活满意度的影响分析：以成都市双流县和崇州市为例 ［J］. 华中农业大学学报 (社会科学版), 2015 (1)：30-38.

［38］曹慧, 郭永田, 刘景景, 等. 乡村产业振兴评价体系建设路径研究 ［J］. 华中农业大学学报 (社会科学版), 2017 (2)：31-36, 131.

［39］陈婧, 史培军. 土地利用功能分类探讨 ［J］. 北京师范大学学报 (自然科学版), 2005 (5)：536-540.

［40］陈俊梁, 林影, 史欢欢. 长三角地区乡村振兴发展水平综合评价研究 ［J］. 华东经济管理, 2020, 34 (3)：16-22.

［41］陈小丽. 基于多层次分析法的湖北民族地区扶贫绩效评价 ［J］. 中南民族大学学报 (人文社会科学版), 2015, 35 (3)：76-80.

［42］崔宁波, 郑雪梅, 于兴业. 国外都市农业产业体系发展模式比较及借鉴 ［J］. 世界农业, 2018 (8)：16-21.

[43] 单薇，金晓斌，冉娜，等. 江苏省土地利用"生产-生活-生态"功能变化与耦合特征分析 [J]. 长江流域资源与环境，2019，28（7）：1541-1551.

[44] 丁延武. 农业大省转变农业发展方式的总体思路与基本框架 [J]. 农村经济，2015（10）：34-38.

[45] 豆书龙，叶敬忠. 乡村振兴与脱贫攻坚的有机衔接及其机制构建 [J]. 改革，2019（1）：10-29.

[46] 杜国明，孙晓兵，王介勇. 东北地区土地利用多功能性演化的时空格局 [J]. 地理科学进展，2016，35（2）：232-244.

[47] 樊红艳，刘学录. 基于综合评价法的各种无量纲化方法的比较和优选：以兰州市永登县的土地开发为例 [J]. 湖南农业科学，2010（17）：163-166.

[48] 方方，何仁伟. 农户行为视角下乡村三生空间演化特征与机理研究 [J]. 学习与实践，2018（1）：101-110.

[49] 方松海，王为农，黄汉权. 增加农民收入与扩大农村消费研究 [J]. 管理世界，2011（5）：66-80.

[50] 郭晓鸣，张克俊，虞洪，等. 实施乡村振兴战略的系统认识与道路选择 [J]. 农村经济，2018（1）：11-20.

[51] 郭亚军. 综合评价理论、方法及应用 [M]. 北京：科学出版社，2007

[52] 何焱洲，王成. 乡村生产空间系统功能评价与格局优化：以重庆市巴南区为例 [J]. 经济地理，2019，39（3）：162-171.

[53] 洪惠坤，廖和平，李涛，等. 基于熵值法和Dagum基尼系数分解的乡村空间功能时空演变分析 [J]. 农业工程学报，2016，32（10）：240-248.

[54] 洪银兴. 工业和城市反哺农业、农村的路径研究：长三角地区实践的理论思考 [J]. 经济研究，2007（8）：13-20.

[55] 胡永宏. 对统计综合评价中几个问题的认识与探讨 [J]. 统计研究，2012，29（1）：26-30.

[56] 黄安，许月卿，郝晋珉，等. 土地利用多功能性评价研究进展与展望 [J]. 中国土地科学，2017，31（4）：88-97.

[57] 黄金川，林浩曦，漆潇潇. 面向国土空间优化的三生空间研究进展 [J]. 地理科学进展，2017，36（3）：378-391.

［58］黄雪菲，黄文芳. 国别间多功能农业发展评价指标体系构建［J］. 中国人口·资源与环境，2016（S1）：176-179.

［59］黄祖辉. 准确把握中国乡村振兴战略［J］. 中国农村经济，2018（4）：2-12.

［60］贾晋，李雪峰，申云. 乡村振兴战略的指标体系构建与实证分析［J］. 财经科学，2018（11）：70-82.

［61］贾占华，谷国锋. 东北地区城市宜居性评价及影响因素分析：基于2007—2014年面板数据的实证研究［J］. 地理科学进展，2017，36（7）：832-842.

［62］姜长云. 全面把握实施乡村振兴战略的丰富内涵［J］. 农村工作通讯，2017（22）：19-21.

［63］蒋永穆，刘涛. 浅论现代农业产业体系评价指标的构建［J］. 福建论坛（人文社会科学版），2012（12）：19-25.

［64］李昌平. 乡村振兴最核心的任务是增加农民收入［J］. 人民论坛，2018（7）：29.

［65］李广东，方创琳. 城市生态-生产-生活空间功能定量识别与分析［J］. 地理学报，2016，71（1）：49-65.

［66］李江，刘源浩，黄萃，等. 用文献计量研究重塑政策文本数据分析：政策文献计量的起源、迁移与方法创新［J］. 公共管理学报，2015（2）：138-144，159.

［67］李敬锁，赵芝俊. 基于SEM模型的农业科技项目过程评价指标体系研究：以国家科技支撑计划项目为例［J］. 农业技术经济，2016（10）：95-105

［68］李立清，李明贤. 社会主义新农村建设评价指标体系研究［J］. 经济学家，2007（1）：45-50.

［69］李玲玉，郭亚军，易平涛. 无量纲化方法的选取原则［J］. 系统管理学报，2016，25（6）：1040-1045.

［70］李平星，陈雯，孙伟. 经济发达地区乡村地域多功能空间分异及影响因素：以江苏省为例［J］. 地理学报，2014，69（6）：797-807.

［71］李腾飞，周鹏升，汪超. 美国乡村产业振兴评价体系的发展趋势及其政策启示［J］. 世界农业，2018（7）：4-11，222.

[72] 李伟伟，易平涛，李玲玉. 综合评价中异常值的识别及无量纲化处理方法 [J]. 运筹与管理，2018，27（4）：173-178.

[73] 李欣，殷如梦，方斌，等. 基于"三生"功能的江苏省国土空间特征及分区调控 [J]. 长江流域资源与环境，2019，28（8）：1833-1846.

[74] 李芸，陈俊红，陈慈. 农业产业融合评价指标体系研究及对北京市的应用 [J]. 科技管理研究，2017（4）：55-63.

[75] 李周. 乡村振兴战略的主要含义、实施策略和预期变化 [J]. 求索，2018（2）：44-50.

[76] 刘继来，刘彦随，李裕瑞. 中国"三生空间"分类评价与时空格局分析 [J]. 地理学报，2017，72（7）：1290-1304.

[77] 刘军，盛姣. 湖南省创意休闲农业可持续发展能力评价与发展对策研究 [J]. 中国人口资源与环境，2013（S2）：212-215.

[78] 刘亚雪，田成诗，程立燕. 世界经济高质量发展水平的测度及比较 [J]. 经济学家，2020（5）：69-78.

[79] 刘燕. 论"三生空间"的逻辑结构、制衡机制和发展原则 [J]. 湖北社会科学，2016（3）：5-9.

[80] 刘玉，刘彦随，郭丽英. 乡村地域多功能的内涵及其政策启示 [J]. 人文地理，2011，26（6）：103-106，132.

[81] 刘自强，李静. 宁夏农业多元功能的区域差异与现代农业发展的路径选择 [J]. 生态经济，2015（3）：93-97.

[82] 鲁邦克，许春龙，孟祥兰. 中国省际乡村振兴发展速度测度与时空异质性研究：基于组合加权主成分分析的综合评价方法 [J]. 数理统计与管理，2021，40（2）：205-221.

[83] 逯进，周惠民. 中国省域人力资本与经济增长耦合关系的实证分析 [J]. 数量经济技术经济研究，2013，30（9）：3-19，36.

[84] 吕向东，王济民，吕新业. 我国农业综合生产能力的指标体系及其评价 [J]. 农业经济问题，2005（S1）：27-33.

[85] 马力阳，罗其友，李同昇，等. 半干旱区水资源—乡村发展耦合协调评价与实证研究：以通辽市为例 [J]. 经济地理，2017，37（9）：152-159.

[86] 穆瑞欣，陈晓红，游达明. 基于主客观综合赋权的长株潭城市群循环经济评价 [J]. 系统工程，2010，28（1）：113-117.

[87] 潘文轩，王付敏. 改革开放后农民收入增长的结构性特征及启示 [J]. 西北农林科技大学学报（社会科学版），2018（3）：2-11.

[88] 彭纪生，仲为国，孙文祥. 政策测量、政策协同演变与经济绩效：基于创新政策的实证研究 [J] 管理世界，2008（9）：25-36.

[89] 任弢，黄萃，苏竣. 公共政策文本研究的路径与发展趋势 [J]. 中国行政管理，2017（5）：96-101.

[90] 申云，李京蓉，杨晶. 乡村振兴背景下农业供应链金融信贷减贫机制研究：基于社员农户脱贫能力的视角 [J]. 西南大学学报（社会科学版），2019（2）：50-60.

[91] 沈斐. "美好生活"与"共同富裕"的新时代内涵：基于西方民主社会主义经验教训的分析 [J]. 毛泽东邓小平理论研究，2018（1）：28-35.

[92] 沈费伟，肖泽干. 浙江省美丽乡村的指标体系构建与实证分析 [J]. 华中农业大学学报（社会科学版），2017（2）：45-51，132.

[93] 孙丕苓，许月卿，刘庆果，等. 环京津贫困带土地利用多功能性的县域尺度时空分异及影响因素 [J]. 农业工程学报，2017，33（15）：283-292.

[94] 唐林楠，刘玉，潘瑜春，等. 基于 BP 模型和 Ward 法的北京市平谷区乡村地域功能评价与分区 [J]. 地理科学，2016，36（10）：1514-1521.

[95] 田野，黄进，安敏. 乡村振兴战略下农业现代化发展效率评价：基于超效率 DEA 与综合熵值法的联合分析 [J]. 农业经济问题，2021（3）：100-113.

[96] 佟光霁，张晶辉. 基于灰色多层次模型的多功能农业发展水平评价：以哈尔滨市为例 [J]. 辽宁大学学报（哲学社会科学版），2014，42（3）：70-76.

[97] 汪阳红，卢伟. 优化城市群生产生活生态空间结构的总体思路 [J]. 中国发展观察，2014（1）：29-30.

[98] 王成，唐宁. 重庆市乡村三生空间功能耦合协调的时空特征与格局演化 [J]. 地理研究，2018，37（6）：1100-1114.

[99] 王枫，董玉祥. 广州市土地利用多功能的空间差异及影响因素分析 [J]. 资源科学，2015，37（11）：2179-2192.

［100］王枫，董玉祥.基于灰色关联投影法的土地利用多功能动态评价及障碍因子诊断：以广州市为例［J］.自然资源学报，2015，30（10）：94-109.

［101］王恒，王博，朱玉春.乡村振兴视阈下农户多维贫困测度及扶贫策略［J］.西北农林科技大学学报（社会科学版），2019（4）：131-140.

［102］王会，郭超艺.线性无量纲化方法对熵值法指标权重的影响研究［J］.中国人口·资源与环境，2017，27（S2）：95-98.

［103］王小华，温涛.农民收入超常规增长的要素优化配置目标、模式与实施［J］.农业经济问题，2017（11）：30-39.

［104］韦家华，连漪.乡村振兴评价指标体系研究［J］.价格理论与实践，2018（9）：82-85.

［105］魏琦，张斌，金书秦.中国农业绿色发展指数构建及区域比较研究［J］.农业经济问题，2018（11）：11-20.

［106］温涛，何茜，王煜宇.改革开放40年中国农民收入增长的总体格局与未来展望［J］.西南大学学报（社会科学版），2018（4）：43-55.

［107］乌东峰，张世兵，滕湘君.基于灰色理论的现代多功能农业评价研究：以湖南省湘潭市为例［J］.农业技术经济，2009（6）：105-112.

［108］席建超，王首琨，张瑞英.旅游乡村聚落"生产-生活-生态"空间重构与优化：河北野三坡旅游区苟各庄村的案例实证［J］.自然资源学报，2016，31（3）：425-435.

［109］夏征农，陈至立，巢峰，等.辞海［M］.上海：上海辞书出版社，2009.

［110］夏柱智，贺雪峰.半工半耕与中国渐进城镇化模式［J］.中国社会科学，2017（12）：117-137.

［111］肖枝洪，王一超.关于"评测指标权重确定的结构熵权法"的注记［J］.运筹与管理，2020（6）：145-149.

［112］辛岭，高睿璞.我国新型农业经营体系发展水平评价［J］.经济学家，2017（9）：73-80.

［113］徐磊，董捷，陈恩.基于"三生"功能的长江中游城市群国土空间利用协调特征［J］.水土保持研究，2018，25（2）：257-263.

[114] 徐维莉. 农业与二、三产业融合发展评价指标体系构建与验证: 以苏州市为实证 [J]. 中国农业资源与区划, 2019 (4): 226-232.

[115] 闫周府, 吴方卫. 从二元分割走向融合发展: 乡村振兴评价指标体系研究 [J]. 经济学家, 2019 (6): 90-103.

[116] 杨晶, 孙飞, 申云. 收入不平等会剥夺农民幸福感吗: 基于社会资本调节效应的分析 [J]. 山西财经大学学报, 2019 (7): 1-13.

[117] 杨秀玉. 基于熵权 TOPSIS 法的区域农业科技创新能力及收敛性分析 [J]. 华中农业大学学报 (社会科学版), 2017 (3): 42-50, 150.

[118] 杨玉珍, 黄少安. 乡村振兴战略与我国农村发展战略的衔接及其连续性 [J]. 农业经济问题, 2019 (6): 77-84.

[119] 叶继红. 集中居住区居民主观生活质量评价与分析: 基于江苏 13 个城市的问卷调查 [J]. 现代经济探讨, 2019 (1): 105-113.

[120] 叶兴庆. 新时代中国乡村振兴战略论纲 [J]. 改革, 2018 (1): 65-73.

[121] 余鹏, 马珩, 周福礼. 基于级差最大化组合赋权 TOPSIS 灰关联投影法的区域碳效率动态评价 [J]. 运筹与管理, 2019, 28 (12): 170-177.

[122] 俞立平. 客观赋权法本质及在科技评价中的应用研究: 以学术期刊为例 [J]. 情报理论与实践, 2021, 44 (2): 50-56.

[123] 岳立柱, 许可, 施光磊. 指标无量纲化的性质分析与方法选择 [J]. 统计与信息论坛, 2020 (6): 3-9.

[124] 张斌胜. 健全和完善现代农业支撑体系: 从山西的实践看 [J]. 理论探索, 2009 (6): 98-100.

[125] 张国兴, 张振华, 管欣, 等. 我国节能减排政策的措施与目标协同有效吗?: 基于 1052 条节能减排政策的研究 [J]. 管理科学学报, 2017 (3): 162-181.

[126] 张海鹏, 郜亮亮, 闫坤. 乡村振兴战略思想的理论渊源、主要创新和实现路径 [J]. 中国农村经济, 2018 (11): 2-16.

[127] 张红旗, 许尔琪, 朱会义. 中国"三生用地"分类及其空间格局 [J]. 资源科学, 2015, 37 (7): 1332-1338.

[128] 张磊. 新农村建设评价指标体系研究 [J]. 经济纵横, 2009 (7): 67-70.

［129］张平淡，袁赛，夏晓华. 基于农业现代化视角的"五化"协同发展影响因素分析［J］. 经济地理，2017，37（3）：152-157.

［130］张挺，李闽榕，徐艳梅. 乡村振兴评价指标体系构建与实证研究［J］. 管理世界，2018（8）：99-105.

［131］张挺，徐艳梅，李河新. 乡村建设成效评价和指标内在影响机理研究［J］. 中国人口·资源与环境，2018（11）：37-46.

［132］张伟，黄颖，李长春，等. 收入分化、需求演变与农业保险供给侧改革［J］. 农业经济问题，2018（11）：123-134.

［133］张卫华，赵铭军. 指标无量纲化方法对综合评价结果可靠性的影响及其实证分析［J］. 统计与信息论坛，2005（3）：33-36.

［134］张雪，周密，黄利，等. 乡村振兴战略实施现状的评价及路径优化：基于辽宁省调研数据［J］. 农业经济问题，2020（2）：97-106.

［135］赵会杰，于法稳. 基于熵值法的粮食主产区农业绿色发展水平评价［J］. 改革，2019（11）：136-146.

［136］赵明华，郑元文. 近10年来山东省区域经济发展差异时空演变及驱动力分析［J］. 经济地理，2013（1）：79-85.

［137］周迪，王雪芹. 中国碳排放效率与产业结构升级的耦合度及耦合路径［J］. 自然资源学报，2019，34（11）：2305-2316.

［138］周国华，刘畅，唐承丽，等. 湖南乡村生活质量的空间格局及其影响因素［J］. 地理研究，2018，37（12）：2475-2489.

［139］卓蓉蓉，余斌，曾菊新，等. 地域主体功能导向的江汉平原乡村发展能力时空变化［J］. 经济地理，2019，39（5）：171-180.